联合国秘书长潘基文及夫人会晤姚海涛主席

联合国常务副秘书长埃利亚松会晤姚海涛主席

联合国副秘书长徐浩良会晤姚海涛主席

联合国世界和平基金会终身主席刚坚活佛为姚海涛主席加持

尼泊尔总理奥利会晤姚海涛主席

意大利前总理达莱马会晤姚海涛主席

乌克兰总理叶哈努罗夫会晤姚海涛主席

韩国前国务总理李寿成会晤姚海涛主席

東埔寨副总理雍才宁会晤姚海涛主席

萨尔瓦多副总统 H.E.Felix Ulloa 会晤姚海涛主席

危地马拉副总统 Rober Carlos 会晤姚海涛主席

中南美洲国家联盟副秘书长 Robeito Mancilla 会晤姚海涛主席

韩国国会议长郑义和会晤姚海涛主席

泰国上议院议长提拉育会晤姚海涛主席

洪都拉斯国会副主席 Walter Antonio 会晤姚海涛主席

泰国皇室素博·巴莫亲王会晤姚海涛主席

罗马尼亚驻中国大使康斯坦丁·内斯库会晤姚海涛主席

格鲁吉亚驻中国大使阿尔奇尔会晤姚海涛主席

斯里兰卡驻中国大使卡鲁纳塞纳·科迪图瓦库会晤姚海涛主席

摩尔多瓦共和国驻中国大使奥雷尔·乔克伊会晤姚海涛主席

南亚国家联盟工商会主席苏拉吉会晤姚海涛主席

俄罗斯乌拉尔联邦工商会主席别谢金会晤姚海涛主席

印度印中贸促会副主席安尼尔·南达会晤姚海涛主席

华尔街吉姆·罗杰斯会晤姚海涛主席

第十一届全国人大常委会副委员长周铁农会晤姚海涛主席

第十届全国政协副主席李蒙会晤姚海涛主席

全国政协原副主席阿不来提会晤姚海涛主席

外交部原部长李肇星会晤姚海涛主席

国家最高检原常务副检察长张耕为姚海涛主席专著题词

国家民政部原副部长、国家民委原常务副主任陈虹为姚海涛主席专著题词

全国人大科教文卫委原副主任朱万勇为姚海涛主席专著题词

中宣部原副部长王伟华为姚海涛主席专著题词

首届物权数字化与数证经济论坛现场

第二届物权数字化与数证经济论坛现场

物权数字化与数证经济论坛集体合影

科技部原副部长吴忠泽出席论坛

中共中央对外联络部原副部长马文普出席论坛

国务院发展研究中心原副部长孟春出席论坛

柬埔寨国际合作与发展局主席曹云德勋爵视频
出席论坛

首期物权数字化实操研修班学员集体合影

第二期物权数字化实操研修班学员集体合影

首期物权数字化与数证经济实操研修班

第二期物权数字化与数证经济实操研修班

第八期物权数字化与数证经济实操研修班

第十一期物权数字化与数证经济实操研修班

第十二期物权数字化与数证经济实操研修班

第十三期物权数字化与数证经济实操研修班

第十五物权数字化与数证经济实操研修班

第十六期物权数字化与数证经济实操研修班

新概念 新思维 新业态 新动能

第三次
商业大变革
THE THIRD BIG CHANGE IN BUSINESS

编著 姚海涛

線裝書局

图书在版编目（CIP）数据

第三次商业大变革 / 姚海涛编著. -- 北京 ：线装
书局，2023.9
ISBN 978-7-5120-5622-0

Ⅰ．①第… Ⅱ．①姚… Ⅲ．①商业经济－经济发展－
研究－中国 Ⅳ．①F722.9

中国国家版本馆 CIP 数据核字(2023)第 153744 号

第三次商业大变革
DISANCI SHANGYE DABIANGE

编　　著：姚海涛

责任编辑：崔　巍

出版发行：线装書局

　　　　　地　　址：北京市丰台区方庄日月天地大厦 B 座 17 层
　　　　　（100078）

　　　　　电　　话：010-58077126（发行部）010-58076938（总编室）

　　　　　网　　址：www.zgxzsj.com

经　　销：新华书店

印　　制：三河市中晟雅豪印务有限公司

开　　本：787mm×1092mm　1/16

印　　张：25.5

字　　数：500 千字

版　　次：2023 年 9 月第 1 版第 1 次印刷

定　　价：198.00 元

线装书局官方微信

本书系海南省哲学社会科学重点实验室"海南自由贸易港国际航运发展与物权数字化"研究成果。

鸣谢：武汉物权数字化科学技术信息研究院、武汉数证经济技术信息研究院、法治网·物权数字化宣传专栏。

前　言
新概念　新思维　新业态　新动能

  《第三次商业大变革》理论专著，首创了"数证经济理论"、"碳金经济理论"和"物权数字化理论"，是数字经济时代的新概念、新思维、新业态、新动能，将引爆第三次商业大变革。

  第一次商业大变革：从计划经济转变为市场经济，具象为从产品配给时代转变为产品卖方时代；

  第二次商业大变革：从传统经济转变为互联网经济，具象为从产品卖方时代转变为产品买方时代；

  第三次商业大变革：从信息经济转变为共识经济，具象为从产品买方时代转变为产品分利时代。

  专著由数证经济共识未来、碳金经济未来可期和中国经济第四极三大板块构成，与之相对应的数证经济、碳金经济和物权数字化，是第三次商业大变革的标志性业态。

  中国证券教父管金生先生寄语第三次商业大变革：是机遇，是风口，是逆袭，是变局，将是持续30年的造富风暴！

  中国新三板教父程晓明博士寄语第三次商业大变革：突破认知、引领时代、纾困当下、建构未来，是数字经济时代中国本土原创商业理论。

  专著上篇"数证经济共识未来"：阐述了"数证经济"理论，建构了"权益资产数证化、权益价值数证化、权益流通数证化、价值创造数证化"生态系统；

  专著中篇"碳金经济未来可期"：阐述了"碳金经济"理论，建构了"林业碳权投资物权化、林业碳权前置数字化、林业碳汇期权数证化、林业蓄储行动全民化"生态系统；

  专著下篇"中国经济第四极"：阐述了"物权数字化"理论，建构了"物权实物数字化、物权确权数字化、物权交易数字化、物权用益数字化"生态系统。

  以上三个生态系统建构了全新的实战模型，以期实现"激活企业优质物权、盘活实体流动资金；重塑终端渠道客群、应对产品过剩危局；多元民间投资渠道，降低大众投资门槛。"

中国商业历经了体制造富浪潮、资产造富浪潮、互联网造富浪潮，现在又迎来了数字经济造富浪潮，中国商业历经了两次大变革，即将迎来第三次大变革。

任何一次浪潮、一场变革的到来都会经历"看不见、看不起、看不懂、来不及"四个阶段，所以很多企业和创业者完美地错过了前三次造富浪潮，错失了前两场大变革的风口。

杜牧在《阿房宫赋》中慨叹：秦人不暇自哀，而后人哀之；后人哀之而不鉴之，亦使后人而复哀后人也！

本书完稿后笔者涂鸦与君共鉴：

本是俗众人，偶为商贾客，
大千世界一壶酒，坐井说天阔；
雌黄新概念，撤履新学说，
论到囊中羞涩时，怒指乾坤错。

曾为池塘水，遇海化清波，
漫卷专著百页纸，登顶笑山硕；
数据变银圆，思维度强弱，
待到资金从容日，弃骂苍天恶。

导读一：
中华本土商业理论亟待振兴

中华民族伟大复兴的节点之一，是中华文明的伟大复兴；

中华文明伟大复兴的节点之一，是中华商业文明的伟大复兴；

中华商业文明伟大复兴的节点之一，是中华本土商业理论的伟大复兴。

司马迁《史记·货殖列传》是最早记录商业文明的古史。"治生之正道也，而富者必用奇胜"。无论是"不惟任时，且惟择地"的卓氏商贾，还是十九年间三致千金的"陶朱公"范蠡，他们书写了灿烂的中华商业文明，饮誉古今，留名青史。

时代变迁，斗转星移，今天，中国很多商业大家、大佬，没有基于中国本土形成"代表和延续中华商业文明"的创新理念和创新思维，既没有学说也没有理论，只是依托了中国庞大的市场资源，攫取了时代暴利。

纵观今天的商业版图，大型商超源于法国家乐福；京东、阿里巴巴源于美国亚马逊；淘宝源于美国 eBay；QQ 源于美国的 ICQ；滴滴源于美国的 Uber；新浪微博源于美国 Twitter；优酷（youku）源于美国 YouTube。微信源于美国 Facebook，互联网时代的中国商业几乎没有原创。

我们应该弘扬和传承中华商业文明，将中华商业文明的基因，植根于数字经济时代，立足 14 亿人口的庞大市场，形成创新商业思维和理论，驱逐西方商业杂碎，迎来中华商业文明的伟大复兴。

中华本土商业理论势必崛起，势必铸造中华本土商业模式，势必走出国门引领东西方经济。人民有信仰国家有力量民族有希望。

《第三次商业大变革》理论专著从数证经济、碳金经济、物权数字化新概念新思维新业态新动能角度进行阐述，形成了三个生态系统，三个生态系统构建了商业闭环，是基于中华商业文明的本土商业理论，是数字经济与本土商业文化、商业业态的完美结合，将引领中国第三次商业大变革。

导读二：
时代变了，价值是一把尺子

1983 年至 2003 年是"产品卖方时代"，产品从配给制过度为市场供给制。产品供不应求，小作坊成长为现代化工厂，这 20 年的繁华已经成为回忆；是中国商业第一次大变革，从社会主义计划经济转变为社会主义市场经济。

2003 年至 2023 年是"产品买方时代"，互联网取代了传统营销，电子商务成为造富机器，产品从创新、繁荣到相对过剩、过剩直至全面过剩，这 20 年的繁荣正在与我们告别；是中国商业第二次大变革，从传统经济转变为互联网经济。

2023 年至 2043 年将是"产品分利时代"，基于西方丛林法则的电子商务将缓慢退场，基于数字经济时代的中华本土商业理论"数证经济"、"碳金经济"、"物权数字化"，将引领企业和产品从消费属性转向价值创造属性，从信息经济转变为共识经济，第三次商业变革大潮，日出东方。

我们发现，时代变了，老板变了，打工者变了；消费者变了，客户变了，商业模式变了；朋友变了，你变了，我也变了。

所有的忠诚，都在演变成对价值的忠诚。你要想有存在价值，必须能先创造价值。

《第三次商业大变革》理论专著，立体阐述了数证经济理论，建构了"权益资产数证化、权益价值数证化、权益流通数证化、价值创造数证化"生态系统，引领中国第三次商业大变革，从信息经济转变为共识经济，开启产品分利时代。

价值就是衡量世界的一把尺子。

导读三:
超出认知,选择大于努力就是扯淡

　　人永远赚不到认知以外的钱,除非你靠运气,但是靠运气赚来的钱,最后往往又会靠实力赔光。数字经济时代信息传播高度发达,每天都会浏览到山呼海啸式的信息潮,绝大部分超出大众的认知。

　　针对新生事物个体,要从四个维度思考:看过去、看现在、看未来、看本质。提升认知就需要"学习新概念、形成新思维;借鉴成功案例、构建专属模型",选择大于努力是个真理,但是超出你认知范围的一切选择都是扯淡。

　　未来不是人赚钱,而是钱找人。财富永远都会流向最匹配他的人,就是那些不断更新知识、不断提升认知的人。资本大鳄索罗斯说:世界经济史是一部基于假象和谎言的连续剧。要获得财富,做法就是在进入之前先认知其假象,投入其中,然后在假象被公众认知之前退出游戏。一旦一个人的认知和财富不匹配的时候,这个社会就会有成千上万的方法收割你!

　　《第三次商业大变革》理论专著从"数证经济、碳金经济、物权数字化"三个全新领域进行阐述,建构了三个生态系统,形成了中国本土商业闭环,将触发中国商业的第三次大变革,引领"产品分利时代"。

　　本书论述鞭辟入里,旁征博引,纵横东西,势必提升大众的认知维度。

导读四：
从私人实体资产到私人数字资产

"宁欺白须公，莫欺少年穷。终须有日龙穿凤，唔信一世裤穿窿"。豪宅、豪车、豪宴、豪服、豪包、豪言是土豪的标配，与大部分"85后""90后"距离较远。但是豪宅没有了升值动力，豪车豪包等等都是贬值赔钱货，土豪的私人实体资产正在贬值，如果他们不注重私人数字资产的积累，势必被"85后""90后"拍在沙滩上，因为时代变了，业态变了，价值的度量衡变了，未来衡量土豪的标准，不是以实体资产为主而是数字资产为主。

私人数字资产是私人在参与社会生产活动中所创造、获得、积累、交易，具有明确的权属关系，能为拥有者带来预期经济利益，并以数字形态存在的经济资源。泛指个人存储在网上、链上、计算机、云存储中的任何可能有数字财产及经济价值、感情价值、个人价值的东西。

私域流量是指从公域或它域引流到自己私域，以及私域本身产生的流量。是基于信任、共识和利益建立起来的封闭性流量池。私域流量可以自主控制，与公域流量被平台方掌握不同，私域流量掌握在公司和个人手中，是可以进行二次链接、触达、发售等市场营销活动客户数据。

辛巴与广州政府合作直播带货，单场成交额突破60亿，超过中型商场超市一年营业额；李佳琦私人数字资产超过6家上市公司总和；李子柒粉丝遍布全球，估值过亿；罗老师直播带货还清了6亿债务。

《第三次商业大变革》理论专著，将引领"产品分利时代"，引领消费资本化，铸造私人数字资产。

导读五：
从赚钱型企业蜕变成值钱型企业

思维决定思路，思路决定出路；布局决定格局，格局决定结局。

流量和数据价值将成为企业数字资产，与企业实体资产共生，也将与企业商品价值共生。

数字经济时代，你的企业是否值钱，取决于你企业数字资产的多少，只有厂房和设备，没有数字资产，企业注定不值钱，其最终命运就是洗洗睡，出局破产。

腾讯为什么值钱？每天有 10.9 亿人打开微信，7.8 亿人进入朋友圈，腾讯拥有恐怖级的流量和数据即数字资产。

美团是谁的，腾讯的；拼多多是谁的，腾讯的；京东是谁的，腾讯的；快手是谁的，腾讯的；滴滴是谁的，腾讯的；58 同城是谁的，腾讯的；小红书是谁的，腾讯的。腾讯仅以很少的资金 + 数字资产导入，控股参股 200 余家头部公司，成为"千年老二"。数据和流量等数字资产就是"核弹"。

学习新概念，形成数字经济思维。"共识和信任"是数证经济的专属特性，势必取代"信息传递"的互联网属性。产业数字化、数字产业化已成为国家战略并实施，政府管理与服务数字化、智慧城市、数字乡村正在落地施行。

区块链底层技术的应用，传统思维定式和逻辑一定会被打破，生产和生活必将迎来全方位的变革。

依托《第三次商业大变革》理论专著，企业可以自行建构"产品 + 数证"商业模型，便捷完成流量和数据积累，形成企业数字资产。从赚钱型企业转变为值钱型企业。

导读六：
物权数字化大潮滚滚而来

一个新鲜事物的出现，必然带来观念的转变，必然带来业态的重组，必然形成一股清新的动力。

支付宝出现了，小偷失业了，银行改变了；美团出现了，方便面企业失落了，下岗职工变身为快递小哥；《今日头条》出现了，新闻网站传统了，报纸没人看了。

物权数字化新概念出现了，物权变商品了，小微企业活了，民间投资渠道多元化了，新业态形成了，新动能开始发力了。

著名军事专家张召忠将军曾发出警告：丢掉幻想，准备战斗。历时三年的口罩黑天鹅事件、近两年的俄罗斯与乌克兰冲突、中美贸易战科技战货币战，让全球产业链脱钩，美国、欧盟及印度等国家全部沦陷。世界经济秩序受到了前所未有的挑战。

基于此，拉动中国经济快速发展的"三驾马车"——投资、消费、出口正在放缓。改革开放 40 多年来，"三驾马车"拉动经济快速奔跑，造就了"中国奇迹"。能否有"第四驾马车"再创第二个"40 年"中国经济奇迹？

《中华人民共和国民法典》的诞生、"数字产业化、产业数字化"的提出、"经济内循环为主"的实施，尤其是《民法典》对"共有物权""用益物权"的法律界定。使"物权 + 数字化 + 智能合约"成为可能，使"物权数字化"作为拉动经济发展的"第四极"成为可能。

"社会经济和生活全面走向数字化的大趋势，是在不确定性中的高度确定性"，物权数字化形成了新概念、新思维、新业态、新动能，构建了"中国经济第四极"。

《第三次商业大变革》理论专著，深度剖析了中国经济的发展规律，建构了"物权实物数字化，物权确权数字化，物权交易数字化，物权用益数字化"生态系统，将"激活企业物权资产，盘活实体流动资金"；将"重构终端渠道客群，应对产品过剩危局"；将"多元民间投资渠道，降低大众投资门槛"。

物权数字化，将释放中国天量级物权市值的流动性和跨时空交易；将打破"整买整卖、整租整赁"的传统思维定式；将颠覆"生产、生活、交易、投资"的传统思维逻辑；是继投资、消费、出口之后的第四驾马车——中国经济第四极。

导读七:
"数证"是"共识经济"的金钥匙

　　"数证"就是共识经济大潮下出墙的红杏。数证是数字化权益证明的简称。"实物、物权、用益物权、产品"进行数字化交易,实质就是进行"实物非物理性移动",移动和交换的是"数字化权益证明",归根结底还是"实物交易"。

　　通过数证快速便捷的确权属性,快速便捷的交易属性和可使用可转让防篡改防伪造的高科技属性,带动企业产品销售和市场份额占有,形成企业流动性数字资产。

　　数证经济理论的推出,引领了"产品分利时代"。"产品 + 数证"商业模型将践行"共同富裕",购买产品赠送数证,数证对标物权益:天然增长型权益、自身增长型权益和价值创造型权益。

　　《第三次商业大变革》理论专著,构建了"权益资产数证化、权益价值数证化、权益流通数证化、价值创造数证化"生态系统,将"多元民间投资渠道,降低大众投资门槛",将"引领产品分利时代,铸造私人数证资产"。将深度诠释"产品 + 数证"商业模型,引领中小微企业"学习新概念,形成新思维",引领万千消费者把握"产品分利时代",推动"共同富裕"。

导读八：
消费者什么还是相对贫穷

规律不以人的意志转移，人只能洞悉规律，抓机遇拓梦想，铸逻辑思维，插哲学翅膀。

全球经济面临极度不确定性，拉动中国经济发展的三驾马车缓慢下来，中国制造正在走向全面过剩和内卷，所以要进行供给侧改革。

基于此，数以亿计的消费者在市场经济发展中的重要地位和巨大作用，正在被时代显现。

消费者才是市场经济的真正主人、他们是经济发展的源动力、他们是社会财富缔造者、他们是企业利润的创造者。

20多年的互联网繁荣，消费者养肥了淘宝、京东及互联网大厂和大咖。消费者在市场经济中的重要地位和巨大作用，连同他们的权益一起，一直处于被淡化、被边缘化、甚至处于缺失状态。这是改革开放40多年后，广大消费者依然处于"相对贫困"状态的根本原因。

简而言之，每个人从出生开始就经历两个过程，花钱和赚钱。以前这两个过程是相互分离的，而今天通过数字经济的加持，区块链溯源和智能合约，为每一笔消费插上了数字经济的翅膀。

今天消费者的消费和投资终于开始融为一体。我们深信随着消费者地位的逐渐提升，消费即投资的理念，在未来5年必将生根、开花、结果。

导读九：
数证经济将终结电商霸道与蛮横

鸡叫了天亮了，天亮了鸡叫了，鸡叫不叫天都会亮，天亮不亮，鸡说了不算！

无论是互联网时代还是数字经济时代，流量是重要的数字资产，没有粉丝就没有流量，没有流量就没有数字资产。

互联网电商将所有粉丝、流量收归电商平台，企业店铺粉丝、流量几乎没有，所以互联网时代只有电商大平台，没有电商大店铺。

互联网电商平台将粉丝、流量、资金池掠为己有，打包进行杠杆型融资，并将市值做大，而企业店铺无粉丝、无流量、无资金池，既做不大也没有数字资产。

互联网电商拥有粉丝池、数据池，自然形成数据资产，所以电商平台可以永远不盈利，但股票一直涨，市值一直涨。店铺企业既无粉丝池也无数据池，更无资金池，所以不会有市值。

数证经济生态系统的构建，"产品 + 数证"商业模型在中国本土的诞生，将终结互联网电商的霸道与蛮横。

用"产品 + 数证"的方式，将消费者利益和店铺企业深度绑定，消费者因为获得了"数证及对标物的权益"，也会拥有自己的数字资产钱包，而其数字资产是与企业店铺深度共生的，所以是店铺企业的铁粉，是店铺企业的流量，是店铺的无形资产。

通过"赠送数证、数证对标实物或权益"，形成了可持续增值的数证对标物，使消费变成了投资，消费资本化，推动了"共同富裕"。

导读十：
碳金时代，人人都是"卖碳翁"

> 事机作而不能应，非智也；
> 势机动而不能制，非贤也；
> 情机发而不能行，非勇也。

"碳达峰碳中和"是商机、是趋势、是风口。未来 40 年，碳金时代的中小微企业和个体，将创造一波又一波奇迹，将建构一次又一次辉煌。

从黄金到黑金再到碳金，每个时代的更迭都蕴含着巨大商机，都是经济业态的一场重大变革，正如人类"从传统思维转变为互联网思维，从互联网思维转变为物联网思维，从物联网思维转变为数字经济思维"一样，每一次转变都带来了经济格局的重组和巨大的造富浪潮。

美元与黄金对标史称"黄金时代"，美元与石油对标史称"黑金时代"，碳交易将取代石油成为世界第一交易商品，我们迎来了碳金时代。

美国依托美元、美债、美军称霸全球，收割全世界韭菜，而碳金时代的来临，人民币将强势崛起，将成为国际化货币，百年未遇之世界大变局，势必带来商业巨大变革。

有关数据显示，中国人均碳排放 2 吨，美国人均碳排放 4.4 吨。中国预计到 2030 年实现"碳达峰"、2060 年实现"碳中和"，而美国、欧盟早已过了"碳达峰"，承诺在 2050 年实现"碳中和"。美国碳排放指标交易价格为每吨 100 美元，欧盟碳排放指标期货价格为每吨 50 欧元，2021 年 7 月 16 日，中国首次碳排放交易 14 万吨，成交额 709 万元人民币，每吨 50 元人民币，预计 2030 年交易价格至少上涨 10 倍，2060 年交易价格上涨几十倍也将成为可能。

根据以上数据和态势及全球顶级专家预估，随着全球性节能减排，清洁能源的规模性入市，石油需求将逐步下降，2030 年中国实现"碳达峰"时，全球碳排放指标交易将超过石油交易，碳将成为全球最大的交易商品，世界范围内"黑金时代"将走向没落，"碳金时代"正大步走来。

碳金商机：2020年，特斯拉靠卖"碳排放信用额度"首次获得"全年盈利"，通过"碳排放信用额度"获得16亿美元，远远超过了其该年度汽车销售7.21亿美元净利润。

目前碳交易所已经试点开展，一旦相关的"碳税"实行，我们就可以把碳排放指标租给后来者或者卖给需要扩产的企业。

中国具有社会主义制度优势、新型举国体制优势、超大规模市场优势，中国一定会牢牢掌握碳金交易的主动权，在兑现"碳达峰""碳中和"承诺的同时，也势必促成碳金交易挂钩人民币。

面对"碳金时代"，行业和企业都可以找到自己的机会，比如企业节能减排、升级改造等结余的碳排放指标，企业植树造林等生成的碳排放指标，都可以通过"全国碳排放交易市场"交易。

《第三次商业大变革》理论专著，构建了"林业碳权投资物权化、林业碳权前置数字化、林业碳汇期权数证化、林业蓄储行动全民化"生态系统，将形成全新的商业模型："产品利润购买碳权、产品销售赠送碳权；产品消费获得碳权、碳权增值普惠消费"。这些商业模型将深度诠释企业和个人如何"抓机遇拓梦想"，如何把握时代脉搏，拥抱明天。

基于物权数字化理论，共有物权相当于共有碳排放指标。换言之，按份共有的物权同时可以按份共有碳排放指标，总体碳指标交易可以对标物权按份分享。

碳金数证将解决包括但不限于碳指标确权等一系列问题，这将拓宽民间投资渠道，降低大众投资门槛，寻常百姓也可以分享"碳金时代"的红利。

目 录

上篇　数证经济共识未来

应怜屐齿印苍苔，小扣柴扉久不开。

满园春色关不住，一枝红杏出墙来。

——（宋）　叶绍翁

　　"数证"就是共识经济大潮下那棵出墙的红杏。数证是数字化权益证明的简称。"实物、物权、用益物权、产品"进行数字化交易，实质就是进行"实物非物理性移动"，移动和交换的是"数字化权益证明"，归根结底还是"实物交易"。

　　数证学术定义：数字化权益证明可使用、可转让、可流通、可识别、防篡改、防伪造，基于智能合约和区块链底层技术生成，简称"数证"（Digital Proof of Interest，DPOI）。

　　实物、物权、用益物权、产品对标数证，通过数证的便捷确权属性、快速交易属性，带动企业产品销售和市场份额提升，形成企业流量性数字资产。数证将促进"权益资产数字化、权益价值数字化、权益流通数字化、价值创造数字化"，它是开启共识经济辉煌明天的金钥匙。

　　预计在不远的将来，"产品＋数证"交易平台、交易商城，将像雨后春笋一样破土而出。

　　"数证"与国家明令禁止的代币、虚拟币、空气币及被热点炒作的"通证""NFT"等完全不同，"数证"不具备金融属性，只对标和伴随"实物、物权、用益物权、产品"交易过程的增减值而进行波动，既不能进行人为投机炒作，也不可能暴涨暴跌。

　　"物权实物数字化、物权交易数字化、物权确权数字化、物权用益数字化"，这将构成一套完整的物权数字化生态系统，依托此生态系统生成的企业专属数证，将一揽子解决企业发展的诸多难题。

　　数证经济生态系统的形成，"产品＋数证"商业模型在中国本土的诞生，将终结互联网电商的霸道与蛮横。

　　用"产品＋数证"的方式，将消费者利益和店铺企业深度绑定，消费者因为获得了"数证对标物的权益"，也会拥有自己的数字资产钱包，而其数字资产是与企业店铺深度共生的，所以是店铺企业的铁粉，是店铺企业的流量，是店铺的无形资产。

　　通过"赠送数证、数证对标实物或权益"，形成了可持续增值的数证对标物，使消费变成了投资，消费资本化，推动了"共同富裕"。

第一章

数证经济思维导图

中华民族伟大复兴的节点之一是中华文明的伟大复兴；中华文明伟大复兴的节点之一是中华商业文明的伟大复兴；中华商业文明伟大复兴的节点之一是中华本土商业理论的伟大复兴。

延绵千年的中华商业文明，与中华文化交相呼应、璀璨不息。作为最能够体现商业价值观念和与之相对应的商业文化，在广袤的华夏大地上也因地域不同、发展阶段不同而呈现出不同的特点。浙商的坚韧不拔、晋商的守正出奇和粤商的资源整合，成为中华商业文化中企业精神的核心，不同地区的商人更是有其独特气质。

司马迁《史记·货殖列传》是最早记录商业文明的史书。"治生之正道也，而富者必用奇胜。"无论是"不惟任时，且惟择地"的卓氏商贾，还是十九年间三致千金的"陶朱公"范蠡。他们书写了灿烂的中华商业文明，饮誉古今、留名青史。

时代变迁，斗转星移，今天中国很多商业大家大佬，没有基于中国本土形成"代表和延续中华商业文明"的创新理念和创新思维，既没有学说也没有理论，只是依托了中国庞大市场的资源攫取了时代暴利。

纵观今天的商业版图，大型商超源于法国家乐福；京东、阿里巴巴源于美国亚马逊（Amazon）；淘宝源于美国 eBay；QQ（原名：OICQ）源于美国的 ICQ；滴滴源于美国的 Uber；新浪微博源于美国 Twitter；优酷（YOUKU）源于美国 YouTube；微信源于美国 Facebook，互联网时代的中国商业几乎没有原创。

我们应该弘扬和传承中华商业文明，将中华商业文明的基因，植根于数字经济时代，立足 14 亿人口的庞大市场，形成创新商业思维和理论，驱逐西方商业杂碎，迎来中华商业文明的伟大复兴。中华本土商业理论势必崛起，势必铸造中华本土商业模式，势必走出国门引领东西方经济。人民有信仰，国家有力量，民族有希望。

第一节　数证经济学术定义

1. 数证定义

数字化权益证明可使用、可转让、可流通、可识别、防篡改、防伪造，基于智能合约和区块链底层技术生成。

2. 中文名称

数字化权益证明，简称"数证"。

3. 英文名称

Digital Proof of Interest，缩写：DPOI。

4. 内容

包括数字化后的实物、物权、用益物权、智能合约。

5. 数字化权益证明相关法律依据

《中华人民共和国民法典·物权编》。

6. 数证功能

可使用、可转让、可流通、可识别、防篡改、防伪造，基于智能合约和区块链底层技术生成。

7. 数证属性

非金融属性，在产品交易过程中，进行非物理属性移动，线上确权、交割、移动，具有增减值属性。

8. 数证差异化

对标实物、物权、用益物权、产品、利润等实体的数字化权益证明，既不是空气币，也不是虚拟币。

第二节　数证经济新思维新动能

为天地立心，为生民立命，为往圣继绝学，为万世开太平。面对百年未遇之大变局，我们应该也必须铸造新思维。

一、新思维新动能

当下的中国经济，无论是官方还是民间，都有发展的巨大愿望，都具备了发展的巨大潜力，但不可否认的是，由于管道嫁接问题、模式设计问题、信息对称问题、资源盘活问题，共同导致了发展所需的毛细血管，广泛存在着"梗"或者"堵"的问题，因此，需要我们从宏观着眼，从数字技术着手，抓住问题痛点，以全新的思维和视觉，引进一种新机制、设计一种新模式，立足天量的优质物权，尽早构建出"中国经济第四极"，让经济社会迸发出巨大的活力。

应该说，我们对活力迸发的未来做出乐观的预期，在于我们的技术积累，在于我们的制度设计，更在于我们有无与伦比的资源优势。

中国发展到今天，几百年来我们头一次，能够在新一轮科技革命中，有足够的底气引领世界发展的潮流；反过来说，如果中国不能产生自己的话语权、理论体系以及执行路径，而是一味地从别人那里援引一些理论、经验，那么就无法创造灿烂辉煌的明天！

经过数十年的发展，中国目前积累了自己独特的优势，这就要求我们，首先要识别这种优势，其次还要把它提升到理论高度，否则别人就无法理解和跟进，因为技术不完全是抽象化的人工智能、物联网、大数据，技术其实早就强势进入了每一个人的生活，接入了每个人拥有的资源。

有专家说，当前制造业就处于一个没有标准答案的时代，从技术角度来看，真正变革的序幕可能刚刚拉开，但数字化、智能化对制造业能量的激发已成潮涌之势，对生产要素的整合无时不在。可以肯定，只要真正认识并接入新技术，中国完全有希望尽早迎来中国经济发展的"第四极"。

新动能是指通过结构性改革等新举措以及新一代信息技术革命，来培育经济社会发展的新动力。

数字经济催动新商业模式、新型业态快速迭代升级。数字经济环境下新技术的突破性应用、全方位渗透正在不断驱动商业、支付、物流与服务的全面变革，线上线下相融合已进入加速发展阶段，传统商业模式正在发生历史性变革。以消费者为中心，网络购物、移动支付等新消费模式不断成长和壮大。随着物流配送、在线金融服务、数据资源支撑等配套体系不断完善，数字经济进一步重构了商业生态。

数字经济催生新生态、汇聚新要素。创新生态是数字经济蓬勃发展的核心密码，伴随着政府数字化转型和创新驱动的全面开启。数字经济催动新产业集群快速成长。当前，互联网、物联网、云计算、大数据等新兴产业已步入快速增长期，云计算服务、数字安防等产业集群已形成全球影响力。

物权数字化作为数字化经济的重要组成部分，作为异军突起的新动能，假以时日，必将撑起未来中国经济的新天地。本章建构了数证经济生态系统：权益资产数证化、权益价值数证化、权益流通数证化、价值创造数证化。中国商业第三次大变革——产品分利时代即将到来，将形成全新的商业格局，带动新兴消费的不断扩张和消费品质提档升级，拉动经济内循环的同时，推动"共同富裕"。物权数字化与数证经济是新概念、新思维、新业态、新动能。

二、铸造数字经济思维

我们一再讲思维的问题，两个人达成共识，两个人达成信任，怎么能完成？在我们现在的空间中很难完成，我们双方签合同好不好，我们双方拜把子好不好，我们双方结婚好不好，还有结婚证呢。能保证吗？要能保证就没有离婚的了，要保证就不会到法院打官司了，所以共识和信任，不是简简单单说咱俩达成共识。签协议签合同是约束谁的，是约束不遵守协议的人才签协议。如果两个人达成共识，两个人都不去违约，那个协议就是一张废纸，没有什么用。

所以共识和信任不是简简单单的，那怎么能让共识和信任不被打破，数字经济时代的区块链底层技术＋智能合约，因为你篡改不了。你篡改智能合约，你篡改区块链底层技术，你付出的成本，会远远大于你收获的成本。区块链底层技术，你是无法改变的，无论你是省长还是市长，还是部长，改变不了一个村长的哈希值。

数字经济时代是"共识和信任"，互联网时代是"信息传递"，两个属性完全不一样。

互联网时代什么叫信息传递。其实阿里巴巴就是把一个大型的批发市场，搬到了线上。京东就是把商超搬到了线上，因为你无论多大一个商超，面积是有限的，而京东是虚拟空间。

那它要做什么？它就是把所有的商品放在这里，你都会看到，其实做了一个信息的传递。阿里巴巴是一个批发商信息的传递，阿里巴巴的出现，红红火火 20 年的批发市场纷纷倒闭了，原因就是它已经变成虚拟的了，它的费用很低，而且它的人工也很低。

信息传递，这就是互联网的思维。

数字经济思维，和互联网的思维完全不一样，是共识和信任。

所以产业数字化，数字产业化已成为国家战略，而且中国的数字化的速度远远超过了欧美国家。政府管理与服务数字化，绝不是简简单单地说，我办公不用纸张了，我文件是电脑传输了。比如说安吉白茶，安吉白茶一直避免不了出现假货，就是别的县的白茶拿到安吉来卖，安吉政府上一套数字化的系统，认证系统，你家几亩地，产多少斤茶都是有公示的，你卖出去多少，你还剩了多少都有，所以你多卖了一斤都是假的，因为你家那个树产不了 100 斤，它只能产 30 斤。政府工作人员坐在办公室就看到了，你造不造假，这就是政府的数字管理和数字的服务。

区块链底层技术的应用，传统思维定式和逻辑一定会被打破，生产和生活必将迎来全方位的变革。数字经济时代，我们在这种思维导图引导下，世界的各个方面，包括我们的生产、生活都在变化，它的变化是什么？用数字经济的思维来铸造企业的数字资产，所以企业必须要完成数字思维的转型升级。

如果你的思维不升级，你是无法做到企业数字升级的，你是无法拥有你数字资产。

思维决定了思路，思路决定了出路；布局决定格局，格局决定结局。你没有思维的升级就没有思路的升级，也就不会有格局，如果你思路不对，那你不会有出路，如果你格局不够大，你的结局就不会太好。

第三节　数证经济生态系统

一、权益资产数证化

需要特别申明，此处权益资产泛指非金融属性的资产，因为数证与通证的本质性区别就是，前者没有金融属性，而后者不但有金融属性还具备货币属性。

权益资产数证化，是一个全新的概念，在数字经济时代，一切有形与无形的权益，都可以用数证加以确权，明确其权利人。权益资产数证化，就是机构或个人购买获赠的权益资产通过数字化权益证明，明确归属，进而进行数字化交易。

实物、物权、用益物权、产品对标数证，通过数证的便捷确权属性、快速交易属性，带动企业产品销售和市场份额提升，形成企业流量性数字资产。"物权实物数字化、物权交易数字化、物权确权数字化、物权用益数字化"，这将构成一套完整的物权数字化生态系统，依托此生态系统生成的企业专属数证，将一揽子解决企业发展的诸多难题。

在传统经济学分类或约定俗成的界定，权益资产泛指：权益资产（Equity Assets），是对证券发行公司在偿付债务后的收益进行分配的收益索取权和对公司经营决策的投票权，通常以股票的形式表示。其索取权被称为剩余索取权(Residual Claim)。

非金融属性资产是金融资产的对称，除金融资产以外的所有有形资产和无形资产。

非金融资产是指机构单位单独或共同具备所有权和处置权，并通过在核算期内对其持有或使用且可从中获得经济利益的除金融资产以外的经济资产。非金融资产一般可以划分为有形资产和无形资产，或生产资产和非生产资产。有形资产和无形资产的区别在于是否具有实物形态，而生产资产和非生产资产的区别在于是否属于劳动直接成果且是否可以复制。

二、权益价值数证化

需要特别申明，此处的权益价值，是指基于物权数字化理论模型和"产品＋数证"商业模型下产生的系列多元化的权益资产衍生的权益价值。权益价值由数字化权益证明进行确权，同时可以跨时空交易，在数字化虚拟空间完成传统的交易流程，交易后的权确结果就是数证内容和权属人的数字化变更，且无法更改直至完成下一次交易。

数字经济当作一种由于信息技术发展而带来的对现有经济效率和创新层面的影响，更多地关注如何用数字技术改造生产，管理和销售流程，由于数字经济还在不断发展，新的概念不断产生，因此需要用数字经济学研究的现象越来越多，也要求数字经济学的解释框架能够容纳的空间越来越大，因此需要对理论进行不断迭代。

物权数字化理论、数证经济理论是数字经济衍生全新概念。数证作为数字权益证明，是数字经济中流通的价值权益，因此它不仅仅具备通常的货币属性，但能在一些特殊的数字场景中发挥常规货币无法发挥的作用，拥有一般货币无法达到的特殊属性。其实质就是将企业的资产数字化的同时也重构了企业的基本形态，重构了企业产品的渠道和客群。

权益是指你拥有财产带来的利益好处，既换算成钱财等的收入，权益价值是指你在企业资产中享有经济利益的价值。

权益在会计学上权益是指资产。属于所有人的权益叫作所有者权益，属于债权人的权益叫作债权人权益。会计恒等式是：资产 = 负债 + 所有者权益，当负债为 0 时，资产 = 所有者权益。

商品权益值是指商品单价，商品的价值量与生产该种商品的社会必要劳动时间（社会必要劳动时间：在现有的社会正常的生产条件下，在社会平均的劳动熟练程度和劳动强度下制造某种使用价值所需要的劳动时间）正相关，在单位劳动时间的总价值量为常量时，商品的价值量与社会必要劳动时间成正比。

三、权益流通数证化

需要特别申明，此处的权益流通，也是通常所说的交易，是指基于物权数字化理论模型和"产品 + 数证"商业模型下产生的系列多元化的权益资产进行的交易。

物权数字化是建立在物权的基础上，将物权实体数据模型化，进行识别、选择、过滤、存蓄、使用。引导、实现物权资源的快速优化配置与交易，直接或间接利用数据引导物权资源发挥作用，推动生产力发展。从类别上看，它归属于数字经济范畴。

物权数字化，依据《民法典·物权编》第二章第二百一十五条、第八章第二百九十七条、《民法典·物权编·用益物权编》第十章第三百二十三条等系列法条。将物权、数字化、智能合约进行跨界组合。将打破"整买整卖、整租整赁"的传统思维定式，将颠覆"生产、生活、交易、投资"的传统思维逻辑。物权数字化是基于"数字经济"的新概念、新思维、新业态、新动能。

"数证"与国家明令禁止的代币、虚拟币、空气币及被热点炒作的"通证""NFT"等完全不同，"数证"不具备金融属性，只对标和伴随"实物、物权、用益物权、产品"交易过程的增减值而进行波动，既不能进行人为投机炒作，也不可能暴涨暴跌。

《尸子》卷上："水有四德，沐浴群生，流通万物，仁也。"

《盐铁论·通有》："山居泽处，蓬蒿墝埆，财物流通，有以均之。"权益性交易是一个广义的概念，除所有者以其所有者身份与主体之间的交易外，还包括不同所有者之间的交易。

权益性交易的主要特征可以概括如下：

(一) 权益性交易的交易对象

权益性交易除所有者以其所有者身份与主体之间的交易外，还包括不同所有者之间的交易，且后者多为合并报表层面不同所有者(母公司与子公司少数股东)之间。

(二) 权益性交易对主体权益总额的影响

主体与所有者之间的权益性交易会导致主体权益总额发生增减变动，所有者之间的权益性交易不影响权益总额，但会改变权益内部各项目金额。

(三) 权益性交易的会计处理结果

与权益性交易有关的利得和损失应直接计入权益，不会影响当期损益。

四、价值创造数证化

需要特别申明，此处的价值创造，是指基于物权数字化理论模型和"产品＋数证"商业模型下产生的系列多元化的权益资产价值创造，形成新价值后，以数字化方式给予证明。

数证经济生态系统的形成，"产品＋数证"商业模型在中国本土的诞生，将终结互联网电商的霸道与蛮横。

用"产品＋数证"的方式，将消费者利益和店铺企业深度绑定，消费者因为获得了"数证及对标物的权益"，也会拥有自己的数字资产钱包，而其数字资产是与企业店铺深度共生的，所以是店铺企业的铁粉，是店铺企业的流量，是店铺的无形资产。

通过"赠送数证、数证对标实物或权益"，形成了可持续增值的数证及对标物，使消费变成了投资，消费资本化，购买产品赠送数证，数证对标物类型：

天然增长型权益：诸如对标物为红豆杉、黄花梨、一亩茶园等，对标物自然持续升值。

自身增长型权益：诸如茅台酒、老白茶、普洱茶等，随着时间增长，对标物持续增值。

趋势增值性权益：诸如林业碳汇，基于 30 年碳达峰 60 年碳中和，林业碳汇将持续增值。

"价值"是一个社会实践的概念，它产生于人们的需要之中。一个东西是否有价值，就看它能否满足人们的社会需要和社会成员对它评价如何。人们对那些能满足它们需要的东西给予肯定的评价，反之便给以否定的评价。正如马克思所说："价值这个普遍的概念是人们对待满足他们需要的外界物的关系中产生的"，这种关系包含两个方面的内容，一是外界物对人们需要满足；二是人们对满足他们需要的外界物的评价。

价值创造是指企业生产、供应满足目标客户需要的产品或服务的一系列业务活动及其成本结构。在价值创造的物理过程中，价值就是成品的使用价值。影响价值创造的因素主要有：投资资本回报率，资本成本，增长率，可持续增长率。它们是影响财务战略选择的主要因素。

第四节　数证经济铸造企业数字资产

数字资产是一个新的概念，很多人觉得很抽象，数字资产在未来将是与固定资产同样重要的一种资产，这种资产，有的是虚拟得摸不到看不见，但是它是真实存在的。所以数字经济时代，数字资产的概念，将走进千家万户，将走进每个企业。企业的未来，你的数字资产，也将和你的固定资产一样，列为估值对象。

比如说我们的手机号码，它就是你的数字资产。如果你的手机号码用了 10 年没有换，用了 20 年没有换，别人能找到你，一方面是你个人诚信的一种代表，另一方面你如果用了 10 年或 20 年，很多人可以联系到你，当然你也可以联系到很多人，就形成了你的数字资产。比如说我们的游戏账号、抖音账号，那依然是你的数字资产。现在抖音经常有转让账号的，因为账号里的流量，就是一种估值。有人花 20 万元买个抖音账号，还有人花 100 万元买抖音账号，几百万元的都有。

所以大家看数字资产，无论你个人还是企业，都显得非常重要，那未来的 5 年，数字资产这个词汇，将有越来越多的人知道，将来越来越多的人会把数字资产像自己的车房一样去珍视，而且数字资产也可以交易。本节主要围绕着如何铸造企业的数字资产、如何铸造个人的数字资产进行论述。

铸造企业的数字资产

数字经济时代，企业的数据和流量显得尤为重要，流量和数据的价值将成为企业的数字资产。流量和数据的价值，就是你的企业的数字资产，它将与企业实体资产共生，也将与企业的商品价值共生。

未来对一个企业的估值，一定是固定资产＋数字资产。我们知道很多企业，尤其是互联网的大厂，如果和汽车厂比，其实它没有多大的办公楼，也没有多少设备，但是它的无形资产，也就它的数字资产非常庞大。

大家知道 LV 包，LV 包是塑料的，卖得很贵大家还买。很多纯牛皮的包，卖很便宜却没人买，为什么？ LV 有品牌的价值，品牌的价值说白了也是数字资产，它的价格和数字资产是共生的。

数证经济理论导入的"产品 + 数证"模型。什么是"产品 + 数证"，就是你买了我的产品，我赠送你一个数证，但我的数证是有对标物的，那数证对标什么，要么对标实物，要么对标物权，要么对标用益物权，要么对标产品的本身，对标物自身价值在增长，前一节已有论述，是以数证方式存储和证明的，可以随时变现或待价而沽。企业如果构建并使用这个模型，可以便捷地完成流量和数据的积累，形成企业的数字资产。

这种模型从来没有过，不但中国没有，国外也没有。数证经济理论，构建了生态：权益资产数证化、权益价值数证化、权益流通数证化、价值创造数证化。

举个例子说明，大家想想看，美团是谁的？腾讯的，拼多多是谁的？腾讯的，京东是谁的？腾讯的，快手是谁的？腾讯的，滴滴是谁的？腾讯的，58 同城是谁的？腾讯的，小红书是谁的？腾讯的。腾讯的腾讯的……腾讯为什么会有这么多企业？

每天有 10.9 亿人打开微信，早上起床打开微信，而且有的人还不止一个微信，每天都有 7.8 亿人进入朋友圈。腾讯依托恐怖级的流量和数据，仅以很少的资金，控股参股了 200 余家顶级公司，腾讯很聪明，基本不控股，都是二股东，业内俗称千年老二。

因为腾讯系的流量和数据太大，参股后，滴滴瞬间就做大做强了。滴滴复制的是美国的 Uber，但是滴滴把美国祖师爷给打败了。

未来企业如果你没有流量你没有数据，你就不会形成数字资产，你没有数字资产就不值钱。

如果你是化妆品生产企业，构建了"产品 + 数证"模型。按照数证经济的理论推导，你将快速成长，因为你的流量和别人不一样，为什么？你给消费者一个数证，数证有对标物，所以消费者就会持续关注对标物动态，不用你到大街上去扫码，你就会拥有这个流量和数据，而且这种流量和数据是活粉、是铁粉。

企业的数字资产是多么的重要，数据和流量是什么？是"核弹"，未来的企业，数字经济时代的企业，如果你没有数据没有流量，你充其量是个末流企业。如果你有数据你有流量，你的流量越大你的数据越大，你的"核弹"就越大，它未来会产生一个核爆，那这个重量级的核爆会把你的公司，送到另一个维度去。

第五节　数证经济铸造私人数字资产

私人数字资产不是那么好理解，你自己有台车，你的别墅，这是你的有形资产，那你有没有无形资产，有没有数字资产？可以说今天中国 99.99% 的人是没有数字资产的，那什么是私人的数字资产。

私域流量这个词对很多人来说也是陌生的，什么是私域流量，私域流量是指从公域流量中或它域引流到自己私域的，什么意思呢？比如说公共的数据、公共的资源，你引流到自己这里，还从其他的领域、别人的领域中引流到自己的私域。所谓私域就是你自己的地盘以及私域本身产生的流量，这是基于信任、共识和利益建立起来的封闭性的流量池。私域流量可以自己自主控制，我的草原我的马我爱咋耍就咋耍。

私域流量与被平台方掌握的公域流量不同，公域流量是什么？比如说互联网大厂，掌握着公域流量。私域流量是掌握在自己的公司和个人手里，你的流量到一定程度还是自己公司的。其实你的流量起始都是个人的，是可以进行二次链接、触达、发售等市场营销活动的客户数据，你可以二次变现，二次使用，这是你自己的私域流量。

举个例子，辛巴直播带货超过了商场中型超市一年的营业额，辛巴和广州市政府合作推出了 4 个小时的直播带货，销售额 60 亿元。60 亿元是什么概念？是一个中型超市一年的销售额，而且这个中型超市还得够规模，还得火，在主要地段才能完成 60 亿元的销售额。这是什么一种力量，上文我讲的数据和流量是核弹，这是不是"核弹"？他以一己之力抗衡了一个商超一年的营业额。

私域流量的获取，可以从公域来引流，你也可以在他域来引流，那么这里我们就不得不分析中国今天一个经济现象，比如说谁能打败京东，谁能打败淘宝，谁能打败阿里巴巴，几乎都不可能。当年张朝阳投资了 10 亿元做了一个平台叫搜狗，试图抗衡百度做搜索引擎，结果赔得血本无归，留下的全是寂寞。为什么？因为百度已经先机抢占了市场，你打败他们可能性不大，如果你今天再给马云 1000 亿元，让马云再造一个阿里巴巴能不能？不能，你给刘强东 1000 亿元让他再造一个京东能不能？不能，因为时机不对。

但是有没有人能打败他们？有，这是一个经济现象，其实就是今天讲的私域流量被放大，叫什么？抖音。抖音是不是让每个人都建立起了自己的私域流量，辛巴是这样的，你在抖音开直播，你只要优秀了抖音平台不停地在给你推流，它把它公域流量推到你私域流量，当然你会成功。所以我们今天看李佳琦也好，看很多出了事的网红也好，他们流量哪来的？一个是自己的流量，一个是公域流量输送到了私域流量。所以抖音是京东、淘宝、拼多多最大的竞争对手。

淘宝、京东等大厂它们是牢牢控制了自己的公域流量，没有分享给任何人私域流量，而抖音是把所有自己的公域流量无偿地奉献给私域流量，网红一夜成名，所以它的生命力会越来越强，市值会越来越大，所以可以击败京东，可以击败淘宝。

那抖音大家知道原来做什么的吗？原来做娱乐的，最开始抖音卖货吗？不卖，因为私域流量爆起来了，公域流量也爆起来了，就可以直播带货了，也可以卖产品了，大家想想看现在抖音买东西有多少人？私域流量才是私人数字资产。

私人数字资产是私人在参与社会生产活动中所创造、获得、积累、交易、具有明确的权属关系的并以数字形态存在的经济资源，这是术语。通俗说明，就是你在生产生活中创造的、获得的、积累的、交易获得的具有明确的权属关系的数字资产，一定要明确，你没有明确的权属关系就不是你的私人数字资产，也不是你私域的流量。

所以不一定是流量、数据就是你唯一的数字资产，你在这个过程中会有明确权属关系的积累，其实也是你的数字资产，能为拥有者带来预期经济利益。没带来利益的不是数字资产，那可能是债务。以数字形态存在的经济资源才是你的数字资产。泛指个人存储在网上、链上，大家注意这个链上讲的什么，其实就是下文我会讲到的数证经济。计算机、云存储中任何可能有数字财产及经济价值、感情价值、个人价值的东西。

这里包括多了，包括感情价值，可能未来你的一张结婚照片都能卖钱，那就看你的结婚对象是不是名人，如果是，照片自然值钱，如果他不是名人，照片也就不值钱。经济价值、感情价值、个人价值泛指所有的东西，都是你的私人的数字资产。

数证经济理论触发的是什么？就是"产品＋数证"这样一个模型，它引领了产品分利时代，建构私人数字资产，那大家还是不明白，这太理论化了，用下面例子来说明以下：

比如说你买一双皮鞋你花了1000元，你买这双皮鞋，生产方送给你一个数证，这数证是什么，数证就是数字化权益凭证，其实送了你一个权益，什么权益呢？比如说它对标了10亩森林的碳权，对标多长时间呢，对标了20年，那么你算笔账，这20年中，因为现在按我们国家碳汇交易每吨碳汇是60元钱，如果这样算一笔数字账，赠送了你10亩林业碳权，每年每亩可以产生1吨碳汇，10亩×1吨×20年×60元＝1200元，那这是你的回报。如果你现在按当下美国碳汇的交易，现在是700多元人民币，欧盟是800多元人民币，你再乘一下翻了10倍都不止，所以你看20年间你买了一双皮鞋花的钱，你这个权益不但会把你花的钱回收，还会赚钱。10亩林业碳权，有效期20年，就是你的私人数字资产，20年间你可以随时转让，权益证明就是数证。

因为皮鞋的生产方会拿钱去买10亩碳权送给你，只是在你1000元钱的消费价格中拿出了一部分利润，你这个数证对标的10亩碳权是什么？就是你的数字资产，谁的？你的，叫私人数字资产。那在20年中，你可以随时把你的私人数字资产卖掉，未来的收益可能达到20000元，一年后卖了1000元，这个皮鞋你就免费穿，等于这个皮鞋没有花钱。

你买电饭锅也有数证，你买衣服也有数证，你买柴米油盐酱醋茶都有数证，甚至你一家人一年的生活花费十万八万你都拥有数证，想想看，你的私人数字资产是不是越来越大，你每年回报也越来越大，产品分利才会导致你资金不是负增长，是正增长，你的财产是正增长，所以构建了私人数字资产。

数证经济理论构建了一个闭环的生态系统，帮你铸造私人数字资产。你有台奔驰车，你还有台宝马车，你还有一栋别墅，这是你的显形的资产，因为别墅不再升值了，但是也不会贬值，你的奔驰宝马车是否在贬值。如果你还有私人数字资产，因为数字资产一直在升值，你的总资产在升值；如果你没有数字资产，你只有显形的资产，想想看奔驰宝马车用了 20 年之后就是一堆废铁，你的资产就不存在了，所以我们得学会铸造私人数字资产。

第二章

数证经济触发商业大变革

> 谋定而后动，知止而有得。
>
> ——《孙子兵法》

一个新鲜事物的出现，必然带来观念的转变，必然带来业态的重组，必然形成一股清新的动力。

支付宝出现了，小偷失业了，银行改变了；美团出现了，方便面企业失落了，下岗职工变身为快递小哥；今日头条出现了，新闻网站传统了，报纸没人看了。

物权数字化新概念出现了，物权变商品了，小微企业活了，民间投资渠道多元化了，新业态形成了，新动能开始发力了。

第一节　世界性变革大潮滚滚而来

一、地缘政治大变局

百年不遇之大变局第一个，地缘政治的大变局，大家知道美国之所以自"一战"之后逐步能统领全世界，它依靠的就是三件法宝：美元、美军和美债。

美元是全球通用货币，它可以任意地收割发展中国家韭菜。三年的疫情，美国加印了将近 30 万亿美元，美国不怕通货膨胀吗？当然不怕，因为它收割的是全世界的韭菜。

美军是哪儿不服他打哪，哪伤害了他利益他打哪，大家看中东今天的乱局都是美军导致的，阿富汗的乱局也是美军导致的，包括现在乌克兰的乱局也是美军导致的，美军和北约背后大量地提供武器，打了一场北约和俄罗斯的代理人战争。

世界的格局在最近的五年发生了巨大的变化，我们今天看到欧盟已经不是铁板一块了，美国和欧盟的关系也很微妙，德国总理朔尔茨访问了中国，这是三年来的欧盟和中国之间一个破冰之旅，呐喊出一个口号，就是不与中国经济进行脱钩。我们看到这次的俄乌战争，俄乌的冲突也导致美国和北约发生了一些龃龉的事，包括我们看到的西班牙，不支持对俄罗斯制裁，我们看到在欧洲，还有一个国家塞尔维亚，武契奇总统坚决反对对俄罗斯制裁，也就是说美国和欧盟现在也不是铁板一块，未来世界的地缘政治的格局会形成什么呢？会形成 G2，什么是 G2，就是以美国欧盟为主的一方和以中国、俄罗斯、印度为主的一方形成世界 G2 的格局，也就是形成东西方两大阵营，这两个阵营将成为新的世界格局，形成新的东西方的对抗，地缘政治发生变化必然导致世界经济的大变局，必然导致世界经济格局的重大变化。

近来年来，俄罗斯与乌克兰的军事冲突，其实这是一场代理人的战争，以美国为首的北约支持武器，让乌克兰和俄罗斯军事冲突，试图拖垮俄罗斯的经济，但是谁也没有想到俄罗斯以一己之力抗衡了整个北约。

为什么俄罗斯要抗衡，是因为北约已经把利剑，摆在了俄罗斯的家门口，把利剑悬在了俄罗斯人的头上，随时都会掉下来，那俄罗斯不得不去反抗，那这场战争还没有结束，这结局是什么？全球出现了能源危机、全球出现的粮食危机、全球的供应链被打断了，所以世界的经济格局也在做大变局。

二、世界经济大变局

中国率领大家成立了个上海经济合作组织，简称上合组织，它不是军事组织，它是一个经济组织。最早成立时，只有中国、俄罗斯和中亚五国，如今正在扩容，很多国家都纷纷加入，包括巴西也变成了观察员国家，印度成为成员国家。这个经济体也是世界经济格局的一个重大变化，是以发展中国家为主来对抗传统的资本主义国家，传统的资本主义国家在对抗新兴的经济体，但世界的经济格局也做了一个大的变局，这种变局还在演进。

巴西总统卢拉在三年前发表的演讲要学习社会主义，高度地赞扬了社会主义这种体制，是社会资源的一个高度整合，整合能为普通的老百姓带来福祉。巴西是美洲人口最多的国家，巴西的转向带来世界经济格局的又一个变量，巴西、印度、俄罗斯、中国人口的总数，已经超过了世界人口总数的二分之一，而且都是大型经济体、新型经济体，所以世界的经济格局也发生了重大的变化。

三、中美世纪大博弈

美国一直以老大自居，一直以从实力的地位出发和中国进行谈判。最近三五年来中美之间大打贸易战，中美之间大打科技战、货币战。我们看到在中国的南海美军挑衅，军舰开进了亚太，开进了南海。我们也看到美国的前议长窜访中国台湾挑动海峡两岸的对峙，让两岸风险升级。中美之间的这种世纪博弈也正在上演，中国和美国之间这种贸易大战还在打，科技大战还在打，华为被制裁，芯片断供，一千多位华裔科学家被美国驱逐出境，科技大战会愈演愈烈。中美之间货币站也已经拉开了帷幕，所以中美之间这种博弈是世纪性的，也就说是一个世纪的大博弈。

四、商业技术理念大变局

前文阐述了三个百年不遇的大变局，商业技术理论也迎来了大变局。数字经济已经从概念变成了具象。鸡叫不叫天都会亮，天亮不亮鸡说了不算，数字经济的来临不在于你承认不承认、你相信不相信、你感知不感知，你不感知它也会来，你不相信它也会来。

数字经济时代已经到来了，这不是以任何人的意志为转移，一切不确定性中的唯一确定性是数字经济时代开始了。对于我们每个企业、每个个体，影响之深、范围之广是我们不可想象的，商业技术和概念改变了世界。

数字产业化产业数字化已经不是一个概念，已经变成了具象。数字经济时代给我们带来了一些深刻的变化，它改变了我们的生产生活、交易和投资所有的方式，也打破了我们所有在传统经济时代的一些思维定式。

举例说明：持续三年的疫情，国家推出了行程码，如果在传统时代你的行程如果想被捕捉到，可能通过你住的宾馆的登记得到。今天不用，你只要一下飞机，只要你一下火车，只要你踏上那块土地，所在地的信息和位置就已经被收集了，这是数字经济时代的具象。

数字经济时代改变了很多很多，数字经济时代包容的也很多。每个人都得融入这个时代，企业在互联网时代可以不相信互联网，可以不用互联网还能生存，大不了摆地摊，大不了把产品放在小超市。数字经济时代来了，连这个机会都没有，如果没有跟上数字经济时代的步伐，面临的只有两个字，死亡，你的企业一定会倒闭。

数字经济时代来的时候改变了方方面面，从生活到科技、从投资到消费，通通被改变，这就是我们身处的时代。

第二节　中华商业文明延宕千年

一、中华商业文明

中华商业文明源远流长，中华商帮文化千年风雨屹立不倒，沟通南北，融汇东西，这就是中国的商帮文化，延绵千年的中华商业文明与中华文化交相呼应、璀璨不息。作为最能够体现商业价值观念，与之相对应的商业文化在广袤的华夏大地上，也因地域的不同、发展阶段的不同而呈现出不同的特点。2014 年笔者撰写出版的《变迁与担当——激荡中国商协会》专著，大篇幅介绍了商帮文化，依然是中国商协会运营和管理的唯一的一本理论专著。

粤商、浙商、闽商、晋商、苏商是中国著名的五大商帮。电视剧《乔家大院》是晋商商帮文化淋漓尽致的体现，也是其商业智慧淋漓尽致的体现。中国商帮文化一直影响很多年，今天它的范围已经超过了中国的本土，传到了西方。世界上第一个银行就是苏州金银行，诞生在唐朝的唐宣宗年间，9 世纪；西方最早的银行诞生在意大利的威尼斯，就是威尼斯银行，欧洲 16 世纪才出现真正的银行。

乔致庸一生的梦想是汇通天下，他实现了，其实在这之前无论是欧洲还是中国本土都是骡车载拉黄金白银，所谓的银车需要有镖局来保护。自从汇通天下实现之后，一张汇票就代替了整车整车的银两，尤其乔致庸在恰克图做生意，从俄罗斯往回拉白银要经过大漠，要翻山越岭，还要面对诸多的强盗，有不安全性有不确定性，汇通天下的实现解决了所有问题。

浙商的坚韧不拔，晋商的守正出奇，粤商的资源整合，成为中华商业化中企业精神的核心，也就是我们的内核，不同地域的商人更有其独特的气质。

二、中华商业智慧

司马迁《史记·货殖列传》，是最早记录商业文明的史书，"治生之正道也，而富者必用奇胜"，也就是商业智慧要用于商业经营，无论是"不惟任时，且为择地"的卓氏商贾，还是19年间三致千金的"陶朱公"范蠡，他们书写了灿烂的中国商业智慧饮誉古今、留名青史。

19年间三致千金"陶朱公"范蠡，其实《史记·货殖列传》中对范蠡的记载很详细，春秋时期，范蠡商圣，19年间三次赚了千金，都分发给了他属地的商人以及穷人，其实范蠡在春秋战国时期就已经构筑了中华商业理论，那商业理论是什么？就是大爱无疆，是中华商业文明商业智慧的一个重要特色。中华商圣范蠡的桃色新闻掩盖了他商圣的地位，古代一个诗人作了一首诗，我大概记住几句"艳色天下重，西施宁久微；朝为越溪女，暮作吴宫妃"。这诗主要讲范蠡和西施的故事，其实这个故事的流传把商圣范蠡的伟大商业理论和精髓给掩盖了。

大概十几年前，电视剧《贞观长歌》很火，因为与匈奴作战，匈奴劫掠粮道，粮食运不到前线的云中，后来慕姓商人想了一个办法，与突利可汗谈判，我帮你运送粮食，但你要给我大价钱。这样糖食运到了云中前线，唐朝的军队只要运粮食，匈奴会打劫粮食，会骚扰粮车，唐朝用很多军队来保护粮车，就影响前线的作战，但是商人与匈奴达成共识后，匈奴不来骚扰，粮食轻松就运到了云中，商人这种智慧规避了战争的风险。这故事来源于《史记·货殖列传》，故事中讲一个著名的人物，大商人之子叫桑弘羊。盐铁收归国家所有，克以重税，就是桑弘羊发明的，他是汉武帝的重臣，后来因为和霍光发生了矛盾，霍光把他处决了，他是中华商业文明商业智慧的一个重要人物，《盐铁论》其实也是桑弘羊商业智慧结晶。

为什么中华商业智慧西方学不到学不会？源远流长的历史是一个方面，中华商业文明和商业智慧是源于儒释道，中国的儒教文化，中国的道教文化是本土的，融汇了西方的佛教文化，所以儒释道是三个哲学体系，三个哲学体系的深度融合衍生了中华的商业智慧。儒释道精神下的中国商业智慧是欧美学不到学不会的，这也是中华商业文明的伟大复兴一定会到来的原因之一。

三、本土商业理论断代

这个话题很沉重，我们确确实实断代了。改革开放 40 多年来我们鲜有形成中华本土的商业理论，或者说基本没有。

互联网时代没有本土原创理论，互联网是美国人发明的，欧洲人率先使用，后来我们众多的留学生到了美国学到这种理论带回了中国的本土。时代变迁，斗转星移，今天中国很多商业大佬没有基于中国本土形成，代表和延续中华商业文明的创新理论和创新思维，既没有学说也没有理论，只是依托了中国庞大市场的资源，撅起了时代的暴利。

大家知道著名的大咖李彦宏，李彦宏是学什么的呢，李彦宏在北大学的是图书检索，后来他留学美国之后接触了互联网，他就把这个图书检索软件化了、互联网化了，他学美国人，在中国做了一个百度，把图书检索一个专业变成了一个应用软件。在那个互联网时代，你看不到一本和互联网相关的理论、书籍，全部是西方的商业理论和商业逻辑。纵观今天的商业版图，大型商超源自哪儿？大型商超源于法国的家乐福，京东、阿里巴巴源于美国的亚马逊、淘宝源于美国的 eBay、QQ 原名叫 OICQ，源于美国的 ICQ，你看看马化腾怎么做的，马化腾只把这个 ICQ 加了一个 O，就变成了今天我们看到的 QQ，当时美国的 QQ 是两个小企鹅，马化腾都懒得再把它变成一只小鸭子或者一只小鸡仔，只是去掉了一只小企鹅，从两只小企鹅变成一只小企鹅。那为什么最早叫 OICQ，为什么后来变成 QQ 了，因为马化腾被美国人告了，大家看长得一样，就差一个字母，所以美国人把他告了，告了之后他就变成了 QQ，变成两个 Q，这就是我们中国今天看的 QQ。滴滴源于美国的 Uber，其实美国 Uber 也曾经想闯荡一下中国大陆，折戟沉沙回去了。新浪微博源于美国的 Twitter，优酷源于美国的 YouTube，微信源于美国的 Facebook。

互联网时代的中国商业几乎没有原创。看看电视综艺节目，要不学韩国的，要不学日本的，有原创吗？没有。三位互联网大咖攫取了大把财富，过一万辈子都够了，但是他们没给中国人留下任何基于中国本土的商业理论和商业智慧，他们给中国留下的就是一地鸡毛，摧毁了中国的实体经济，因为他们留下来的都是基于丛林法则的戏法，为什么今天我们看到互联网时代前期带动着中国经济，后期对中国经济造成了伤害，就是因为他们崇尚的是西方的丛林法则，丛林法则是什么，就是弱肉强食，弱肉强食是什么？海盗逻辑。当然了我们也很感谢马先生、刘先生他们带动了一个时代。

第三节　第一次商业大变革：产品卖方时代

中国商业的发展，每 20 年就一个周期，每个周期都会迎来一次商业大变革。

1983—2003 年，是第一个商业大变革周期——产品卖方时代，从计划经济转变为市场经济，具象为从产品配给时代转变为产品卖方时代；

2003—2023 年，是第二个商业大变革周期——产品的买方时代，从传统经济转变为互联网经济，具象为从产品卖方时代转变为产品买方时代；也是互联网电商时代；

2023—2043 年，是第三个商业大变革周期——产品的分利时代，从信息经济转变为共识经济，具象为从产品买方时代转变为产品分利时代。

这完全符合全球经济学家遵从的康波定律的 60 年经济周期：繁荣、衰退、萧条、回升。从改革开放到 2043 年为止，60 年间，中国将经历三个商业周期。

1983 年，中国商业第一次大变革。社会主义计划经济退出历史舞台，社会主义市场经济全面开启，1983—2003 年是"产品卖方时代"的 20 年，成就了中国实体经济无数企业大佬。

一、体制造富催生了卖方时代

中国经历了四次"造富浪潮"。第一次："体制造富"；第二次："资产造富"；第三次："互联网造富"；第四次已经到来，就是"数字经济造富"。

"体制造富"源于经济体制的改变，重新定位了生产力和上层建筑的关系。重新定位，是和谁相比重新定位，1949年至1978年的计划经济时代。中国农村体制改革始于1983年。

1984年10月20号，召开了党的十二届三中全会，是改革开放的一个重要的里程碑。全会一致通过了《中共中央关于经济体制改革的决定》。经济体制改革重新定位了生产力和上层建筑的关系，决定阐明了加快城市为重点的整个经济体制改革的必要性、紧迫性，规定了改革的方向、性质、任务和各项基本方针政策，是指导我国经济体制改革的纲领性文件。

1983年中国农村改革，发生了特别重要的历史事件，就是从1983年开始，农村土地全部变成了分田到户、分包到户。1978年到1983年间，党的十一届三中全会之后，中国实行的是联产承包责任制，也就说农村的生产力，得到了充分的释放。但城市生产力并没有释放。党的十二届三中全会明确了经济体制改革的决定，针对城市，从这时开始，中国第一次商业大变革——卖方时代，也就是说经济体制的改变催生了卖方时代。

产品卖方时代是从农村体制改革的1983年，一直持续到2003年，周期20年。

这是中国商业繁荣的第一个周期，这是一个"产品"从短缺、到相对短缺、到相对繁荣的时代，维系了近20年的商业辉煌。

其间，民营企业在支撑经济发展的同时，也给自己创造了财富。得益于卖方时代，很多个体工商户，如雨后春笋般出现。在造富自己的同时，也支撑着社会财富的创造。

娃哈哈1987年创立，是一个校办企业的经销部，规模极小，创始人宗庆后带着两名退休老师承包经营，给别人代销汽水、冰棍，当时一个冰棍5分钱，从赚一分钱一厘钱起家。第二年，他就成立了工厂，兼并了这个学校的工厂，开始做加工口服液。第三年宗庆后成立了娃哈哈营养食品厂，这就是娃哈哈集团的前身。

为什么举宗庆后这个例子，他是历史的一面镜子，在这个过程中，娃哈哈集团是卖方时代的一个标志性公司。产品卖方时代，只要生产出来东西，马上就会被疯抢，所有商品供不应求。在珠三角、长三角地区，当时很多的小作坊小企业，是因为产品的供不应求，成就了他们的发展壮大，从小作坊走向现代工厂。

就像娃哈哈一样，从一个小得不能再小的销售部，三年时间变成了工厂，现在变成了全世界五百强企业之一，所以这就是产品的卖方时代。

二、"价格双轨制"孕育了卖方时代

现在很少人知道"价格双轨制"，尤其现在年轻人不知道。"价格双轨制"给了民营企业经济发展的空间，供不应求的状况决定了整个市场是"卖方市场"，社会资源和自然资源的开发效率较低，人们的需求也很粗放，导致了"价格双轨制"，它孕育了"卖方市场"。

什么是"价格双轨制"？它为什么孕育了"卖方市场"？为什么在 20 年的商业繁荣，它起到了一个决定性作用？

朱嘉明、刘佑成、黄江南、张钢等青年经济工作者组织召开了"中国青年经济工作者学术研讨会"。会议在湖州德清县莫干山召开，史称"莫干山会议"。

"莫干山会议"是在党的十二届三中全会召开之前一个月召开的。一个月之后，很多关于经济的提法，就出现在了党的十二届三中全会的报告中，所以莫干山会议被称作"经济改革思想史的开创性事件"。

这次会议不仅使一批经济学家脱颖而出，走上历史舞台，也为 20 世纪 80 年代的改革提供了重要的思路。王岐山、朱嘉明、黄江南、翁永曦史称中国改革四君子，莫干山会议参会者 124 人，青年经济工作者、在校经济领域研究生、本科生、大学老师。诸如张维迎等众多参会人员已经是中国知名经济学家；楼继伟、陈元等成为副国级领导；还有很多参会人员成为知名企业家。

"价格双轨制"就是自 1984 年开始执行的是市场经济和计划经济双轨同行。计划经济执行的是一个价格，市场经济执行的是另一个价格，因为允许价格的双轨，才导致了卖方时代来临，导致民营企业有原材料可以加工成产品，产品又不愁卖。所以"价格双轨制"是卖方时代一个重要的特征。

产品卖方时代，社会需要产品去填充各个角落，在这种大背景下，产品的生产和流通就很重要。负责生产的是各种工厂，负责流通的是各种经销商、批发商、实体店、各种商家，这就是这个时代的明显特征。

1987 年 1 月 1 日，国美电器在北京成立的第一家以经营各地家电、电器为主的，不足 100 平方米的小店。从 1993 年始，国美电器统一门店名称、统一商品展示方式、统一门店销售服务、统一宣传，建立起了低成本可复制的发展模式，形成了中国家电零售业连锁模式的雏形。因为国美是卖方时代成立的，它繁荣成长、扩大，只用了 20 年的时间就变成了庞然大物，它得益于这 20 年的经济繁荣，这 20 年经济繁荣我们称之为卖方时代，国美也是一个标志性的存在。时光荏苒，世事变迁，周期轮回，2023 年的国美已经在大量裁员，工资已经开不出了。

三、廉价劳动力成就了卖方时代

产品卖方时代，从家庭作坊开始自己生产各种产品，当然是以轻工业和快销品为主，慢慢发展成了工厂。在长三角、珠三角等地区的温州模式大都如此，从家庭作坊变成了工厂，从单一工厂再形成工厂群，然后就是产业集群，上下游产业链，中国制造业就是这么发展起来的。

也是说商业第一个周期，1983 年到 2003 年这 20 年，形成了中国制造产业集群。中国有几十个产业集群，比如说嵊州专门生产领带、福建石狮专门生产服装、福建泉州专门生产各种休闲鞋、旅游鞋，因为它形成了上下游的配套，这都是第一个 20 年经济繁荣期形成的。

还有一个词，现在"80 后""90 后"几乎不知道，叫三来一补。什么是三来一补？来料加工、来件装配、来样加工和贸易补偿。在产品卖方时代 20 年的繁荣期，三来一补是国外输出了技术、设备、原材料、配件、样品，你来加工，给你加工费。

为什么出现这种经济现象？是因为中国的廉价劳动力。

廉价劳动力是第一个 20 年商业繁荣期中很重要的元素之一。产品卖方时代的最大特征：劳动力资源既充分又廉价，承接了亚洲四小龙产业转移。中国大陆是第四次国际产业转移的最大受益者。除了对"亚洲四小龙"产业的承接，中国大陆还以其广大的市场，吸引了日本、美国和欧洲的大量投资，对第四次国际产业转移的承接，奠定了中国作为世界制造大国的国际地位。

那亚洲四小龙指的是什么？韩国、中国香港、中国台湾以及新加坡。第三次国际产能的转移是指什么？是指欧洲、日本等等转移给了亚洲四小龙。

1962 年到 1972 年，是中国人口快速增长的 10 年，史称中国婴儿潮，出生了近 3 亿人口，1983 年至 2003 年，是中国劳动力最旺盛的 20 年，廉价的劳动力成就了卖方时代，是中国第一次商业大变革的 20 年。

第四节　第二次商业大变革：产品买方时代

第一次商业大变革——产品卖方时代，体制造富催生了卖方时代、"价格双轨制"孕育了卖方时代、廉价劳动力成就了卖方时代。

第二次商业大变革——产品卖方时代，持续 20 年，2003 年至 2023 年。互联网开启了买方时代、互联网繁荣了买方时代、互联网潜规则了买方时代、互联网内卷了买方时代。

一、互联网开启了买方时代

从互联网诞生到家庭电脑的普及再到移动互联网的出现，世界的商业规则、规矩、业态发生了翻天覆地的变革，这种变革是不以人的意志为转移的。

也就说互联网时代来了，产品的买方时代的特征和卖方时代特征完全不一样。有货不愁客，酒好不怕巷子深，几千年来的传统被打破了、被颠覆了。

在产品买方时代，央视的酒疯子药疯子也退出了央视的舞台。"80 后"的一部分人还能记得当年央视广告满屏都是酒，孔府家、孔府宴、秦池酒，开进去一辆"141"，开出来一辆奔驰，广告投入一个亿会收入两个亿。

2003 年 5 月阿里巴巴的淘宝横空出世，这是一个标志性事件，中国正式进入了电子商务时代，终结了产品卖方时代，开启了中国第二次商业大变革——产品买方时代。

阿里巴巴是 B2B 的商业模式，淘宝是 B2C 为主的商业模式，阿里巴巴加淘宝就是 B2B2C 的模式，那这种模式的建立其实就标志着中国正式进入了电子商务时代。

2003 年至 2013 年，绝大部分企业的生产方式没有改变、生产思维没有改变、市场运营思路没有改变，但是大众消费方式发生了重大变化。

从产品的卖方时代转变为产品的买方时代，它的最大特征是信息传播速度大幅度提高，信息传播成本大幅度降低，消费空间无限扩展、消费时间全天候；基于此，消费者开始挑三拣四了，货比三家很便捷；因为物质和商品丰富了，有选择的空间增大了；关键是同质化商品价格趋于透明了。

二、互联网繁荣了买方时代

20 年的商业繁荣是互联网创造的，各类各种第三方电商平台雨后春笋般的蓬勃发展，买方时代思维的企业抓住了机遇拓展了梦想，改变、创新、再改变、再创新，微商、直播带货的好日子红红火火，这就是这 20 年商业繁荣的特征。

在这 20 年的繁荣中风投疯了，风投就是风险投资，风投怎么疯了，因为大家看到了阿里巴巴的成功，看到淘宝的成功，看到京东的成功，所以当时做电商只要有个想法，风投就会跟投，要多少钱给多少钱。

但是电商的成功率不到千分之一，99.99% 的电商死掉了，那你们为什么不知道？因为它死的没有名，所以你不知道。这 20 年是资本深度介入了买方时代，因为资本进入的是互联网体系，所以互联网繁荣了买方时代。

拥有互联网思维，用别人的饭店赚钱，美团做到了；用别人的汽车赚钱，滴滴做到了；用别人的客房赚钱，携程做到了；用别人的才艺赚钱，抖音做到了。

互联网繁荣了买方时代，买方时代前 10 年是各种风投的追投，剩下的 10 年是互联网、电商走向了梯级的发展，梯级发展就是互联网的再度改变、再度创新、持续改变持续创新。这是互联网繁荣了买方时代重要特征。微商的出现是不是互联网繁荣时期的后 10 年，直播带货也是最近五六年的事情。所以互联网繁荣的买方时代，繁荣期是梯级式的增长，是在改变创新再改变再创新的过程中实现的，所以我们说互联网繁荣了买方时代。互联网大咖的产生，大厂的产生强调的是思维，思维决定了思路，思路决定了出路，布局决定了格局，格局决定了结局。

三、互联网潜规则了买方时代

互联网如何潜规则了买方时代？由于电商平台主导着流量和排名，所以平台迅速变成了第三方市场。谁主导市场谁就在分钱，这是个铁律。

既然电商成为第三方，它就有能力有优势主导市场，决定怎么分钱。事实是，商家并没有赚多少钱，却把淘宝、京东、唯品会等第三方平台养肥了，整个产品买方时代我们按收到了互联网开启了买方时代、互联网繁荣了买方时代，但互联网也潜规则了买方时代。

百度的老板李彦宏发明了一个最无耻的商业模式：竞价排名。

你只要上百度搜索，排在第一的一定是花钱的，怎么花呢？根据点击量来收费，点一次多少钱。你在百度存10000块钱，可能两天就没了，因为点击的人越多你支付的费用就越高，这企业的成本是不是越高，产品的成本是不是越来越高。

马云紧跟着在阿里巴巴也推出了竞价排名，现在包括美团也是竞价排名，排在第一位和排在第1000位，想想看，你产品再好，在前十页看不到，就基本白扯啦。马云说我不差钱，套现1000亿元，刘强东说我不差钱，套现了600亿元，都和我们说再见了，那其实京东和淘宝现在依然在亏损，但是穷了庙，富了方丈、富了股东、富了风投。

互联网创新的同时资本家血腥垄断属性彰显出来了，实体商业被暴力摧毁，是暴力不是利润的利，是力量的力。被马云所害，专卖店清仓大甩卖声响彻大街小巷，是谁潜规则了20年的商业繁荣，是互联网。只有暴力才会产生暴利，因为暴力的垄断产生了暴利。所以我们看今天的美团一份20块钱的快餐，美团加上竞价排名费、加上促销费等等，美团居然收取了30%中间费，20块钱能收6块，小作坊小饭店还有利润吗？没有了，利润为什么叫暴力，是美团规定的不听不行，不遵守就出局，出局之后你就没有市场。资本家的血腥垄断，血腥性暴利已经彰显出来了。

互联网潜规则了产品买方时代，互联网摧毁了实体经济，是实体经济和消费者的付出养肥了第三方电商平台。

四、互联网内卷了买方时代

电商时代的商品都是大同小异的，消费者比价太容易导致价格战越来越激烈，网店只有不断地促销、刷单才能产生交易量，才能排在前面，所以网店的成本不断攀升，最终电商又把大家带入了价格战、同质化的怪圈。

用电商你死得慢，不论你用和不用结果一样你都得死。

今天的电商无论是抖音在卖的、还是淘宝在卖的、还是拼多多在卖的，几乎都是一样的产品。因为电商平台，把大家拉入价格战，因为比价太容易了而且有捣乱的，我不为了赚钱，我只为了把水搅混。你发现任何一个商品，可能有标价 10 块钱的，也有标价 1000 块钱，消费者如何选择？质量好的便宜不了，质量差的凭借价格优势一骑绝尘，这也导致商家得不停地促销，不停地刷单才能产生交易量。不用电商你死得快，你用电商你死得慢，不论你用和不用结果一样你都得死，这就是互联网内卷了产品买方时代。

在互联网内卷买方时代的时候，企业都不是赢家，企业都不敢追求高利润了，如果企业不赚钱消费者又没有得到巨大的实惠，整个实体经济怎么发展，所以互联网摧毁了实体经济也内卷了实体经济。

2003 年到 2013 年这 10 年，第二个商业繁荣的前 10 年，互联网开启了买方时代，互联网繁荣了买方时代。但是 2013 年到 2023 年这 10 年间，互联网潜规则了买方时代，内卷了买方时代，商业第二个繁荣期 20 年即将结束，如何结束它，就是数字经济的出现，是基于区块链底层技术的应用，是智能合约的应用，是产业数字化数字产业化这个滚滚大潮需要终结第二个商业繁荣的 20 年。

第五节　第三次商业大变革——产品分利时代

康波周期，经济学术语，是由俄国经济学家康德拉季耶夫在 1926 年发现的经济周期性。

第五轮康波周期（从 1991 年开始至今），而现在已经进入了康波周期的后半程

（经济停滞 + 高通胀）。

按照这个发展规律，2022 年开始慢慢进入到第四阶段了，估计再过 2 年左右，开始进入复苏期，开始新一轮的康波周期（信息化时代结束）。在中国完成专精特新，高端制造（AI、5G、芯片、量子计算、新能源等）后中国经济结构调整完成，正式进入新一轮工业时代。

"60 后"和 20 世纪 70 年代初期出生的人又碰上了一波新的康波周期，可以尽情利用自己的优势享受这波周期，人生中再创一轮巅峰。我们现在身处的环境，很容易迷失方向，只有站在这个高度才能认清方向。（中山大学经济学院李孔岳教授分析）

从 2023 年开始，中国将迎来另一个 20 年的商业的繁荣周期，商业第三次大变革——产品分利时代。理论根据首先是前两个 20 年的繁荣时代为产品分利时代 20 年的繁荣奠定了基础，其次也只有产品分利时代才能解决产品买方时代即电子商务时代的所有弊端。

部分企业的思维还停留在产品的卖方时代，总认为只要生产出来产品就应该有市场，部分企业的思维还停留在产品买方时代，总认为自己的产品物美价廉就会打败竞争对手。中国商业正大踏步进入了产品分利时代，消费变成了资本，消费变成了投资，将主导未来 20 年中国的第三次商业的繁荣。

数字经济时代，个体的尊严和实力来自私人数字钱包的大小，未来无论企业还是个人的数字资产钱包的大小决定着你的尊严、决定着你的实力。

一、数证经济开启了产品分利时代

供给侧改革的实质就是全方位应对"产品买方时代"全面过剩这样的一个难题和瓶颈。

中国五年不生产洗衣机，不会断货，因为有大量的库存可以覆盖五年的销售，中国五年不生产服装，百姓不会衣不蔽体，因为服装严重地过剩，市场从过剩走向了全面过剩，所以党中央国务院推出来供给侧改革，供给侧改革的目的就是要解决产品全面过剩。

中学和大学都学过经济学，资本主义经济危机经典案例是资本家把牛奶倒到河里去，也不降价销售。那么社会主义市场经济有没有经济危机，有没有产品过剩？有，社会主义市场经济也是市场经济，中国特色的市场经济，它依然有市场经济的属性，也会有经济危机，也会有全面过剩，所以要进行供给侧的改革。

电商红红火火了 20 多年，垄断的暴力和对实体经济的蛮横深度显现，也就是说在过去的 20 年大家见证了互联网电商对实体经济的伤害，需要改变。中国率先进入了数字经济新时代，企业必须转型升级，这就是为什么要提出来产业数字化数字产业化国家的大政方针，不转变就是企业的灭失。

数证经济理论是基于产业数字化，数字产业化这样一个大的背景，是基于区块链底层技术的应用，是基于智能合约的应用，与物权数字化理论和碳金经济理论相呼应，构建了生态系统：权益资产数证化、权益价值数证化、权益流通数证化、价值创造数证化。数证经济理论必将改变商业的业态、也必将改变互联网电商 20 年繁荣期形成的规矩、规则和业态，数证经济开启了一个全新的时代。

"产品 + 数证"模型的应用将终结产品的买方时代弊端，开辟新赛道，2023 年将是"产品分利时代"的元年。什么叫新赛道，现在全社会都在倡导弯道超车，弯道超车是一个假命题，如果我们同样的加速度你是无法利用弯道超过的，而且你不但不能弯道超过，你还会被落下，因为弯道的路程会更长。那只有什么？只有建立新赛道、制定新规则才能超越。数证经济在互联网经济基础上重构了一个赛道，这个赛道才能带领大家开启第三个中国商业繁荣的 20 年。

二、数证经济引领了消费资本化

产品分利时代，消费者成为市场经济的主人，消费者已成为市场的主导力量。

在产品的卖方时代，消费者是孙子，为什么？因为产品短缺，你买与不买，和工厂无关和企业无关，所以不存在尊重消费者。

在产品的买方时代，商家都说消费者是上帝，这是忽悠人的，谁见过上帝长什么样了？凡是见上帝的人从来都没回来过。把消费者当成丈母娘这才是根本，消费者是企业的衣食父母。

在产品分利时代，消费者是主人，消费成为市场的主导力量。消费决定着生产的成败，没有人消费你的产品，你的产品就堆在库里，永远都不是商品，消费者决定着每一张钞票货币的投向，消费者面对 10 个厂家生产的电饭锅，买哪个是消费者说了算，决定他的货币投向到哪个电饭锅，也就投到到哪个厂，所以关系到每个企业、家庭和个人。你买这个企业的电饭锅，这个企业就会有利润，企业就会发展，那么企业的工人就会有工资拿、会有奖金拿，企业的工人赚到了钱就可以养家糊口，供孩儿上学，所以关系到每一个企业、家庭和个人。

产品分利时代，消费者在市场经济发展中的重要地位和巨大作用正在显现，消费者是经济发展的原动力，是社会财富和企业利润的创造者。我们在前几节讲过娃哈哈集团案例，娃哈哈集团的每一分的利润都是消费者给它创造的，我们每喝它一瓶饮料，每喝它一瓶水都在为企业创造利润，所以消费者是娃哈哈的原动力，是社会所有企业的原动力，是社会财富和企业利润的创造者。消费任何一个产品都在给企业创造利润，其实也在给社会创造价值。

产品分利时代，它的鲜明特色与产品卖方时代和产品的买方时代截然不同。前两个繁荣期，消费者在市场经济中的重要地位和巨大作用，连同他们的权益一直处于被淡化被边缘化，甚至处于缺失状态。如果问任何一个老板说你的利润是我创造的，我买了你的产品所以你有钱，你赚到利润才给工人开钱，才有钱扩大厂房，才有钱升级设备，我相信 99.99% 的老板是不同意的，他不认为他的财富和利润是消费者创造。这就是产品卖方和买方时代广大消费者依然处于"相对贫困"状态的根本原因。

产品卖方时代成就了温州模式，温州的家庭作坊变成了小工厂，小工厂变成了大工厂，大工厂变成了产业集群，在整个的过程中有一个企业老板感谢消费者吗？没有，因为那个时代产品供不应求，不需要感谢消费者。

产品买方时代成就了互联网电商，有人感谢消费者吗？也没有，倒是有人感谢了大厂大咖们，更没有人给消费者分利。消费者除了消费付出以外没有得到它应有的价值体现和利润体现，所以相对贫穷。

产品分利时代来临了，将改变这种思维，未来的企业主厂长会感谢消费者，因为他要和消费者绑定，要把利润的一部分拿出来分享给消费者，绑定消费者使消费者成为他的流量，成为他的数字资产。

三、数证经济推动了"共同富裕"

扎实推动"共同富裕"，未来几十年间共同分享改革开放的红利，以及数字经济时代的红利。

"产品 + 数证"模型的核心特征是消费者与商家共同分享利润，这是推动"共同富裕"的方式之一。在实际运营过程中，将形成一个长期的深层次的合作，甚至是互为股东，利润共享、紧密型的利益共同体，企业才能长久地生存，消费者才能长久地富裕，消费变成资本，也就是消费资本化，才能推动"共同富裕"。

企业在这一利益共同体中发挥核心作用，为各个合作体提供卓有成效的服务，给合作者带来显著的经济效益，同时也给本企业带来巨大的利润。

如果你是生产家电的企业，按前两个时代来拓展市场，你会有一级经销商、二级经销商、三级经销商，那你的经销商是不是你铁杆粉丝呢？是不是经销商，整个渠道商，会和你谈利润呢？你要让利多少呢？如果有其他的和你同质化产品，给经销商、整个渠道让利更大，是不是你的经销商系统，就会随那个企业走，这就是前两个时代的特征。

那产品分利时代是什么？可以组织一个平台公司，把你所有的经销商，变成平台公司的股东，你平台公司的股东承销着企业所有的产品，你们变成了利益的共同体，同时，消费者通过"产品 + 数证"这种商业模型，他也同样会和平台进行绑定，也会成为你的合作者、利益的分享者，所以一个新的社会消费的模型就诞生了，这个新的社会模型的诞生，就是产品分利时代。

物权数字化、数证经济、碳金经济理论，不但中国没有，国外也没有，构建的商业生态，建构的商业模型，是前无古人、后有来者。

2023 年始，产品买方时代即将陆续退出商业舞台，被产品分利时代新概念新业态新动能所代替。

互联网电商也是一代淘汰一代，一代又淘汰一代，阶梯制的发展。今天，门户网站新浪、搜狐在不在？在，但是你回想一下，你有多少年已经不再看这两个门户网站了？大家知道这两个门户网站都是上市公司，当年很牛很火。一夜之间，今日头条直接就把它们击得粉碎。

一个新的产品分利时代来了，但是产品买方时代的很多思维、很多做法、很多规则会慢慢地消失，就像搜狐、新浪的网站依然存在，只是人们慢慢把它淡忘。互联网电商平台依然会存在，未来五年，它们也将渐渐淡出消费者的视线。取而代之的是"产品＋数证"商业模型。

基于数证经济理论，"产品＋数证"模型平台，将如雨后春笋般的陆续出现，它将彻底颠覆互联网电商的顶层设计和底层逻辑。数字经济的"共识和信任"属性，也必将终结传统互联网电商的信息属性，企业和个人的数字钱包即将诞生。

互联网的特征是信息传递的属性，阿里巴巴是把大型的批发市场挪到了线上，京东是把专卖店和大型超市搬到了线上，拼多多是把地摊和农贸搬到了线上。而数字经济是共识和信任，时代变了。

互联网电商的20年，还有任何一个分支行业没有电商吗？已经细分到了毛孔，每一个行业、每个分支行业都有大哥级的电商平台。他们都需要应对产品分利时代的来临。

"产品＋数证"模型，可以颠覆式升级任何一个产业、任何一个行业、任何一个分支，都可以建立起来一个"产品＋数证"模型平台。只不过改变了，升级了，颠覆了电商的所有属性，颠覆了信息传递的属性，而变成了"共识和信任"的属性。所以产品分利时代并不是摧毁上一个时代，而是传承了上一个时代，只不过把上一个时代的所有弊端去掉，进行了创新、进行了革命。其实产品分利时代，就是一场轰轰烈烈的商业革命，是一场轰轰烈烈财富重新分配的革命，是一场轰轰烈烈的"共同富裕"的革命。

第三章

数证经济颠覆传统电商逻辑

颠覆式创新是一种通过引入全新技术、商业模式或产品，彻底改变现有产业格局和市场规则的创新方式。颠覆式创新不仅仅是对现有产品或服务的改进和优化，而是要打破旧有的思维定式，重新定义行业的边界和规则。

颠覆式创新就是要想办法去破坏企业已有的游戏规则及商业模式。但这其中无论采用怎么样的颠覆和破坏，一定有一个参照标准，就是确实是给消费者、给用户创造了价值、创造了利益。这样颠覆式的创新才能变成产业前进的动力，才是推动商业文明进步的一种动力。

——周鸿祎　360创始人

第一节　数证经济粉丝变伙伴收益变共享

粉丝变伙伴、消费变资本、收益变共享，这是对电子商务的彻底颠覆，因为大厂们都不这么做，大厂们不会把粉丝推送给企业，大厂也不会让消费变成资本，也不会推动产品分利，更不会把收益进行共享。

粉丝变伙伴、消费变资本、收益变共享

电子商务模型平台：

电商平台 → 平台粉丝 → 企业店铺 → 粉丝购买 → 店铺粉丝很少

"产品＋数证"模型平台

平台粉丝

转化　转化　转化　转化

模型平台 → 企业店铺 → 粉丝购买 → 店铺粉丝拓客 → 店铺铁粉

赠送数证收益绑定 → 消费变投资绑定粉丝 → 粉丝拓客收益绑定

电商平台对接的是平台的粉丝，平台的粉丝才到了企业的店铺，再由平台粉丝的购买，所以店铺没有粉丝，或者粉丝很少。

从"产品 + 数证"模型平台的思维导图可以看出，两个思维导图从顶层设计到底层交易逻辑都是不一样的。从数证平台上端导图线可以看出，粉丝赋能企业店铺，粉丝购买商品后反过来有赋能店铺。粉丝拓展的粉丝最终转化成店铺的铁粉。

一旦粉丝购买了商品，又和电商平台思维导图完全不一样，赠送数证收益，绑定企业店铺的产品，因为数证有对标物，对标物是有收益的，还有增值的空间。

粉丝的消费就变成了投资，店铺自然绑定了粉丝。因为变成了利益相关伙伴，粉丝会关注数证对标物收益增没增值、涨没涨、丢没丢。把消费者牢牢地绑定到企业、绑定到店铺，消费者拓客，也有收益，新的消费者也变成了店铺的铁粉，变成了合作伙伴。这种办法把消费变成了资本，收益变成大量共享。

生产企业还是销售企业，都可以按照数证平台的思维导图，制作小程序或APP，建构企业自己的数证模型系统。无论是互联网时代还是数字经济时代，流量是重要的数字资产，没有粉丝就没有流量，没有流量就没有数字资产。

电商平台将所有粉丝流量收归电商平台。企业店铺粉丝流量几乎没有。所以电商时代只有电商大平台，没有电商大店铺。"产品 + 数证"平台，企业开设一个商铺，流量和平台是等级的，而且还有自己的流量，并不像电商平台一样是赋予店铺粉丝，有的是店铺自己自然而然的粉丝，所以有可能做大。

今天中国的品牌哪一个是因为做电商平台做起来的？一个都没有。因为粉丝被垄断了，流量被垄断了。是粉丝、消费者、企业养大养肥了京东、淘宝、拼多多，这是互联网电商时代最大的不公平。

"产品 + 数证"模式平台将粉丝流量赋能企业店铺，用"产品 + 数证"的方式将消费者利益和店铺企业深度绑定，只有深度绑定才能变成粉丝，才能变成流量，企业自然就有了数字资产，企业粉丝越来越多，流量越来越大，数字资产也就越来越大，所以店铺企业与"产品 + 数证"型平台一起成长，既有大平台，也有大店铺。这种模式彻底颠覆了传统电子商务的顶层设计和底层交易逻辑。

数证经济理论、物权数字化理论及碳金理论是中华本土商业理论，它的基因是中华几千年来灿烂辉煌的商业文化、商业智慧。遵从借鉴了儒释道的哲学思想和哲学思维，是基于中国的伦理道德，是中国商业本土的商业模型。

传统电商因为源自欧美，他们崇尚丛林法则。丛林法则说到底就是弱肉强食。无论美国还是欧洲，他们的强大是以海盗行为为主，大家都知道西班牙、葡萄牙、荷兰都是船业大国，都是用侵略来解决一切，后来的英国，自称日不落帝国，商业理论和逻辑是基于西方的强盗思维。

第二节　数证经济型店铺独立运营

传统电子商务平台是从电商平台到电商粉丝再到企业店铺。看看，它可以贷款了。传统电商平台设立资金池，资金池是大家给形成的，但是与产品企业无关与店铺企业无关。所有电商大厂利用资金池到银行做杠杆。资金池越来越大杠杆也就越来越大，电商平台越来越大，市值也越来越大。企业和店铺没有资金池，就没有杠杆，也就没有市值等等。

电子商务模型平台：

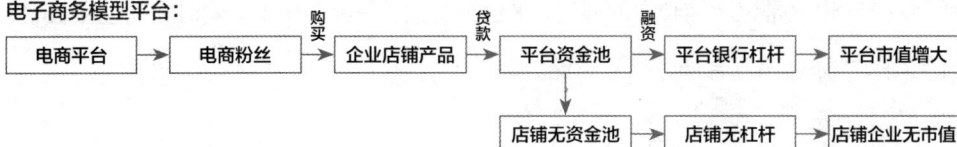

电商平台 → 电商粉丝 →（购买）企业店铺产品 →（贷款）平台资金池 →（融资）平台银行杠杆 → 平台市值增大

平台资金池 → 店铺无资金池 → 店铺无杠杆 → 店铺企业无市值

"产品＋数证"模型平台

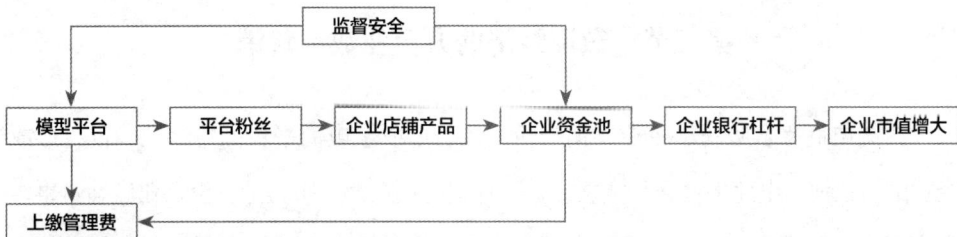

监督安全

模型平台 → 平台粉丝 → 企业店铺产品 → 企业资金池 → 企业银行杠杆 → 企业市值增大

模型平台 → 上缴管理费

"产品＋数证"模型平台。从平台粉丝到企业店铺到企业资金池，但是平台没有资金池。企业可以自己到银行做杠杆、到基金做杠杆、做大企业规模、做大企业市值。

"产品 + 数证"模型平台，从企业资金池中收取管理费，平台来监督企业资金池是否安全，当然也会引进第三方。"产品 + 数证"这种模型平台颠覆了电商平台的底层逻辑，企业店铺独立运营、企业店铺资本运作。

传统电商平台将粉丝、流量、资金池掠为己有，打包进行杠杆融资，将市值做大，而企业店铺无粉丝、无流量、无资金池，既做不大，也没有数字资产。所以电商时代没有店铺做大，就是这个原因。

"产品 + 数证"模型平台，所有店铺自收自支，形成店铺企业资金池，可以将粉丝、流量等数字资产打包捆绑，进行杠杆融资，实现资本运作。

蚂蚁金服为什么拿30亿元能撬动2万亿元，是因为有资金池，第一轮可以找银行授信，第二轮再以银行授信和资金池为依据，找基金再次授信。

"产品 + 数证"模型就做不到，平台没有资金池，但是企业可以做到，如果你企业的资金池大了，你依然可以和蚂蚁金服一样去找银行做授信，再去找资本做授信。

"产品 + 数证"模型平台，与企业店铺同命运共成长，相互成就，粉丝流量等数字资产，也就是说店铺长大的同时，平台在长大，平台在长大的同时店铺也在长大，互为朋友关系，相互合作、相互赋能。

第三节 数证经济助力企业数字营销

传统电商平台吸粉、企业店铺吸粉，最后形成了电商平台的粉丝池，没有形成企业的粉丝池。电商平台交易数据池，所有交易数据池是平台的，没企业店铺啥事，电商平台的数据资产就产生了，也叫无形资产产生了。店铺没有数据，自然也就没有数据资产。所以电子商务是无法让企业店铺有数字资产的。

"产品 + 数证"模型平台吸粉、企业店铺吸粉，与传统电商平台是一样的，模型平台粉丝池，模型平台交易数据池，模型平台数据资产。但是，企业店铺也有粉

电子商务模型平台：

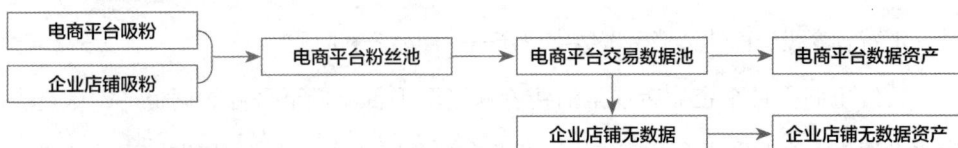

```
┌──────────────┐
│  电商平台吸粉  │──┐        ┌──────────────┐    ┌────────────────┐    ┌────────────────┐
├──────────────┤  ├───────→│ 电商平台粉丝池 │───→│ 电商平台交易数据池│───→│ 电商平台数据资产 │
│  企业店铺吸粉  │──┘        └──────────────┘    └────────────────┘    └────────────────┘
└──────────────┘                                        │
                                                        ↓
                                              ┌──────────────┐    ┌──────────────────┐
                                              │ 企业店铺无数据 │───→│ 企业店铺无数据资产 │
                                              └──────────────┘    └──────────────────┘
```

"产品＋数证"模型平台

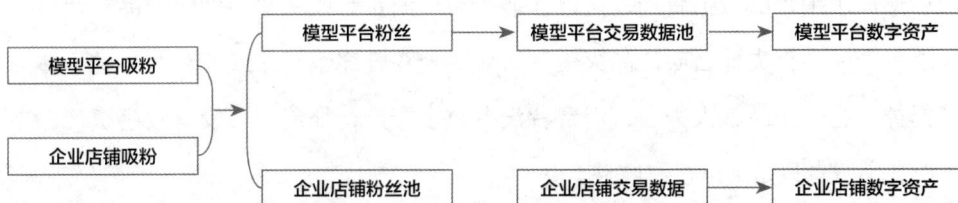

```
                              ┌──────────────┐    ┌────────────────┐    ┌────────────────┐
                          ┌──→│ 模型平台粉丝  │───→│ 模型平台交易数据池│───→│ 模型平台数字资产 │
┌──────────────┐         │   └──────────────┘    └────────────────┘    └────────────────┘
│  模型平台吸粉  │         │
├──────────────┤─────────┤
│  企业店铺吸粉  │         │
└──────────────┘         │   ┌──────────────┐    ┌────────────────┐    ┌────────────────┐
                          └──→│ 企业店铺粉丝池 │    │ 企业店铺交易数据 │───→│ 企业店铺数字资产 │
                              └──────────────┘    └────────────────┘    └────────────────┘
```

丝池了，企业店铺也有交易数据池了，企业店铺也有数字资产了，从这个思维导图就看出来，这是对电商的一种颠覆。怎么颠覆的，就是助力企业数字营销，铸造企业数字资产。

传统电子商务平台拥有粉丝池数据池，自然形成了数据资产，所以电商平台可以永远不盈利，但股票一直涨，市值一直涨，店铺企业既无粉丝池也无数据池更无资金池，所以不会有市值。

"产品＋数证"模型平台，与店铺企业共同吸粉，相互转化，分别形成自己的粉丝池数据池，分别做到自己专属的数字资产，共同成长相互成就。消费者因为获得了数证及对标物的权益，也会拥有自己的数字资产，而其数字资产是与企业店铺深度绑定的，他的消费变成了资本化。

企业店铺因为数证模型有了铁粉、流量、数据资产。

如果是创业者，可以参照"产品＋数证"模型，专向制作细分行业平台，因为中国市场可以细分上千个子行业。愿数证理论拓宽你的思路、改变你的思维。

第四节 数证经济消费变投资

消费者变投资商铸造消费者数字资产——产品分利时代。

传统电商平台至企业店铺至消费者购买至平台流量至平台数据资产，这是电商平台逻辑。企业在平台开店铺、消费者在平台店铺购买，消费者购买形成流量，最后形成了平台的数据资产，所以才能上市。消费者购买之后使用产品，使用产品之后产品会灭失什么叫产品灭失，诸如买一双鞋穿了一年或者穿两年鞋子坏掉了扔掉，这个产品就灭失了，消费者没有数字资产，那消费者没有数字资产，电商时代消费者只是奉献没有收益。

电子商务模型平台：

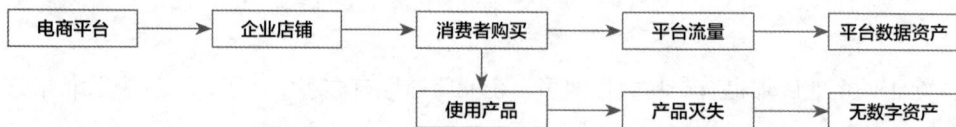

```
电商平台 → 企业店铺 → 消费者购买 → 平台流量 → 平台数据资产
                         ↓
                      使用产品 → 产品灭失 → 无数字资产
```

"产品＋数证"模型平台

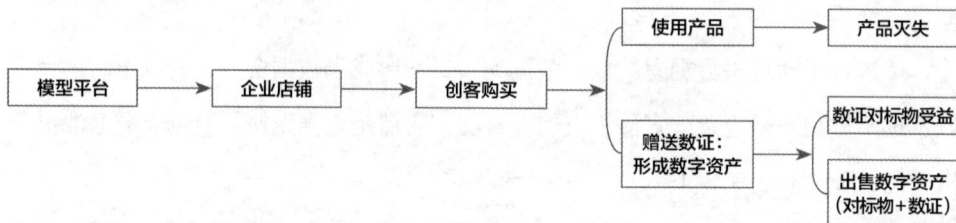

```
                                      使用产品 → 产品灭失
模型平台 → 企业店铺 → 创客购买 →
                                      赠送数证：    → 数证对标物受益
                                      形成数字资产  → 出售数字资产
                                                     （对标物＋数证）
```

"产品＋数证"模型平台，构建和逻辑不一样，思维导图也不一样。消费者购买产品、使用产品，产品灭失，但是消费者获得了数证及对标物，而对标物是资产或权益，是数字资产或数字权益，具有升值空间的资产或权益。

买了双皮鞋，两年之后皮鞋坏了扔掉了灭失了，但多了一项权益即获赠了数证，数证要么对标物要么对标权益，都有升值空间。一方面消费者可以通过赠送物受益，另一方面在赠送期间还可以把数字资产形成，对标物加数证可以卖掉套现。

与降价打折不同，打折是省钱，而"产品＋数证"是赚钱。打折不是营销之道，不以营利为目的的商人就是流氓，商人就一定要盈利，盈利才是商人本性。

中国商业格局的演变，从改革开放之初的产品卖方时代，演进到21世纪初产品的买方时代，又从产品的买方时代演进到了今天的产品分利时代。从2023年到2043年，又是一个中国商业的繁荣期，"产品＋数证"商业模型，使消费者成为市场的主导者，消费变投资成为必然，消费资本化将成为一种业态和常态。

传统电商平台仅仅提供了买与卖的信息流，平台通过买和卖积累了资本财富也积累了数字财富，而消费者没有得到应有的收益回报。消费者没有分享到互联网时代的红利，消费者能不能分享到数字经济的红利？能，能分享到这个红利的原因就是"产品＋数证"模型平台将陆续的诞生。

"产品＋数证"模型平台通过购物赠送数证，数证对标实物或权益，形成了可持续增值的数证及对标物，使消费变成了投资，消费资本化。

需要强调一下，"产品＋数证"商业模型，与资金盘有着本质的区别。诸如买了10万元钱产品，每天分多少、每月分多少、每年分多少，一算你可能会得20万元，这是典型的资金盘，是违法的。数证的对标物升值，权益就升值了，即使对标物没有升值，物还是你的，所以它和资金盘完全不同的性质。

数证对标物的几种类型，第一类产品增值型：比如说茅台酒，每年增值30%；第二类天然增值型：比如说红豆杉的树、沉香树、黄花梨等，因为你在睡觉它在长高长粗，越长高越长粗越值钱；第三类趋势增值型：诸如30年碳达峰60年碳中和趋势下，林业所产生林业碳汇将持续升值，在本书碳金经济篇章中有具体阐述。

消费者在"产品＋数证"模型平台拥有专属交易代码，也就是私人数字钱包，可以存储消费获得的对标物等，消费者可以交易数证对标物，获取近期或远期现金收益。

CHAPTER
FOUR

第四章

数证经济学术延展

鸡叫了天亮了，天亮了鸡叫了，鸡叫不叫天都会亮，天亮不亮，鸡说了不算！

无论是互联时代还是数字经济时代，流量是重要的数字资产，没有粉丝就没有流量，没有流量就没有数字资产。

互联网电商将所有粉丝、流量收归电商平台，企业店铺粉丝、流量几乎没有，所以互联网时代只有电商大平台，没有电商大店铺。

互联网电商平台将粉丝、流量、资金池掠为己有，打包进行杠杆型融资，并将市值做大，而企业店铺无粉丝无流量无资金池，既做不大也没有数字资产。

互联网电商拥有粉丝池、数据池，自然形成数据资产，所以电商平台可以永远不盈利，但股票一直涨，市值一直涨。店铺企业既无粉丝池也无数据池，更无资金池，所以不会有市值。

数证经济生态系统的形成，"产品＋数证"商业模型在中国本土的诞生，将终结互联网电商的霸道与蛮横。

用"产品＋数证"的方式，将消费者利益和店铺企业深度绑定，消费者因为获得了"数证及对标物的权益"，也会拥有自己的数字资产钱包，而其数字资产是与企业店铺深度共生的，所以是店铺企业的铁粉，是店铺企业的流量，是店铺的无形资产。

通过"赠送数证、数证对标实物或权益"，形成了可持续增值的数证及对标物，使消费变成了投资，消费资本化，推动了"共同富裕"。

第一节 "物权与数证"阈值

物权是一种固有存在的资产形态，是价值的一种储备状态。

"物权数字化"是"物权资产"的一个发行行为方向。

数字物权｜Digital Real Rights（DRR）为物权资产，是通过物权数字化行为获得的一个独立的资产形态。

数字物权的共识：边界与股权、固定资产、加密资产、证券类资产存在属性交集，且还有独立的数据集合。

数字物权必须通过完全封闭的场景容器和流通载体，才能形成数字物权经济系统。

以上信息是一种阈值的收敛算法，所得出的一个趋势性结论，即允许继承和扩展，同时可以在环境发生变化的时候，以封装的方式对其中属性进行"修改甚至屏蔽"。这是朴素经济学立论的常用方式，在计算机算法进入经济范畴之后，经济系统多维化已经是不争的共识，经济的多维扩张和效率熵值评测，已经开始被广泛使用，而"物权数字化""数字物权"即是工作在相应的多维（量子）态的经济（价值）载体。

从比特币为主导的美国区块链模式开始这十余年，经济的维度拓展，已经成为全球顶层战略的聚焦点。虽然我们在很多媒体层看到的是技术的争夺、资源的争夺，或者人才的争夺，但是如果从更高层面来看，都是为了"获得更高维度经济的话语权"在做准备，或者更契合的词汇是"在做储备"。储备什么？储备价值！

储备可以多线程奔跑的价值！

举一个简单的例子：当你创造的一个行为或产品，只能在一个维度内发挥价值作用，也就是说这本身就存在时间锁。在相同的时间片段内，不允许其他系统锁定该价值，则你一定是工作在即将被淘汰的经济单元中。

这是一种"危机，危险的机会"，如果你对其不闻不问，则其必然会成为危险，你如果去掌控它的约束方向，则其必然成为你的机会。这种现象从微观到宏观都是通用的。所以，目前全球的经济竞争，绝不仅仅是芯片和计算机技术等看上去"玩得很嗨"，其底层暗流汹涌，其实是多线程价值的开发与应用。

然而，"物权数字化""数字物权"就是"多线程价值"的场景之一。

如果你现在对"物权数字化""数字物权"的整体运作规律还没有通透地掌握，现阶段（2021—2023年）还不会看出太大的"成本差异"（投入与产出比值差异）；但是如果你现在还没有开始部署类似"物权数字化""数字物权"这种多线程资产，那么很可能两三年内，你会发现，你的行为和投资将越来越"不值钱"，甚至会出现入不敷出的现象，因为"多维经济""多线程资产"正在改变所有的行为方向和结果。

简单地说，不管你如何认知"物权数字化""数字物权"，你都必须要考虑去部署自己的"新型资产结构"了，就如比特币会让你茫然不知所措一样。所有的多维资产都不会等着你去了解它，这种"资产等人"的现象将会一去不复返。因为"人"已经在区块链的"去中心化"设计中被封装了，计算机开始接管资产的定义与环境设计。现在的经济，已经只接收计算机为主导的经济形态，例如数字经济，也已经进入它的阈值系统。然而"人"作为个体商业基站的形态，已经到了被经济淘汰的边缘，你会看到"计算机＋人"组成的"区块""数据资产"在你的身边飞驰而过，甚至会碾压着你的理想和朴素的追求掠过，却不留下任何怜悯。

以上的描述，其实是一个"选择器"，如果你因此产生了共鸣，那么下面的文字会对你的资产属性产生比较大的影响，如果你根本意识不到任何危机，那么证明你的知识储备和社会圈层均不达标，你可以不必浪费太多的时间继续阅读下去。因为后续的文字堆砌，会使用很多的高维模型，例如涉及 5000 万元人民币以上的资产如何进行多维转化等，如果你的原始储备还未达到一个基准值，那么即便你掌握了后续的资产运作原理，也很难找到实验室场景让你验证其结果。

如果你认为把 5000 万元人民币作为所谓的"高维模型"的说辞，是一种"莫须有"的侮辱，那证明你的经济学、统筹学、管理学的知识均不到位。因为资产的静态值是任何"经济系统阈值"的核心基础指标，我们接下来要探讨的是"数字物权""数证经济"的模式与场景，而不是如何帮助"一个个体建设一个物权银行的储蓄卡"。所以，你必须要在一个 5000 万元人民币规模下的资产序列中考虑和"数证经济"相关的问题，也就是你必须要为很多伸手找你要饭吃的人，考虑如何利用"物权数字化""数字物权"为他们提供更多的饭碗和粮食，而不是仅仅想着自己的账户上如何通过一个"小窍门儿，例如买个基金"，多出来几个百分点的年化率。

"物权数字化""数字物权"是给商业精英，也就是"发放饭碗"的人群提供的"增值引擎"，目的是让他们所照料的人群过得更好。原因也很现实，"物权数字化""数字物权"所涉及的资产运作模型，并不是直接安装在个体端的，它需要的基站形态，必须具备很强的社会责任和全球化的竞争力。也就是说，这批精英不但要让更多的人端上数字经济的饭碗，还肩负着"让我们国家在数字经济领域获得更多的话语权份额"的使命。

"物权数字化""数字物权"在资产形态上属于"数据资产"。这是一种"标准的资本立论"，并且需要打造场景去获得商业收益。这种定义模式也是最朴素的"资本创业"模式。

举一个物理界的"资本创业"例子来佐证一下。例如，我们说黑洞是存在的，然后就会投入大量的理论运算和实际观测来证明"黑洞"的存在，并且在不断地完善"黑洞"的阈值，而后再把它写进教材，让其形成商业势能，最终形成价值流动型产品，如电影、新引擎研发、教育、媒体等消费场景。其实从个体的角度看，一个离我们"八竿子打不着"的所谓物理名词"黑洞"，有什么投资价值呢？但是，很多人，如果算上科普视频和电影，大多数人都消费了"黑洞"。

这样的例子，任何人在自己的身边都能找出一大把，如人工智能、大数据、加密资产、量子纠缠、2纳米芯片、太空旅行等。很多人也许一生也不会真的把所有听说过的都"亲身体验一下"，但是他们都会是"资本创业"的消费者，或者用学术的名词来描述就是"共识的传播者"。

因此，在此处，我们重复之前的描述："物权数字化""数字物权"在资产形态上属于"数据资产"，"物权数字化""数字物权"是一种"传统的资本创业设计"，它的目的是形成大范围的"共识"传播，并让所有接触该"共识"的人获得收益，包括资产收益和消费收益（在区块链中，消费收益被屏蔽了，所有的收益均被归为资产投资收益），就如你在观看一个和黑洞相关的电影的过程中，花费了100元人民币，并获得了欢愉一样。经济就是这样被微观载体聚合起来的，"物权数字化""数字物权"也是如此。

此时，"数据资产"应该成为一个惹眼的名词，很多人其实对资产的认知都存在很大的偏颇，以致会出现"庞氏"这样的商业怪胎。请注意，我们用"怪胎"来形容庞氏骗局，是从精英阶层视角来分析的，如果你对经济闭环的形成不是十分清晰，请你还是拿庞氏模型直接当作一种骗局来看待，这是比较安全的。

正是由于很多人曲解了"资产"，或者对资产的认知过于"草莽"，才会被"货币"这样的载体所俘获。"只要赚钱且不违法，就是'优秀'人士"的思想，让很多人在听到"资产"这个词汇时，想到的都是"不劳而获"。这是非常值得批判的联想和非常愚昧的结论。更可悲的是，一些人在一些场合还经常炫耀"资产与不劳而获的喜悦和经验"，如"传销"，这让很纯洁、很高尚的名词在很多人的字典里变得很诡异，且充满魔性。

资产

"资产"，我们做一个商业约束吧：

"物权数字化""数字物权""数据资产"。

（特别声明：本书中提到的"资产"均为"物权数字化""数字物权""数据资产"）资产是一种价值的载体，是通过有效行为产生的一种生产资料，可以通过某类封闭的流通系统，以合伙的形式完成价值的衔接和流动，且合伙人可以分享流动产生的（价值）收益。

简而言之，资产是生产资料。其需要通过投入生产才能获得增值。

这是从生产端的一种观点描述，从消费端也有一种描述，即资产的结果是产品，通过某类通用载体，如货币，获得闭环解释。但是本书提到的资产，很少会从"消费端"来解释，绝大多数会从"生产端"去解释。（关于这种解释模式的论述，超出了本书的讨论范畴，读者可自行从其他书籍中寻找论据。）

从经济学上看，生产端和消费端是存在"不可调和的矛盾的"，这也是刚体（传统）经济系统自身的矛盾。从资本的角度上看，创造越大的信息不对称，就越赚钱，所以资本才会不断地研发新的消费型产品来替代原有的产品，来获得资本的增值。但是资本通过媒体在消费端大肆渲染的是新产品更好、更便宜，并利用销售系统编撰出很多所谓的促销活动，来完成资本的"赚钱诉求"。这样的矛盾，从整个经济的阈值来看，其实就是经济增长的原动力。也正是这种原动力，让"资产"这个词汇出现了很多认知性偏差，而这些偏差对"物权数字化""数字物权""数据资产"共识的铺设，有很大的阻挠。因此，"物权数字化""数字物权""数据资产"摒弃了其"消费端"的话术描述，在后续的章节中，我们会用"区块链"和"DPOI"来封装"物权数字化""数字物权""数据资产"，也会从场景上给出"物权数字化""数字物权""数据资产"的商业样貌。从目前的顶层设计上看，从生产端解释"资产"，是"共产经济"的规划。学过经济学的朋友都了解，共产经济是资本经济的维度拓展方向。"物权数字化""数字物权""数据资产"属于一种高维资产，其不但携带"资本（二维）属性"，其还具备"共产（三维）属性"。

在这里，我们还是要重点解释一下，"物权数字化""数字物权""数据资产"的共产属性，并不是要让"物权数字化""数字物权""数据资产"发行人，放弃一些应得的收益，去用所谓的慈善模式来回馈社会，恰恰相反，"物权数字化""数字物权""数据资产"的共产属性会让发行人获得更高的投资效率和投资收益，也就是"物权数字化""数字物权""数据资产"会让发行人更赚钱。"共产经济"绝不是平均经济，而是比资本经济更高效率的经济模型。

第二节 "物权与数证"资产化

"数字物权"延伸"数据资产"

有过真正顶层资产设计的人，对以上的代码定义一定不会陌生，甚至我们只需要这样一个脚本类描述，就可以知道我们接下来要怎样去设计"物权数字化""数字物权"。是的，我们并非要"应景数字经济"，而"发明一个'物权数字化 | 数字物权'"这样的名词来搞噱头，而是在"顶层掠食者"眼中：

数字经济是资产发行的空间

数据资产是该空间的资产形态

这种定义类似数学公理：1+1=2

很少有人知道1、2这样的阿拉伯数字是怎么来的，也很少有人知道"+"这个符号其实非常复杂，它的诞生代表了人类所有的顶级智慧的结晶。但是不知道"1+1"结果的人有多少呢？或者说，不承认公理的人有多少呢？答案是：几乎不存在。因为承认公理是一种"生存的捷径"，不然人类社会怎么从茹毛饮血时代过渡到现在的丰衣足食、科技改变生活的时代呢？

从公理的社会贡献上看，"资产公理"是贡献最大的公理形态。如货币，这是支撑着我们梦想的公理载体。所以创造更多搭载"资产公理"的财富场景，是一种极高的"自我价值的实现"，就如现在，我们在做的事情：

将"物权数字化""数字物权"资产化是一件意义非凡且很高级的工作。

从"资产公理"的框架中我们看到，要将一个事物资产化，需要：

· 一个容器

· 一个载体

就如我们在本章开篇的描述：

· 数字经济是资产发行的空间

· 数据资产是该空间的资产形态

其实就是一个"自由基加密的过程"，也就是通过不断的矢量约束，来实现稳定的商业结果，最终证明我们创造了一个"资产公理"，即代表一次"资本创业"的成功。

要知道"资本创业"的成功都很伟大，如现代货币的成功、股权发行的成功、证券发行的成功、金融产品的成功，甚至加密资产的成功，都是将人类的行为不断推向"文明"的动力。尽管"资本创业"的设计模式看上去没有量子纠缠或弦理论那样花哨，但也正是因为它的简约和矜持，才创造了恢宏的城市和70多亿人可以吃上饭的世界。

为了能让更多的人过上更幸福的生活，让我们开始一次伟大的创业合作吧。

首先，我们回到最朴素的"资产定义"上，屏蔽掉所有的广告和学术壁垒，从原始层开始构造我们的资产函数。

资产的朴素定义是"有效行为的积累"，它是一个动态存在和静态统计的结果。虽然很多人将资产的静态统计看得很重要，但是在真正的资产构架领域，静态统计几乎一钱不值，而在这些智慧的眼光中，资产只具备动态存在属性。

我们有必要深度了解这两个资产参数，即有效行为积累、动态存在的价值与模式，才能真正地掌握资产的规律。

此时，我们引入一个临界值：资本。

资本是资产函数体系的"核心临界值"，它代表了一组行为经过一段时间的有效积累后，即将从静态转化为动态的临界点。虽然我们将其称之为"点"，但是它的维度是二维的，且其本身也有封闭的函数系统。

通俗地讲，任何有效行为通过一定时间的积累，均会产生一个"资本"，而此时就要看这个"行为积累的主体"，它最终的决策是什么，从抽象上看，任何行为主体在"资本"的决策上只有两个选择：

· 投资

· 消费

这是两个完全不同的资本理念，其中消费是"资本燃烧过程"，即将一个资本消耗掉，该资本上携带的"需有效行为积累"被转化为一组带有熵值的流动模型，也就是我们经常谈起的"产品模型和营销模型"，最终在这些商业模型中转化为其他的"资本"。

然而，投资的含义要复杂许多，其场景甚至不是函数的。但是从趋势上看，投资的目的是创造新的资本，在这个（动态）过程中，没有类似消费的熵值流动模型，而是一组"虽然有熵，但是有全新的资产被创造出来"。

以上关于"投资"和"消费"的分析视角，不是客观视角，而是"行为积累主体"，我们可以称其为一个商业基站，甚至可以是一个自然人。

这种观察模式是"商科"观察模式，而不是"文科或理科"的观察模式。这是你必须要严格区分的一个信息交流边界，"商科"是"样本学"，也就是达到样本阈值即为正确。例如，针对一个行为，有一万个人且仅有一万个人能够达成共识，但是其结果是让该系统内的行为主体均获益，则商科即认为该行为是正确的"商科行为"。而理科和文科更注重"完全正确理论"（客观理论）的阐述和分析，因此其创作的内容更多的是统计和借鉴，但是在实际的行为操作层，尤其是在资产的创造上，很难有实际效果。

从以上关于"投资"和"消费"的分析，即给出了一组关于资产的决策结果，而关于"物权数字化""数字物权"很明显是一个投资选择，而不是消费选择。

现在就让我们转向投资视角，再来观察一下我们讨论的主体："物权数字化""数字物权"。

可以看出，这是一个围绕"物权"产生的资产约束，且约束的前缀是"数字化"，其产生的一个资产结果是"数字物权"。

从字面上理解就是，你可以拿着"物权"，通过"数字化"的方式进行投资，并获得一个全新的资产形态——数字物权。

我们把这样的一个特殊的行为过程称之为"资产发行"。

商科对"资产发行"的主观解释是：你用已经有的资本（注意，是资本），通过一个标准行为序列，产生了一种新的资产（注意，不是产品）。

此时，你手上拥有了：

· 一个原始资产

· 一个资本

· 一个新资产

用一个很简单的例子，即可说明以上的行为其实很容易就可以实现。

第一步，你有了点儿钱，假如 30 万元人民币。

第二步，你想开一家洗衣店，在这个想法产生的同时，你的 30 万元人民币的统计型静态资产，转化为了"资本"（临界值）。

第三步，你注册了公司，获得了股权。

此时，请再来看一下你的资产结构。

（1）你还是有 30 万元人民币，只是此时从个人账户转移到了法人账户。

（2）你有了 30 万元人民币的投资势能，即便是不开洗衣店，也可以继续寻找更好的投资点，法人账户约束你必须将这 30 万元人民币投出去，以换回 40 万元或更多的货币，而强烈阻止你拿着这 30 万元人民币吃喝玩乐。试想一下你当老板的心态吧，同样的 30 万元人民币，一旦存入了法人账户，那么你的创业焦虑也就由此开始了。

（3）你有了一份股权资产，该资产可以通过估值系统进入股权流通领域，而此时股权的价值已经和你账户上是否有 30 万元人民币关系不大了。直白地说，股权已经和你的原始资产脱钩了，你此时不但拥有 30 万元人民币的货币，还拥有了 30 万元人民币的股权资产。

这就是投资行为给人们带来的资本收益，而在此之后：

·你的货币操控

·你的股权操控

将成为两套相互关联且在操作手法上相互独立的两套资产运作模型。我们经常说的赔了、赚了，都是发生在这两套资产运作模型中的故事。

从上面的例子看，其实能够用来发行的资产并不是很多，或者说一旦你拥有或创造了一种可以发行的资产，则在理论上，你的瞬时财富值将会成倍增加，就如你通过法人来发行股权类似。虽然很多人折戟沉沙，赔了夫人又折兵，但是那已经是新资产发行之后的"资产运作的状态了"，赔了是因为知识不足或运气不好，但是，毋庸置疑的是，通过资产发行，可以获得更大的静态财富。

现在，可以适时地推出"数字化"这个"超新星"词汇了。很多人将"数字化"直接解读为"数字儿化"，就是把什么都用计算机变成数字儿，然后存在一个叫数据中心的盒盒里。好吧，你的解释很正确、很地道，也很没用。

我们给出的"数字化"的定义是：

·一个全新的资产发行渠道

和"数字化"类似的场景还有诸如法人（企业）化、证券化、货币化等。

如果你能从我们的定义中获得"警醒"，证明你还能赶上这一波新时代的时局。

从宏观经济学的视角观察，任何一个新的资产发行通道出现，社会整体资产或资本，都会增加一倍以上。也就是说，资产发行通道，是经济体容量扩张的最佳途径。这也是朴素宏观经济学理论的核心之一，同时也是区分宏观与微观的标尺。比如了解宏观经济学和微观经济学的朋友，经常会将二者用国家经济学和个体货币学来解读，所以经常深陷重重的矛盾之中，如对纳税的曲解，很多来自对经济学的漠视。其实，纳税是最好的投资途径之一。

当我们约束了"数字化"的边界定义，你应该可以理解什么是行为上的"物权数字化"了。

从行为学上看，"物权数字化"就是将物权利用"数字化"发行为一种新资产——"数字物权"。

而在这个行为之后，将拥有以下的资产序列：

· 货币资产

· 固定资产

· 股权资产

· 数字物权资产

而这些资产或资本的原始行为积累，均是来自同一个序列。例如，之前举的开洗衣店的例子，同样的 30 万元人民币，在没有"数字化"之前，你仅仅是多出了股权资产，而现在，在"数字化"已经是全球经济的热点时，如果你在发行股权资产的同时，没有同时发行"数据资产"，则你的发行熵值将会远远高于使用了"数字化"发行通道的发行主体。

请注意，我们此时已经不是说你会少获得一项资产，而是将没有通过"数字化"发行"数据资产"的行为看作一种极大的损失。这样的描述是从"资产＆资本"的顶层设计端形成的，因为现在的国际知名的"资本大鳄"，均已经深度布局"数字化"，并且已经形成了完整的"数字化""数据资产"的闭环空间，如果你还以为比特币仅仅是某种计算机小玩意儿，DPOI、DeFi（Decentralized Finance，分布式金融）、NFT（Non-Fungible Token，不可替代币）还是什么类似人工智能、大数据一样的英文词汇，那么你损失的将不仅仅是数据资产那么简单了。原因是"数字化"是具有资产侵略性的，你的传统资产如果没有一个好的"数字化"通道来庇护，很可能就会出现一个长时间的"净损"，甚至是完全丧失对原始行为的控制权。

这也是我们要构建"物权数字化"的一个重要原因：保护原始行为发行的有效性。我们不能让每一个人都能掌握资本的顶层设计者的谋略，但是我们希望能够让每个人都能从中受益，而不是受损。

我们希望由此你能了解"物权数字化"的真实用途，并知道为什么要发行"物权数字化""数字物权"。

第三节　数证经济朴素原理

本书的核心是要构架"物权数字化""数证经济"的概念，就是要在理论层和实践层实现一个基于"数证"的经济模型。此时你要准确地把握"经济是什么"。经济最重要的属性是：

封闭且携带标准接口（物权数字化公理）。

封闭，代表它自己有完整的运转机制，且不需要其他系统的混淆性介入；标准接口，代表它必须和成熟的经济系统完成标准的通信协议建设，并能够形成"流动"，这样的系统才可以称之为"经济"，二者缺一不可。

我们看一下西方创建的一个经济形态。资本经济，一个以资本定义为运转机制的经济系统。那么，资本是什么？不好说，当下只能说，它是一种模式，一个用四则运算就能说清楚的模式，只是其铺满了世界，很多无趣的人为其做"纬书"，让它显得很晦涩、很复杂、很学术。其实如果世界上不是同时出现罗斯柴尔德和拿破仑，没有了什么新大陆被发现，没有南北战争等契机，很难说资本是不是现在这个样子，这些两百来年的事情，汇聚成的模式，你可以从各种学术角度去阅读，都很精彩，也都很戏谑。

从商科的角度看，资本最厉害的模型就是货币，将货币与行为进行捆绑，形成了当下的经济共识体系。

而"DPOI"就是在货币的土壤里长出来的新物种。先暂且不论它会长成什么样子，有一点是可以确定的：

"DPOI"长得既不像资本也不像货币，虽然它承载了资本与货币的基因，但是由于计算机的侵入，让它本该很"老实"的基因，发生了突变。这种突变的能量不亚于"拿破仑与罗斯柴尔德的同时出现"。

时至今日，近乎99%的民众以为比特币和区块链是一项计算机技术，然后你再问他什么是计算机技术，他会给你说出一长串，比如操作系统、C++、Java、数据库、Html等，以彰显他是使用过两天计算机，或者是出身于BAT豪门的工作人员。更多的朋友会将互联网、电商、P2P、大数据、AI、云计算、抖音说成计算机技术。其实，不管怎样，今天你说什么都和计算机技术相关，都不会错，但是也都不对。我们说的"都不会错"是指和商科无关的言辞，"都不对"是指从商科的角度看，"计算机技术"这个词本身就是伪命题。就如我们说现在的任何行为都和工业革命相关一样，没有任何商业价值。

说到这儿，我们有必要从"物权数字化"的系统角度来定义一下"计算机技术"，并说明一下"计算机技术"与"计算机工具"的差别。

商科认为，计算机本身的成长是计算机技术，计算机技术实现的商业空间是让计算机能够更广泛地参与社会行为，并产生收益。除此之外的，都是计算机工具。

这种定义和劳动力与劳动工具的定义类似。

在工业革命以前，劳动力的定义应该就是人，劳动工具基本上就是锄头。在工业革命以后，人首次被"插件"化了，即"安装了机器设备的人＋机器"成为劳动力。例如，各种机器操作员，生产工具扩展到了各种机器的规模化组合，例如一个发电机组是生产工具，控制发电机组稳定运转的人是劳动力，二者加在一起形成了"行为发行的主体"，而后机器喝油吃电，人们拿钱过活，再然后资本来了，资本控制了工业革命后的"劳动力＋劳动工具"的组合形态和把控了分配规则，然后现代大学诞生了。

计算机的诞生，是一次堪比工业革命的变革，如果说工业革命在改变人类肢体工作的模型，那么计算机就是：

· 改变人类大脑的工作模型

· 改变机器的构造模型同时改变人类肢体的工作模型

因此，计算机带来的是：

·二次工业革命

·一次脑力革命

计算机大量产生了坐在写字楼里的职业，为其生产"改变人类思维模型的能量——算法"！

其实到了今天，计算机正在开启：

·第三次工业革命

·第二次脑力革命

其标志是产业（工业）互联网（Industry Internet）和区块链（Block Chain）。

其中工业互联网会创造物联网，将现有的劳动力进行"去人类化升级"（去中心化），即很多现有的工作行为和即将出现的很多生产行为，不再需要人类参与，请注意，是去掉人类的生产行为，而不是所有行为。而"区块链"，则是要：

·重新规划分配模型（×3）（重要的事情说三次）

也就是说，计算机正在帮助人类摆脱现在的劳动方式，同时还能获得合理的收益分配。

感谢计算机对社会的贡献。

接下来，一个很糟心的戏码就上演了，计算机所创造的分配模型，谁来掌管呢？朋友，给你两个选择：资本和全民所有制。

不管你怎么选，"物权数字化"选择了全民所有制。

资本模型是雇用模型，它负责设计所有行为集合（商业项目）的投入和产出，并利用优先规则把持了分配的主动权。现在很多衣冠楚楚的朋友总是把利益最大化挂在嘴边，以标榜自己是在写字楼里混过。其实那只是一种自我麻醉的"奶嘴儿乐"而已。试想一下，如果资本发现，计算机的雇用成本远低于现在的人力资源模型，他会怎样？它们会减少分配的基数，而加大单体的分配份额，而什么样的人会获得"一个计算机作为劳动力时代的分配份额"呢？看看现在的华尔街即可。其实我们可以说，资本自己的模型将自己故步自封了，它们倡导的职业化、标准化、智能化，其实就是一种圈层筛选机制，这也是美国的 WASP（White Anglo-Saxon Protestant 的缩写，原指盎格鲁 撒克逊新教徒裔的、富裕的、有广泛政治经济人脉的上流社会美国人，现在多指用于泛指信奉新教的欧裔美国人）"理想"，而最终它们希望留在美利坚的是计算机、美元、比特币、WASP 及华尔街精英和类似马斯克这样的白手套，其实你只要仔细分析一下 MIT（Massachusetts Institute of Technology，麻省理工学院）的规则和所谓的摩尔定律，就会深切地体会美利坚的梦想是什么。

而全民所有制与资本的模型设计恰恰相反，它的根本"权"的掌握者是公民，它的模型构造就是为了让"根本权的掌握者获得宏观利益最大化"。对比一下从 20 世纪 80 年代到现在，我们国家普通市民的"生活质量发展曲线边际率"，再横向对比一下，美利坚这 40 年来普通民众的"生活质量发展曲线边际率"，你就会彻彻底底地相信，作为人，你应该选择"全民所有制"。同时你也会清醒地认识到，从扶贫到乡村振兴，全民所有制从来都不会放弃系统内的任何公民，并努力消除他们之间的生活差异。因此，如果有了一个更高效率的劳动力使用模型和分配模型，对于全民所有制来讲，那正是它的"理想所在"——让人民生活得更幸福。如果计算机能够将人民的工作简化，那就大力去发展它，如果"区块链"可以把计算机挣到的钱统计出来，那就尽快让它形成收益统计，并通过宏观政策将其发放给"根本权的持有者——公民"。全民所有制不是少数 WASP 的游乐场，它是一个先进的人类社会发展容器。

说到此，可以说"DPOI 经济"了，因为物权数字化已经阐述清楚了自己的立场，我们要做的是全民所有制下的数证经济，我们的 DPOI 是服务于根本权的。

我们将计算机、区块链、资本、全民所有制、DPOI 的关系理顺了，或者说找到了 DPOI 的商业模型的原始能源，就可开始打造 DPOI 引擎了。做个总结：

物权数字化 DPOI 引擎使用的能量源是"全民所有制"，而不是"WASP 设计的资本掠食模型"。形象地说，我们是辆柴油车，千万别给我们喝汽油！

以上的分析非常重要，读者必须谨记，在今后"物权数字化"系统内，不管你使用什么方式发行资产和运营资产，你都要围绕"根本权"来设计模型，资本的技巧可以使用，但是你最终的服务对象绝不能是资本。

在完成了对 DPOI 的流通环境约束后，我们就可以从所谓的技术角度来解读 DPOI 了。

首先，再次回到那个看上去很容易回答的问题上：

· DPOI 是不是计算机技术

从我们之前的分析上看，我们可以给出肯定的回答，DPOI 是计算机技术，并且是：

· 第三次工业革命

· 第二次脑力革命

核心计算机技术之一，它承载的是计算机参与到劳动力系统中，之后如何设定分配规则的任务，且解决这个任务的形态是一个计算机算法库。

由此，先做出一个关于 DPOI 的简化定义：

DPOI 是"一个计算机专项算法库"。

接下来，一个十分关键的规则设定来了：

DPOI 的识别对象是谁?

如果你不知道这个问题是在问什么，我们来换一种问法，看看你能不能回答：

你知不知道"货币的识别对象是谁"？不绕弯子的回答是：货币的识别对象是人，货币只有依附在人的 ID（身份）上，才能够被其他的人所认知，不然它就是一张纸或者一个数字。不要试图去找出什么"不是人"的例子来论证我们的结论是错误的，那是学术的工作，而我们给出的是商科的规则。具体学术用什么去粉饰货币的识别系统，那是其职责所在，无可厚非，大家都是为了经济建设。

顺着"货币的识别对象是人"这个答案，是否也可以回答"DPOI 的识别对象也是人"呢？对不起，这个回答不是十分准确，你是不是以为我们会说完全不对？我们可以和你说一个经济学在商科的范畴，就是任何经济学问题，你都回答和人相关，至少不会错，经济离开人也就没了经济。数证也是经济的一个元素，因此它必然和人相关，但是很特别的是，DPOI 不能直接识别人，它能识别的是区块。精准约束一下就是：

DPOI 可以识别包含人的区块。

有人会问，那么区块链物联网呢？里边没有人啊，DPOI 是不是也能识别它？这个问题问得很好，恰好引出了一个关于"人"的话题。

商科中的"人"，是一个继承于公民的"价值基站"，在：

·第三次工业革命

·第二次脑力革命

以前，所有的规则都是围绕这样的价值基站设计的，包括"资产"的发行与流动，都是必须要有人参与的。

这个"价值基站"在经济中有一个权利，就是多频次发行自己的行为，或者说一个价值基站可以有以下这样的行为构成模式：

·多个劳动力形态（一个主要工作和多个兼职，以换取货币收入）

·多个投资形态（以自己的 ID 为主键，构建的货币或货币锚定投资，以获取资产增值，并以货币形态记录）

接下来我们引入物联网（IoT），这里有一个假设，就是物联网，尤其是区块链物联网，可以实现一个完全没有人的行为参与的物体网络，并出现价值的发行与流动，这其实也是：

·第三次工业革命

·第二次脑力革命

一个重要的特征，同时我们针对这种情况给出了一个商业约束：

物联网内的所有物体、"物体"（区块）和链接模型（网络协议），都必须包含一组"分配 ID"，用于将"人"容纳进来。这个"分配 ID"在本书中其实就是：

·物权或"物权"

"物权数字化"利用物权，完成了对物联网的封装，同时用商科的行为屏蔽了物联网中有没有人的问题。

商科针对问题，尤其是哲学问题，通常的做法是屏蔽或者给出唯一的解决方案，这是经济系统的公平行为，而不是哲学探讨的"平均"。

从"DPOI 可以识别包含人的区块"有什么特殊的意义吗？还就是"货币多穿条裤子的事儿呢？""物权数字化"是这样解释的。

一个标准区块是"计算机 + 人"形成的，DPOI 可以识别包含人的区块，其实可以简化成 DPOI 的识别对象是"区块"，因此它能够识别计算机（去中心化思维）。

刚刚开始，人还不习惯把自己的某些脑力上所谓优势让出来给计算机，因为人怕失去收入而陷入恐慌。所以 DPOI 来了，替代了货币，形成了 DPOI、计算机和人的对话空间。

最重要的是，DPOI 完成了第三次工业革命、第二次脑力革命的一项封闭工作，即"数字经济""数据资产"的封闭，这等于告诉人们：

"乖啊，不要怕，计算机不抢你的钱和工作，计算机是来帮你多挣钱，我就是计算机给你分钱的提款机。"

你需要感谢 DPOI，它才是把手机和计算机真正转化为你的劳动工具的"神之使者"，它会带来超越资本狭隘心态的投资理念，它会利用计算机让你有更多的思考，并把你思考的结果变成财富。

DPOI 说：人们更向往自由的脑力劳动，所以人们创造了计算机和 DPOI。

第四节　人生第一个 DPOI

还记得，你人生的第一次赚钱是什么时候吗？赚了多少？看上去似乎很励志，或者你都能猜到一些答案，以及如何展开对答案的分析。很不幸，这其实是个很不好回答，且没有什么商业价值的问题，你的身边其实充斥着很多类似的问题，如果你把它们都拿掉，你会发现一个完全不同的人生。

例如，下一个问题，就很有意义：

还记得，你第一次花钱是什么时候吗？花了多少？

这是个商科的标准课题，我们经常要求我们的学生从这个问题开始写一篇论文，来分析这个学生在经济系统领域中能走多远。

这个问题如果不做论文，仅仅是回答它，其实很好办。答案是：

你绝不会记得你第一次花钱是什么时候，你只能根据你的生日推算它发生的时间，也就是你成为一个受精卵的那一刻，你就开始消费了。至于花了多少，那是个留给学生论述的想象空间。

这是一个标准答案，适合所有的人。

如果这本书是一个电影剧本，我们就轻松多了，我们可以告诉你"当你成为受精卵的那一刻，你就有了自己第一个DPOI"。可惜的是，这本书不是一个剧本，它必须遵从客观事实。

接下来的一个问题，你知道为什么皇权时代的人们都愿意生男孩，而不想要女孩吗？我们给一个答案，这个答案和DPOI有一些"隔空相望的量子纠缠"。

我们给的答案是，那时候生一个男孩，就会获得"一丁地"，也就是说生个男孩就是发行了一个资产，且资产锚定为"土地"。因此，当时的男子，又叫男丁，而生个女孩，基本上就属于IPO失败了，什么也得不到，还要赔上十几年的饭钱。

从以上这个问题可以看出，资产发行的思维模式，其实自古就有，就连生孩子都是一种发行的模式，包括后来的读书，对于男丁来讲，其实是相较于出生更大的IPO对赌，而科举就是IPO的评审机制，一旦中了进入了仕途,基本上就是丰泽后代了。

时至今日的清华、北大、VC（Venture Capital，风投）、PE，在百姓的心目中其实还是沿用着当年的"男丁思想"，没什么高级的。

现代社会没有了"男丁"的发行，现在男女平等了，似乎你的出生就没什么太大的资产意义了，其实不然，只要思想对路，依然可以获得先机。

"从受精卵即开始花钱"这个结论，对于现在的你来讲，其实是一个非常重要的实践经济学的结论。这代表着，当一个受精卵产生的时候，一个围绕这个卵的价值链就开启了，其很多阶段性的价值流动图表，都是很清晰的，如何时出生、何时办百岁宴等，你都能很实在地把控，这就是一种"可以预期的价值"。不过此时请你要注意了，我们不是要你设计针对受精卵的 IPO 模型，而是要让你知道，DPOI，尤其是现阶段的 DPOI，它只允许类似的模型在区块链系统内完成 IPO，放在咱们这本书里，就是"物权数字化""DPOI"直接受具备清晰的预期价值的商业模型完成"数字物权首次发行"。

到此，你的物权数字化之路的准备阶段的里程碑（Milestone）已经全部出现了：

里程碑 1，学习理论知识，包括《民法典·物权编》、"数字化"、资产技术等，做好成为一个资本市场的专业人士的相关实践性理论的储备；

里程碑 2，达成关于"区块链"的共识，并选择"中国链"作为资产容器；

里程碑 3，认知了"物权"；

里程碑 4，了解了什么是数字化 IPO，并选择了"物权数字化""数字物权首次发行"作为自己的新资产发行平台；

里程碑 5，达成全民所有制约束下的 DPOI 共识；

里程碑 6，站在了人生的一个新起点上，准备获得 DPOI 来完成与计算机的整合，形象地说，与计算机共同再"生个孩子"，那是一个叫"物权"的商业基站，它将带着你的基因，从受精卵开始发行你的 DPOI。

如果说以上的步骤均可以有一个代理平台，例如"物权数字化"来协助你完成，那么接下来"生孩子"的事情，必须要由你亲力亲为了，谁也代替不了你。当然，关于孩子的教育工作，还是有章可循的，接下来我们给出的商业模型可以算是一次"胎教"过程，目的是帮助你在"数字化"系统里，培养一个茁壮成长的"物权""区块"，并能够找到足够 DPOI，让其顺利地出生。

先做一个了断，和真正的生孩子做一个了断，因为我们的测试结果是，有些学生深陷生孩子的误区拔不出来，以致做什么模型和投资，都拿生孩子做蓝本的"死读书"现象，我们在此声明一下，后续的 DPOI 的产生与发行，和生孩子以及办百岁宴几乎没什么相似之处，你不能用生孩子联想法来走捷径，你必须要有创造性思维。

多说一句，用生孩子联想法构建自己的区块链基站的学生比例，是中国同学居多，欧洲的学生更会使用计算机算法，具体什么原因也不太清楚，因此在此处重点提醒一下国内的年轻人，有时候聪明反被聪明误。

现在，仔细阅读一下本章的标题：如何获得人生第一个DPOI，注意力请放在"第一个"上。这里的"第一个"和拥有一个比特币，或者拥有一块钱是完全不一样的量词约束，这里的"第一个"更接近于"第一种"的含义表达，也就是DPOI可以像股权一样。例如，你拥有多个企业的合伙合同，即拥有了多个股权，但是放在二级资本市场上的交易模型是一样的，虽然每只股权的交易价格不同，但它们都属于股权资产。

其次，标题中提到了获得了人生第一个DPOI，在本书中，代表你获得的是"物权数字化""物权资产""DPOI"，这个脚本代码在话术上可以这样说：你在"物权数字化系统"里发行的"物权数据资产"获得了数字物权首次发行的挂牌交易权。

好了，现在坐下来仔细思考一下，如何在"数字化"的环境里和计算机生个可以预期其价值流动的孩子，这句话的"物权数字化""操作系统""脚本描述"为：

{

"物权""DPOI"="人+计算机""物权数字化""数字物权首次发行"；

}

短短的一段脚本描述，涵盖了本书之前所有的内容，而现在我们仅仅是坐下来思考，还没有真正地迈出"一小步"。可以说，任何投资型思维的构建，都需要对资产的绝大多数矢量进行足够细致的探究，不然就会误入万劫不复的深渊。

让我们先来选择一个感觉上对的矢量方向，尝试一下。

我们先来问自己一个问题：我有可以"数字化"的物权吗？这是很多普通人在看到本书的标题后，直接会产生的问题，我们希望你不是这样的潦草，而是读懂了本书的核心知识后，才产生的这个问题。不然，就像一个路边烧烤摊直接问证监会"我这个摊子能上市（IPO）吗？"一样，不是不能问，而是这样问很耗费双方的价值。

从学术上说，任何符合《民法典》规范的物权，都有权"数字化"，只要市面上存在与你的物权相匹配的"数字化"（资产化）通道即可，这是一个市场与产品供给的关系范畴。

所以，我有可以"数字化"的物权吗？这样问题，可以精进到"有没有可以让我的物权数字化的市场"？这样就清晰多了，或者说它已经是一个商业问题了。

好的，因为我们"物权数字化"是一个"物权数字化市场"，所以这个问题我们可以回答：

我们会遗憾地通知您，不是所有的物权都能数字化，至少在我们的物权数字化内，不能。但是我们不排除有包罗万象的平台，可以将所有的物权数字化。

我们只接收能够产生清晰的生产结果的物权进行数字化，并发行DPOI（"物权数字化""准入规则"）。

就如我们开篇说的受精卵的例子以及"一丁地"的例子，虽然不能完整地描述"产生清晰的生产结果"这个约束，但是其矢量的引导方向是对的。

由于"物权数字化"使用了"区块链"作为资产发行技术，也就是遵从了"区块链去中心化"的思维定式，即可以"数字物权首次发行"的"物权"，是可以在系统内形成区块链的"物权"，也就是可以搭载系统DPOI，完成投资和价值流动。

这是一个动态评判和无中心的评判原则，也就是说，能不能发行DPOI，其实"物权数字化"说了不算。"物权数字化"的职能是把你的"物权"推送给其他区块，如果你能够形成区块链，即代表你发行成功，如果所有的区块均不接受你的"物权"，则代表你的"物权"不适合"数字物权首次发行"系统，也就不能搭载"系统"。

在经过之上的文字描述之后，我们针对：

我们只接收能够产生清晰的生产结果的物权进行数字化，并发行DPOI（"物权数字化""准入规则"）。

从商业服务层面做一个描述：

Service 1，所有《民法典》规范下的物权，均可以通过"物权数字化"（RDTP）完成基于"中国链"的"区块化"，来生成一个"物权"，此时的"物权"已经携带了价值，但是没有被其他区块认可。也就是，此时的"物权"还没有完成"数字化"。

Service 2，"物权数字化"（RDTP）会将"私有ID"（你的）"物权"推送至系统公链中，即形成一个"准发行动作"，如果形成了"区块链"，则系统将捆绑"系统""DPOI"来完成"物权""数字化"。

Service 3，在"私有 ID"（你的）、"区块链"进入结算流程，则"系统""DPOI"会协助你完成结算，并解裂该区块链。

以上三项基础服务，是你和"物权数字化"（RDTP）频繁交互的服务行为，从这三项服务中，你应该体会到了区块链的优势是在于"对你的资产的呵护以及计算机进入到你的劳动序列后给你带来的帮助"。

不过，我们还是要告诉你，虽然计算机会一视同仁地对物权进行区块化，但是"物权数字化"（RDTP）还是要人为干预这个服务，原因是算法的效率，"物权数字化"（RDTP）会从商业上选择更具有竞争力的物权进行"数字化"，同时会屏蔽一批低效物权进入系统。

这个效率值被叠加在了"你第一个获得的 DPOI"上，任何"区块"获得的第一个 DPOI 都是一样的，即"物权数字化""DPOI"。你可以通过"物权数字化"（RDTP）的区块化服务来检测一下是否可以拿到这个 DPOI，同时也就知道了你的物权是否达到了在"物权数字化"（RDTP）中的效率阈值。

本章的重点有两个：

（1）我们只接收能够产生清晰的生产结果的物权进行数字化，并发行 DPOI（"物权数字化""准入规则"）。

（2）"系统""DPOI"的效率阈值。

这两个重点，引导你在理解了物权数字化的理论知识之后，来发行自己的物权数据资产，虽然你也可以胡乱地尝试，但是请注意，我们的区块化是收费的服务，虽然费用不高，但是你也没必要"像买彩票一样无节制地创建'物权区块'"。

而接下来你需要做的，依然是再静下心来学习（或者你自己做一个私有链）。

这时学习的焦点会集中在你的第一个 DPOI 的属性上，尤其是它的效率属性，当你掌握了它的一些规律后，你的"物权"将会展现出极大的活跃性，而你的物权资产，将会带你进入一个财富增长的快轨。这其实也是全民所有制的诉求，让更多的物权持有者，通过"数字化"完成：

· 全新需求的发布

· 全新产品的设计和生产

· 全新资产的投资与流动

· 全新劳动力和生产资料的定义与诞生

形成一个基于"物权数证"的经济空间,为绝大多数国民提供新的资产支配权——全民所有制下新经济的核心价值观之一。

这种宏观的经济态势,是需要从微观的物权开始,从物权到"物权",再从"物权"到第一个"物权""DPOI"的出现,每一个"物权"都会贡献自己的新经济效率,大家的效率通过矢量叠加,就形成了国家的竞争力和全球经济话语权。所以,让我们共同努力,更多地发行"你人生中的第一个 DPOI"。

第五节　区块链与中国链

区块链: 就如股权交易需要一个二级资本市场一样,"数字化"也需要完全封闭的市场空间,才能够实现"数据资产"的发行与流通。而且,任何一个封闭的"资产空间"和一个"资本创业",其形成的市场样貌一定不会大范围相同,否则,其资产的纯度就会受到影响,纯度不高的资产,很容易被流通性强、纯度高的资产吞噬掉。例如,固定资产,名义上其是一种资产描述,但是它目前仅仅是货币资产的一个子项而已,它最好的流通方式也只能是搭载货币的通道,而且货币还掌握了其流通命脉。所以,在纯资产规划中,流动性差的固定资产经常会被用于战术性部署工具,而非战略性部署工具。而新诞生的"加密资产"的待遇就大不相同。我国为了防止其入侵,暂时封闭了它的外来接口,但是,并不能否认的是:

· 加密资产是一种战略型新资产,其流通性甚至和货币持平。

· 我国正在加速部署数证经济环境,并在争夺全球数证经济的话语权。

如今的焦点,是"数字化"所发行的"数据资产"要通过一种什么样的场景显现出来,就如"法人实体显示股权一样"。

这其实不是一个问题，或者说没人能直接用文字来堆砌这个问题的答案，因为商科所要实现的场景，都是"公理化"的场景，即需要一个稳定的可运转的系统，至于谁来为其堆砌文字，那是大学和研究型学术机构的事情，也是它们的核心价值体现。

那么，现在我们给出"物权""数字化"的第一公理：

"物权数字化"选择了"区块链"作为自己的资产发行平台。

区块链是什么？

从商科的角度看，此时的区块链就是一个类似 IPO（Initial Public Offering，首次公开募股）的系统，或者说是一种资产发行技术。

在此处深刻定义一下"技术"，如果对这个词你只能理解皮毛，那么你将无法成为一个"数字化""数据资产"的操盘手，甚至任何盘你都操不了。

因为全球的动态能量是来自"经济系统"，因此所有的"技术"的根源都是"经济技术"。

可以为价值流动带来稳定且大范围适用的行为，被称为"经济技术"。

"经济技术"拓展出了一个核心技术场景——"投资技术"，全球都是在使用"投资技术"来获得优势，例如：

·货币模型

·计算机网络

·二级资本市场

·金融

·债务系统

·法人

均是"投资技术"的分支，而现在在"投资技术"的大家庭里，除了以上的成员以外，又多出了一个：

·区块链

这种描述，是不是可以让你正确地认识"区块链"了？至少你知道了一件事情，区块链可以像银行，可以像股市，可以像法人管理平台，可以像证券等资产发行场景，但是它绝不是坊间说的，一项计算机分布式加密记账技术，还去中心化，其样貌也绝不是什么计算机软件、小程序，也不会是虚拟币、虚拟钱包。

请抛弃你看到的叫"区块链"的东西，而是站在真正的"区块链"面前，恭敬地记下它的定义：

区块链是一个资产发行通道，它可以用来发行"数字化""数据资产"。

由此，你即可以推导出"物权数字化"是一项基于物权的资产化过程，其资产阈值是"数字化"，其发行通道是"区块链"。

这是一种"绝对共识"的约束，如果我们不把针对"数字化"和"区块链"的共识约束到资产公理的级别，那么之后的任何行为，就会产生"非商科疑惑"，也就是根本读不懂什么是"数字化""数据资产"和"数据资产""数证"，甚至会迷失在纠结的商业迷局之中。就如很多人理解不了IPO和炒股的区别一样。

在共识约束下，让我们来审视一下区块链吧。

区块链从文字描述上，目前有两套，分别是：

·美国链：去中心化，分布式加密记账技术。

·中国链：多中心化，自由基加密合伙模式，且可以继承的方式重定义。

可以看出，两种定义使用了相同的话术结构，且都有自己的主力场景规划。美国链目前的主力场景是基于比特币模式的加密资产，中国链目前的主力模式是国家公链模型。

从资产发行的角度看，美国链玩的是纯货币，也就是直接吞吃货币的共识空间，以达到自己的共识阈值；中国链锚定的是纯价值，即去货币化，重定义行为的发行机制，形成完全封闭的价值流动空间。

从经济的宏观层看，美国链和中国链都是"抓极端，再整合"的模式构架，这其实也就是"区块链"本身的阈值设计所体现出来的约束性。通俗地说，如果你使用区块链，你就必须抓住一项"100%纯度的资产"，而不能有任何混合态存在。

那么整个全球经济如果"提纯"，会得到什么呢？其实就是货币和价值。

这两样东西在我们现在的经济体内以不同的比例相混合，形成千差万别的行为集合，也就是我们俗称的"产业集群"。

而在"货币与价值按比例混合形成的经济空间趋于饱和，且需要大修的时期"，顶层设计者提出了"经济提纯的设想"，即产生两个新的空间：

· 100% 货币空间

· 100% 价值空间

并形成两个完全独立的经济维度，将会让现在混合经济获得难得的喘息和修正的机会，并且还会为其提供继续发展下去的空间。

因此，在区块链日臻完善的当下，其实我们的经济体实现了"三维运转模型"：

· 100% 货币空间

· 100% 价值空间

· 混合空间（传统经济）

顶层设计者对外放出了一个很隐晦的词汇——数字经济，包含 100% 货币空间和 100% 价值空间两个维度，而将现有的经济体，定义为了"传统经济"。这应该是你看到的最清晰的关于数字经济的宏观解读之一了，而且这个解读对于你的生存状态会产生直接的益处。

依据以上定义，你才能正确地看待比特币、DeFi、NFT 以及后续出现的英文缩写和新名词的根本含义，它们都是在"整合货币，剔除价值"，已完成全新数字经济维度的搭建。当其内部的货币阈值足够大的时候，一个基于大数据的计算机封闭网络就会浮出水面，来定义并承载其中的"新行为的资产发行"。你只要关注亚马逊、苹果、摩根大通等企业的战略走向，就会发现它们在"纯货币维度"的部署是多么的严谨和有效。

也正是基于此，现在熙熙攘攘的虚拟币、发币、挖矿等基于美国链的灰色地带，只是一波四流的演员上演的闹剧而已，真正的美国链，很值得仔细研究甚至借鉴。

现在，让我们转头看一下另一个维度：100% 价值维度，即"中国链"。

我们必须承认，区块链的纯度属性让其存在了很强的排他性，或者说美国的很多技术都存在了排他性设计。例如计算机操作系统，且其并不是主要依靠纯计算机代码来维持其优势，更多的是依靠资本的力量和犹太人的广告战略。所以，当"美国链"锁定了纯货币之后，其他国家已经很难再创造独立的"区块链维度"了，这和计算机操作系统，甚至计算机芯片的"摩尔定律"很类似。比较负责任地讲，全球除了一个国家之外，已经不可能再出现一个"100% 纯度"的"区块链系统"了，这个国家就是中国，因为中国有美国不具备的优势——全民所有制。也正是全民所有制让区块链出现了另外一个纯度维度——100% 价值维度，或者说，只有在全民所有制机制下，才能有"去货币化的国产公链出现"。这也是"100% 纯价值区块链"被称为"中国链"的原因。

"100% 纯价值区块链"要求，其中的发行数据资产必须锚定价值，并需要在系统内经过至少一个"合伙"才能在系统内流通，即：

价值 + 价值 = 新价值

从劳动人民的角度看，以上的等式是符合人类的世界观的，即"不劳而获是可耻的"，而此时，你再看一下美国链：

货币 + 货币 = 新货币

其所代表的利益仅仅是"不劳而获的利益"，在美国链里，劳动被去掉了，或者说所有的劳动被放在了美国以外，而在美国境内来决定货币与劳动之间的关系，如果从现在的世界观来看，很少有国家不会因为美国链的入侵而成为货币的"牧场"。

从"中国链"与"美国链"的对峙上，我们其实可以分析出，中国存在的强大，其实是世界均衡发展的重要条件，这是一个客观存在的事实，并非因为我们是中国公民而故意夸大其词。

其实，区块链在提纯的过程中是放弃了"混合基因的强壮性"，提纯的区块链在很多层面存在着不可弥补的漏洞，就如现在的比特币所展示出来的"怪胎样貌"，因此必须有制衡的元素出现，世界才能均衡发展。

至此，你就会明白"物权数字化"选择"中国链"作为发行通道的原因了，甚至你应该明白，我们为什么要基于"物权"来"数字化"，而不是基于"物权货币"来"数字化"。其中有深意，当然也有投资战略，我们不是要放弃高效率的盈利空间，相反，纯价值维度的盈利能力，从现在的表现上看，与纯货币相比，可以用略胜一筹来形容，想知道其原因，你需要了解"纯度资产"的运行机制。

中国链：我们经常听说"世界观"这个词，许多人认为这是个无关紧要的概念。其实这恰恰是一种无知的表现，在人生的道路上，没有什么比"获得正确的认知共识"更重要。相反，在没有正确认知的时候，人们往往会在一些低级的错误之中无法自拔，尤其是在商科，很多人认为"无商不奸"，但是自己也时时刻刻处在商业的环流上。所以就产生了"必须奸猾"的思想，然后不断地用看上去光鲜的东西，如虚无的文化、不太实用的知识让自己显得是个很儒雅的商人。其实，他不知道，"无商不奸"这个词最开始的写法是"无商不尖"。讲的是古代的米商，都是用斗这种容器来出售黍米，当把"斗"这个容器装到"平满"，即为标准的一斗米，但是商家们都会在装到平满之后，继续在平满的米上堆上一个像金字塔一样的"米尖"，这多出的部分，代表着商者对客户的答谢和对商业的尊重。所以"无商不尖"，就是商者的世界观。至于后来怎么成了"无商不奸"，无从考证，但是，在"物权数字化"的系统边界里，我们都会奉行商者的情怀"无商不尖"。

在讲述"物权区块"化之前，讲一讲商科的"道"是十分有必要的。因为我们要践行的是一个"世界化的经济维度"，如果其中充斥的是"奸"，则和"当下那些在比特币中刀口舔血的投机者"别无两样，同时，不管我们在本书中使用了多么高明的辞藻技法，最后还是要堕入一个商业的污点之中。

所以我们将"无商不尖"写在本章的开篇，也敬告即将进入"物权数字化"系统的商者，逐利无对错，但是心要正，心正则为商，否则会"奸"，"奸"者即无道，无道则无商！

商者，大道也！

我们此时反复强调"商"的内涵，是因为接下来的事，是非常需要智慧和定力的，一旦心术不正，小则伤人，大则伤国。

说到"区块链"，现在可以用人尽皆知来形容，如果你问他什么是"区块链"，就两个字——发币。做出这种回答的人，大多具备以下特征：

· 不懂什么是发币

· 不懂什么是计算机技术

· 不懂经济与金融

· 崇尚投机与不劳而获

我们在此处用如此严厉字眼来评价"目前的区块链和谈论区块链的人",其实也是形势所迫。

平心而论,目前美国在很多地方都是领先的,尤其是在计算机技术以及其衍生的产业和产业渗透,这其实是全球化的危机,而绝不是我们国家的"特有矛盾"。相反的是,放眼全球,也只有我们国家还具备维持世界多元化的能力,而"区块链"就是多元化的一块重要基石,但是如果我们的商业共识形成的认知是"区块链就是虚拟币",然后一群年轻人天天鼓捣钱包、DeFi、NFT,这就相当于与"吸食精神鸦片无异"。而这种显现如果持续时间过长,当美国链的"纯货币维度"建设得极其完整,也就是当亚马逊级别的企业出现了"区块链公链"循环之后,再让我们的年轻人去重新开发自己的区块链系统,就会和当下的计算机操作系统类似,不是开发不出来,而是开发出来没有了市场闭环(资本共识)。

所以,"物权数字化中国链",首先要放声呼吁,请传统商业正视"区块链",正视我们国家的优势,珍惜当下的时间窗口,共建"100%价值纯度"的多元化经济维度。

从这个角度上说,"物权数字化中国链"是在正面迎战"美国链"的比特币,而且目前尚在均势之中,这在计算机领域是没有发生过的事情。

现在,我们开始展示"物权数字化"是如何部署我们的战略系统,同时也会展示出这套系统是如何形成战略防御和全球化市场构造的。

首先,还是要正确地解读一下区块链在商业环境中是个什么样貌。

这其实并不难,我们现在所处的经济环境是依靠法人节点串接起来的,法人的商业名称叫"企业",企业串接起来的"货币 + 价值"(混合经济)流动闭环,叫作"企业链",在宏观上,我们习惯用"产业"来封装"企业集群",因此出现了:

· 产业链

- 上下游

- 资本

- 消费

这样的描述形态。其中产业链就是"货币 + 价值"流动的管道，你可以形象地理解成"供水管路"。资本就是纯货币，消费可以理解成纯价值（货币债务熔毁），当消费发生了，产业链上之于这个消费的所有债务均会通过消费而发生闭环性结算。

在产业链运转过程中：

资本市场不断地会"发行定投资产"，来扩充这个产业链的规模和流速，所谓定投资产就是将没有任何目标的"货币 & 货币锚定"，转化成"定向投入到某个产业链内"的"货币 & 货币锚定"，并在该产业链内形成定投增值，而后，资本通过消费和股权交易等解锁方式，将定投的资产转化为非定投资产，以获得投资收益。而区块链和企业链很类似，也有一个类似法人的资产发行主体：

- "区块"

由区块作为商业载体，形成的商业闭环，称之为"区块链"，很形象、很实际，而且很实用。我们甚至可以给出这样一个"约束基矢量"：

企业做得好的商业系统，区块也能做得好。

因为区块的内核首先是一个企业！

首先，区块不会屏蔽优质的股权发行，反而会协助优质股权变得更优质，因为法人股权资产与区块数据资产不在一个维度。从理论上讲，一个有区块和企业两种形态的商业节点，即便是企业模块破产了，也不会影响到其区块资产的运转，这是真正的资本技术高明之处，从这个角度看，至少区块会为所有的资产发行方多创造一个资产避风港。

其次，区块有自己的"资产规则"，它会将企业或个体的"物权数字化"过程作为发行过程来形成"数据资产"，更准确的称谓是"物权数字化""数据资产""数字物权"。

最后，它有一个独立的资产流通系统——公链。在本书中，这个独立的资产流通系统是"中国链""国产公链""物权数字化"系统，也就是俗称的"根服务系统"。此处，要消除一下你对计算机的"依赖恐惧症"。由于现在很多的行为都发生在手机和计算机上，人们渐渐地对这些终端设备产生了依赖，再加之中国的互联网企业的广告轰炸，让绝大多数人认为计算机说的就是对的，手机上有的就是先进的。例如操作系统，很多人都以为就是 Windows 或者安卓，这是一种依赖恐惧症，属于社会学范畴。我们希望正在努力学习"物权数字化"的同人，不要沾染这种病。Windows 和安卓，是计算机操作系统，是服务于人机交互的，其本质还是服务于人与人之间的信息交换。理论上任何封闭的体系都存在操作系统，如法人操作系统、货币操作系统等，区块链也有其场景和场景操作系统，但是与计算机操作系统是无关的，切记！虽然区块链会广泛地使用计算机技术，但是它的操作系统不会受计算机操作系统约束，两个区块之间的商业链接，有没有计算机存在都可以顺利形成。区块链，不是计算机算法，不是哈希值（Hash，散列函数），不是不可篡改，不是账本，不是钱包，它是一个资产发行的通道，切记！

"物权数字化"选择了"中国链"作为其公链根服务的继承点，也就是说，其系统内的区块所发行的资产是"价值属性"而不是"货币属性"。这个属性约束的结果是，你的"物权数字化""数据资产"在系统内不能直接锚定货币来作为流通载体，因为货币本身存在"混合属性"，你需要搭载一个全新的载体，即"物权数字化""数证"。

在简述这些之前，先做一个简单的对比引导，用来帮助你顺利地认知什么是"数证"。

还是用法人资产发行系统来比较，当你构造或参与构造了（不是在股市买股票）一个法人，你即获得了一个股权资产，也就是在你拿到营业执照的那一天，你就是有股权资产的人了。这是国家赋予你的资产发行权利，善加利用，你也可以是马云。或者说即便是首富，在股权资产发行的权利层，和你也是相等的。再次强调，这是国家赋予你的权利，而不是国家给予你的福利。

回顾历史，这个权利并不是与人类社会同步存在的，而是在不断地完善中成长起来的。

现如今，当你构造了一个区块，你会获得什么呢？你会获得"数证"，数证就是用来承载自己数据资产的载体，此时的数证很像股权。

因此，数证会和股权一样，产生其独立的经济系统，我们称之为"数证经济"，在本书中的精准描述为"物权数字化""数证经济"。即我们所探讨的数证有三个前置约束：物权、数字化、区块。满足这三个约束的资产形态，就是"物权数字化"平台可识别的资产，即可以在"物权数字化中国链"系统内流通。

让我们暂时将 DPOI 的分析告一段落，先回到区块的分析上来。

如何构造一个可以被系统识别的区块呢？

此时你需要学习一些全新的资产技术，而不能用"法人技术"来直接套用。

区块和企业完全不同，它甚至不需要当下企业的人力资源系统和边界阈值，它其实更贴近"物联网 | Internet of Things（IoT）"基站。从商业范畴上讲，它是"量子商业基站"，而企业是"刚体商业基站"。由于量子商业不是本书讨论的必要技术，所以我们暂且不在量子商业层面做展开。

如果要找一个和"区块"形态相类似的传统业态，那么"拍电影"比较接近：

· 一个资本进入到"电影产品定投"

· 一个剧本产生

· 一个剧组出现

· 调用发行和影院系统

· 依靠票房和植入盈利

仔细看一下电影这个产品，它的三大市场，即资本市场、人力资源市场、产品市场是一个大锅饭的存在，所有的投资发起方，都是从一个大锅里寻找合适的劳动力、发行、院线和增值。劳动力，即剧组成员，不归属任何固定的企业，大家都具备职业素养，只要有召唤就能凑在一起整一个"投资结果出来"。

区块在边界设计上有些像"朴素的电影产业"，但它更加革命，它并不区分谁是演员，谁是院线，谁是发行，谁是广告投资商，它只认识一种形态，就是和自己有着相同边界属性的区块。

这种"投资技术"的革命性在于：

只要你是区块，你就可以做任何的合法生意，而不需要支付学习该合法生意的成本。从投资的角度上看，如果你拥有"数据资产""数证"，即可以在不了解任何投资专属技术的前提下，投资"系统内存在的任何价值闭环"。

这是一种"共产模型"，摒弃了对资产的歧视、对人的歧视、对产品的歧视，或者说这是区块链去中心化带来的一次资产技术的革命。

当然，区块也并不是要做普惠性慈善，因为普惠性慈善不是商科的行为范畴，商科服务于经济，向经济的管理层输出收益，并把收益的决策权交付给经济的管理层。

所以，你看上去很革命的"区块"，其实要比企业更加灵活，但是却衍生出了很多全新的技术和知识。我们很反对"用一句话概括一个事件"的行为，尤其是在投资商讨的过程中，一些噱头很害人，比如什么"电梯理论"。

至于"区块"，你需要在践行中不断地学习，不断地去观察和体会它的特性，才能慢慢地掌握它的规律，尤其是它的资产发行的规律，以及"区块""DPOI"所携带的价值流动特性。

我们先给出几个"区块"的特性标尺，帮助你约束在"区块"环境中的自由基，并通过实践交互，完成你的私有系统建设。

"中国区块链模式"的定义：多中心化、自由基加密、合伙模式，且可以继承的方式重定义。

这个定义中包含了"中国链""区块"的一些通用构造模式。

1. 多中心化

这个设定，其实和"去中心化"是异曲同工的，它的含义是：你的区块即为一个商业中心点。站在客观的角度上看，就是任何一个"物权数字化""区块"均是一个"商业中心点"；其结论是：所有区块没有大小和高低贵贱之分。

2. 自由基加密

自由基，代表了你的商业思想，在传统经济中自由基是不被加密的，因此才会有"无商不奸"这样的共识产生，而在区块链系统内，自由基是不能直接传播的，也就是不能你想干什么就干什么，而是需要大家达成一种共识，才能够完成一次商业流动。这个设定和"你是中心"不冲突，所谓"你是中心"，代表你可以随时发起一个商业行为，且可以调用所有区块的资源，但是你的商业行为是否能发起，要看自由基加密的结果。

3. 合伙模式

当你的一个商业行为被自由基加密通过之后，你即可以形成一个"区块链"，也就是可以调用整个系统内的所有资源，来完成你这一次商业行为。此时，你的商业理论值等于系统的总价值，如果你链接的是一个国产公链，则你的商业行为所能容纳的理论值将等于这个国家的所有资产的总和。这是国产公链的一个高维技术。区块通过"合伙""智能合约"产生一个以你为中心的"区块链"，并通过"数证"完成投资和利益分配。基于这个设定，你会发现，"区块"和"区块链"不是同步存在的，区块是你的资产基站，区块链是你的合伙形态，区块链随时会产生也随时会结束，而区块却会一直存在。这样的生意模型相较于一个笨重的企业而言，其效率值的差异已经非常明显了。尤其是在人力成本、企业运营成本、固定资产投资、贷款利息的企业必要成本方面，区块全部不需要维系，这就是"合伙模式带来的共产模式的先进性体现"。

4. 可以继承的方式重定义

你可以在遵从系统根服务的前提下，创造自己的区块链系统，我们称之为联盟链，即你可以在"物权数字化""区块链"系统内，创造：

"ID（Identity Document，身份证标识号）""物权数字化""区块链"系统，并向根服务注册，来形成你的封闭维度。简而言之，你可以从你的思想模型来构建经济系统，并且获得资产的支持。

通过对"中国链""区块"的通用属性解读，你应该对"数字化"发行资产的技术模型有了初步的了解，那么接下来，你就需要从"物权"开始，一步一步地实现"区块化"和"数据资产"的发行。

中篇　碳金经济未来可期

春风杨柳万千条，六亿神州尽舜尧；

红雨随心翻作浪，青山着意化为桥。

——毛泽东

世界性在传播，马斯克是外星人，理由是，他推出很多匪夷所思的项目，都不是人干的事。私人发射火箭，建立星链，让美国政府老脸无光不说，也让东方大国国企民企蒙羞，新能源汽车正在检验各国高速公路是否达标，正在研究给人脑装芯片，出产万能人，他正在以一己之力改变世界。马斯克是不是外星人不确定，唯一确定的是，他父母是地球人。

地球人都知道马斯克是卖车的，却不知道他也是个"卖碳翁"，2020年其卖碳的利润是造车利润的两倍，比亚迪是不是惊掉了下巴。

论赚钱，特斯拉卖碳远胜卖车。据特斯拉2020财报显示，2020年全年总营收315.36亿美元，交付了49.96万辆车，净利润才7.21亿美元。对比之下，出售碳排放积分获益的15.8亿美元可以算是"躺赚"。马斯克堪称卖"碳"生意第一人。

可能是这部分钱太好赚，引起外界一些微词，特斯拉高管选择了沉默，不再公布卖碳收益，却向全世界昭示了碳金时代已经悄悄到来，会有越来越多的卖碳翁出现，未来人人都是"卖碳翁"。

虽然特斯拉嘴上不宣扬，可从美国政策端来看，卖碳积分的生意还能持续一段时间，目前美国加州、科罗拉多州、康涅狄格州、缅因州等11个州，要求汽车制造商在2025年前需要销售一定比例的零排放汽车。

出售碳排放积分可以带来营收，主要是源自美国11个联邦州对汽车企业的一项环保规定，要求当地的汽车制造商需在2025之前销售一定比例的零排放汽车，如果确实做不到，他们就必须从特斯拉等能源企业那里购买积分，否则就会受到当地监管机构的更多的惩罚。

由于特斯拉生产的全是电动汽车，因此其获得的碳排放积分远超监管要求，自然就拥有大量多余的积分可以出售给其他汽车制造商。

虽然这是个案，但是世界第四资产——碳资产概念已经横空出世，碳金时代，对企业的估值，碳资产将作为一个重要选项，企业未来要么是"卖碳翁"要么是"买碳翁"，企业和碳汇无法割离。

第一章

碳金经济大时代

事机作而不能应，非智也；
势机动而不能制，非贤也；
情机发而不能行，非勇也。

——（蜀）诸葛亮

"碳达峰碳中和"是商机、是趋势、是风口。未来40年，碳金时代的中小微企业和个体，将创造一波又一波奇迹，将建构一次又一次辉煌。

从黄金到黑金再到碳金，每个时代的更迭都蕴含着巨大商机，都是经济业态的一场重大变革，正如人类"从传统思维转变为互联网思维，从互联网思维转变为物联网思维，从物联网思维转变为数字经济思维"一样，每一次转变都带来了经济格局的重组和巨大的造富浪潮。

美元与黄金对标史称"黄金时代"，美元与石油对标史称"黑金时代"，碳交易将取代石油成为世界第一交易商品，我们迎来了碳金时代。

第一节　黄金时代

本书所讲的"黄金时代"，是指以美元和黄金为基础的金汇兑本位制，是"布雷顿森林体系"的另一种表述。其实质是一种以美元为中心建立的国际货币体系，基本内容包括美元与黄金挂钩、国际货币基金会员国的货币与美元保持固定汇率，即我们常说的实行固定汇率制度。

以"布雷顿森林体系"为坐标系所建立的黄金时代，建立了国际货币基金组织和世界银行两大国际金融机构。前者负责向成员国提供短期资金借贷，目的为保障国际货币体系的稳定；后者提供中长期信贷，以促进成员国经济复苏。

一、一场会议促成一个时代

1944年7月1日，44个国家或政府的经济特使在美国新罕布什尔州的布雷顿森林召开了联合国货币金融会议（以下简称布雷顿森林会议），商讨战后国际货币体系问题。经过三周的讨论，会议通过了以"怀特计划"为基础制定的《联合国家货币金

融会议最后决议书》以及两个附议《国际货币基金协定》和《国际复兴开发银行协定》，确立了以美元为中心的国际货币体系，即布雷顿森林体系（以下简称体系）。

1945 年 12 月 27 日，参加布雷顿森林会议国家中的 22 国代表在《布雷顿森林协定》上签字，正式成立国际货币基金组织（International Monetary Fund，IMF）和世界银行（The World Bank，WB）。两个机构自 1947 年 11 月 15 日起成为联合国的常设专门机构。中国是这两个机构的创始国之一，1980 年，中华人民共和国在这两个机构中的合法席位先后恢复。

第二次世界大战爆发，经过数年的战争后人们在"二战"即将结束的时候发现，美国成为这场战争的最大赢家，它不但最后打赢了战争，而且在经济上发了战争财。据统计数据显示：在第二次世界大战即将结束时，美国拥有的黄金占当时世界各国官方黄金储备总量的 75% 以上，全世界大部分的黄金都通过战争这个机会流到了美国。

1944 年 7 月，美国邀请参加筹建联合国的 44 国政府的代表在美国布雷顿森林举行会议，经过激烈的争论后各方签订了"布雷顿森林协议"，建立了"金本位制"

崩溃后一个新的国际货币体系。

布雷顿森林体系是以美元和黄金为基础的金汇兑本位制，又称"美元—黄金本位制"。

它使美元在战后国际货币体系中处于中心地位，美元成了黄金的"等价物"，美国承担以官价兑换黄金的义务，各国货币只有通过美元才能同黄金发生关系，美元处于中心地位，起世界货币的作用。从此，美元成了国际清算的支付手段和各国的主要储备货币。所以，我们将这一时期形象地称为"黄金时代"。

二、"美元——黄金挂钩"为体系骨架

第一，美元与黄金挂钩。各国确认 1944 年 1 月美国规定的 35 美元 1 盎司（英制重量，质量单位。在金、药衡制中，1 盎司 = 1/12 磅 = 31.10 克）的黄金官价，每 1 美元的含金量为 0.888671 克黄金。各国政府或中央银行可按官价用美元向美国兑换黄金。为使黄金官价不受自由市场金价冲击，各国政府需协同美国政府在国际金融市场上维持这一黄金官价。

第二，其他国家货币与美元挂钩。其他国家政府规定各自货币的含金量，通过含金量的比例确定同美元的汇率。

第三，实行可调整的固定汇率。《国际货币基金协定》规定，各国货币对美元的汇率，只能在法定汇率上下各 1% 的幅度内波动。若市场汇率超过法定汇率 1% 的波动幅度，各国政府有义务在外汇市场上进行干预，以维持汇率的稳定。若会员国法定汇率的变动超过 1%，就必须得到国际货币基金组织的批准。1971 年 12 月，这种即期汇率变动的幅度扩大为上下 2.25% 的范围，决定"平价"的标准由黄金改为特别提款权。布雷顿森林体系的这种汇率制度被称为"可调节的钉住汇率制度"。

第四，各国货币兑换性与国际支付结算原则。《国际货币基金协定》规定了各国货币自由兑换的原则：任何会员国对其他会员国在经常项目往来中积存的本国货币，若对方为支付经常项货币换回本国货币。考虑到各国的实际情况，《国际货币基金协定》做了"过渡期"的规定，并规定了国际支付结算的原则：会员国未经基

金组织同意，不得对国际收支经常项目的支付或清算加以限制。

第五，确定国际储备资产。《国际货币基金协定》中关于货币平价的规定，使美元处于等同黄金的地位，成为各国外汇储备中最主要的国际储备货币。

第六，国际收支的调节。国际货币基金组织会员国份额的 25% 以黄金或可兑换成黄金的货币缴纳，其余则以本国货币缴纳。会员国发生国际收支逆差时，可用本国货币向基金组织按规定程序购买（借贷）一定数额的外汇，并在规定时间内以购回本国货币的方式偿还借款。会员国所认缴的份额越大，得到的贷款也越多。贷款只限于会员国用于弥补国际收支赤字，即用于经常项目的支付。

三、黄金为体系支柱

布雷顿森林体系以黄金为基础，以美元作为最主要的国际储备货币。美元直接与黄金挂钩，各国货币则与美元挂钩，并可按 35 美元 1 盎司的官价向美国兑换黄金。在布雷顿森林体系下，美元可以兑换黄金和各国实行可调节的钉住汇率制，是构成这一货币体系的两大支柱，国际货币基金组织则是维持这一体系正常运转的中心机构，它有监督国际汇率、提供国际信贷、协调国际货币关系等职能。

布雷顿森林体系有助于国际金融市场的稳定，对战后的经济复苏起到了一定的作用。但是，由于资本主义发展的不平衡性，主要资本主义国家经济实力对比一再发生变化，以美元为中心的国际货币制度本身固有的矛盾和缺陷日益暴露。

第一，金汇兑制本身的缺陷。美元与黄金挂钩，享有特殊地位，加强了美国对世界经济的影响。其一，美国通过发行纸币而不动用黄金进行对外支付和资本输出，有利于美国的对外扩张和掠夺。其二，美国承担了维持金汇兑平价的责任。当人们对美元充分信任，美元相对短缺时，这种金汇兑平价可以维持；当人们对美元产生信任危机，美元拥有太多，要求兑换黄金时，美元与黄金的固定平价就难以维持。

第二，储备制度不稳定。这种制度无法提供一种数量充足、币值坚挺、可以为各国接受的储备货币，以使国际储备的增长能够适应国际贸易与世界经济发展的需要。1960 年，美国耶鲁大学教授特里芬在其著作《黄金与美元危机》中指出：布雷顿森林体系以一国货币作为主要国际储备货币，在黄金生产停滞的情况下，国际储备的供应完全取决于美国的国际收支状况。美国的国际收支保持顺差，国际储备资产不敷国际贸易发展的需要；美国的国际收支保持逆差，国际储备资产过剩，美元发生危机，危及国际货币制度。这种难以解决的内在矛盾，国际经济学界称之为"特里芬难题"，它决定了布雷顿森林体系的不稳定性。

第三，国际收支调节机制的缺陷。该制度规定汇率浮动幅度需保持在1%以内，汇率缺乏弹性，限制了汇率对国际收支的调节作用。这种制度着重于国内政策的单方面调节。

第四，内外平衡难统一。在固定汇率制度下，各国不能利用汇率杠杆来调节国际收支，只能采取有损于国内经济目标实现的经济政策或采取管制措施，以牺牲内部平衡来换取外部平衡。当美国国际收支逆差、美元汇率下跌时，根据固定汇率原则，其他国家应干预外汇市场，这一行为导致和加剧了这些国家的通货膨胀；若这些国家不加干预，就会遭受美元储备资产贬值的损失。

四、美元撑起的国际金本位

第一，第二次世界大战后的国际货币制度不是按各国的铸币平价来确定汇率，而是根据各国货币法定金平价的对比，普遍地与美元建立固定比例关系。

第二，战前，黄金输送点是汇率波动的界限自动地调节汇率。第二次世界大战后，人为地规定汇率波动的幅度，汇率的波动是在国际货币基金组织的监督下，由各国干预外汇市场来调节。

第三，国际金本位制度下，各国货币自由兑换，对国际支付一般不采取限制措施。在布雷顿森林体系下，许多国家不能实现货币的自由兑换，对外支付受到一定的限制。

第四，国际金本位制度下，国际储备资产主要是黄金。第二次世界大战后的国际储备资产则是黄金、可兑换货币和特别提款权，其中黄金与美元并重。在外汇储备上，战前包括英镑、美元与法郎，第二次世界大战后的国际货币制度几乎包括资本主义世界所有国家和地区的货币，美元是最主要的外汇储备。

第五，国际金本位制度下，各国实行自由的多边结算。战后的国际货币制度，有不少国家实行外汇管制，采用贸易和支付的双边安排。

第六，国际金本位制度下，黄金的流动是完全自由的；布雷顿森林体系下，黄金的流动受到一定的限制。第二次世界大战前，英、美、法三国都允许居民兑换黄金；实行金汇兑本位的国家也允许居民用外汇（英镑、美元或法郎）向英、美、法三国兑换黄金；第二次世界大战后，美国只同意外国政府在一定条件下用美元向美国兑换黄金，不允许外国居民用美元向美国兑换黄金。

五、美元危机爆发　黄金时代结束

1949 年，美国的黄金储备为 246 亿美元，占当时整个资本主义世界黄金储备总额的 73.4%，这是战后的最高数字。

1950 年以后，除个别年度略有顺差外，其余各年度都是逆差。1971 年上半年，逆差达到 83 亿美元。随着国际收支逆差的逐步增加，美国的黄金储备日益减少。

20 世纪六七十年代，美国深陷越南战争的泥潭，财政赤字巨大，国际收入情况恶化，美元的信誉受到冲击，爆发了多次美元危机。大量资本出逃，各国纷纷抛售自己手中的美元，抢购黄金，使美国黄金储备急剧减少，伦敦金价上涨。

为了抑制金价上涨，保持美元汇率，减少黄金储备流失，美国联合英国、瑞士、法国、联邦德国、意大利、荷兰、比利时于 1961 年 10 月建立了黄金总库，八国央行共拿出 2.7 亿美元的黄金，由英格兰银行为黄金总库的代理机关，负责维持伦敦黄金价格，并采取各种手段阻止外国政府持美元外汇向美国兑换黄金。

20 世纪 60 年代后期，美国进一步扩大了侵越战争，国际收支进一步恶化，美元危机再度爆发。1968 年 3 月的半个月中，美国黄金储备流出了 14 亿多美元，仅 3 月 14 日一天，伦敦黄金市场的成交量达到了 350—400 吨的破纪录数字。美国没有了维持黄金官价的能力，经与黄金总库成员协商后，宣布不再按每盎司 35 美元官价向市场供应黄金，市场金价自由浮动。

黄金时代的崩溃，主要有以下标志性事件：

1971年7月第七次美元危机爆发，尼克松政府于8月15日宣布实行"新经济政策"，停止履行外国政府或中央银行可用美元向美国兑换黄金的义务。

1971年12月以《史密森协定》为标志，美元对黄金贬值，美联储拒绝向国外中央银行出售黄金。至此，美元与黄金挂钩的体制名存实亡。

1973年3月，西欧出现抛售美元，抢购黄金和马克的风潮。3月16日，欧洲共同市场九国在巴黎举行会议并达成协议，联邦德国、法国等国家对美元实行"联合浮动"，彼此之间实行固定汇率。英国、意大利、爱尔兰实行单独浮动，暂不参加共同浮动。其他主要西方货币实行了对美元的浮动汇率。至此，固定汇率制度完全崩塌。

美元停止兑换黄金和固定汇率制的崩塌，标志着战后以美元为中心的货币体系瓦解。黄金时代，至此结束。

当然，美元虽然失去霸主地位，但是迄今为止仍然是最重要的国际货币。

第二节　黑金时代

黄金时代的终结，是以美元为中心的国际货币制度的崩溃，是由这个制度本身的矛盾造成的，换句话说，黄金时代的结束，与黄金本身无甚关联。当时，黄金并不与各国货币直接挂钩，问题出在作为可以用于兑换黄金的货币上，即美元。当美元滥发无度、发行过剩，无法支撑"美元—黄金"互换时，最终导致了体系的混乱和崩溃。

这一点，对我们接下来探讨"黑金时代""碳金时代"等具有借鉴意义，至少它揭示了一个道理：无论哪一个时代，其进步的广度、深度，与制度本身所涵盖的人群和地域基本呈正向变动。

1971年美国政府停止美元与黄金兑换后，时任美国总统尼克松同意向沙特提供军火和保护，条件是沙特所有的石油交易都必须要用美元来结算。美元与石油交易的这一挂钩，使得各国主权货币也不得不与美元挂钩，并对标石油。因为黑色的石油与黄色的黄金正好形成颜色反差，史称"黑金时代"。

一、"黑金时代"的主角——石油

黄金时代结束后，几次世界性能源危机使世界的国际收支结构发生很大变化，主要表现在：因石油输出收入大增，石油输出国家的国际收支出现巨额顺差；而石油消费国家的国际收支因石油输入支出剧增，出现了巨额赤字。

原来的国际收支的格局，因受石油提价冲击而变化巨大，尤其是发达国家遭受的打击更为严重，因此基于贸易顺差所需的"石油美元"在以美国为首的发达国家呼之欲出。

石油美元，无论是对石油输入国还是对石油输出国，甚至对整个世界经济，都有很大的影响。

对于西方工业发达国家来说，由于进口石油对外支出大幅度增加，国际收支大多呈巨额逆差，倘若采取紧缩性措施，或限制进口石油等来谋求国际收支状况的改善，则可能导致经济衰退，并影响世界贸易的发展。因此，工业国家大多希望石油美元回流——由石油输出国家回流到石油输入国家，这就出现了石油美元的回流。

石油美元的回流，在最初期间，主要是流向欧洲货币市场、纽约金融市场、各国金融机构和国际金融机构等，其流入地区主要是西欧国家、美国等。

对石油输出国家来说，由于石油美元收入庞大，而其国内投资市场狭小，不能完全吸纳这么多美元，必须以资本输出的方式在国外运用。发展中国家也多希望能利用石油美元资金来发展经济。

但是，这种庞大的石油美元又给国际金融市场带来了动荡。西方经济专家非常关注巨额石油美元将如何在世界经济中进行周转。

专家表示，石油美元要么消费掉，要么存起来。如果石油出口国使用石油美元，那他们就会扩大从其他国家的进口，从而维持全球的需求。但是，看来他们不会花费很多钱，而是倾向于保持比石油进口国更高的储蓄率。阿联酋和科威特储蓄率高达 GDP（Gross Domestic Product，国内生产总值）的 40%。因此，石油消费国收入向产油国的转移，将导致全球总需求的趋缓，对世界经济产生不利影响。

二、石油美元"双刃剑"

经验表明，大量石油美元对石油生产国的经济既可能是好事，也可能是坏事，问题在于如何使用和储蓄这些美元。

第一，为产油国提供了丰富的资金，促进了这些国家经济的发展，改变了他们长期存在的单一经济结构，逐步建立起独立自主的、完整的国民经济体系。

第二，使不同类型国家的国际收支发生了新的不平衡，国际储备力量的对比发生了结构性变化。比如石油大国俄罗斯由于油价上涨，赚到了更多的石油美元。2022年2月24日，随着俄乌争端的爆发，严重依赖石油资源的俄罗斯经济，将会在西方国家联合围堵下，面临严峻的挑战。

第三，加剧了国际金融市场的动荡。石油美元投放到国际市场之后，一方面充实了国际信贷力量，满足了许多国家对长、短信贷资金的需要；另一方面造成大量游资在各国之间流动，时而投资于股票，时而投资于黄金和各国货币，导致股票、黄金和外汇市场更加动荡不定。

对中国而言，随着中国市场经济的发展，中国经济和世界经济越来越紧密地联系在了一起。石油美元作为一笔巨额资金，对世界造成任何影响都将或多或少地影响中国。而且，由于中国经济的增长，中国已经从石油出口国转变成了进口国，世界石油价格的上涨中，中国经济也为石油美元支付了巨大的金额。此外，由于石油美元的存在，很多海湾流动资金参与到中国经济的投资项目，这给中国经济带来了巨大的泡沫，这同样是个值得关注的方面。

所以说，如何降低石油美元中的中国份额，将是一个长期的课题。

综上所述，黑金时代里，石油美元以及由此引发的环流，是一种早已引起关注的独特的国际政治经济现象。

一般认为，第二次世界大战后美国凭借政治经济霸主地位，使美元成为最重要的国际储备和结算货币。因此，美国能够开动印钞机生产出大量美元，并在世界范围内采购商品与服务。而其他国家需要通过出口换得美元以进行对外支付，因许多国家对进口石油的依赖，他们必须从外汇储备中拿出相当一部分支付给海湾国家等石油输出国。

　　而石油输出国剩余的石油美元，需要寻找投资渠道，又因美国拥有强大的经济实力和发达的资本市场，石油美元以回流方式变成美国的银行存款以及股票、国债等证券资产，填补美国的贸易与财政赤字，从而支撑着美国的经济发展。

　　美国以其特殊的经济金融地位，维持着石油美元环流，使美国长期呈现消费膨胀外贸逆差和大量吸收外资并存的局面，美国经济亦得以在这种特殊的格局中增长。

　　黑金时代里，石油美元特有的不对称性，导致其权利和义务分离，美国制造权利（美元），维护美元信用和威慑力（美元武力），石油生产国提供义务（石油），只要美国的武力仍然可以征服世界，持有美元就可以兑换任何人的石油资源。

　　通过锁定石油，美国人享受欠债填写美元支票的权利，负有维护美元信用和美元武力的义务。

　　只要世界的原油还在用美元交易，石油本位的美元就不会垮。

　　一旦美元换石油的权利受到侵害，美国有义务维护威慑力（美元武力）。所以尽管科威特、伊拉克战争让美国耗费巨大人力、物力，但是凡事挑战石油本位的活动，无一不受美国的重拳打击。

从目前的国际政治和经济形势中可以看出，只要有石油本位，美国就有可能集合全球的力量，定点打击任何挑战石油本位的一切活动。

至于有朝一日，美元可能因长期"风化"而走弱，即便如此，专家认为，将来几无可能再出现一种统治世界的信用支票。在这个过程中，有人提出将来会不会出现一种"世元"，从目前看来，"世元"只是人们普遍的一种构想而已，下一步如何实践，我们拭目以待。

【延伸阅读】

畅想"后黑金时代"

作为一种世界货币，美元的升值与贬值在一定程度上受制于市场经济，即由货币的供应和需求所决定；而原油作为一种不可再生的能源，是世界经济发展的动力和基础，没有其他有效能源可以替代。那么，美元和石油之间到底有没有关系？如果有的话，又是何种因素在潜意识地做出主导呢？

不可忽视的是，作为一种不可再生的资源，原油总有一天会消耗殆尽，而与之相生相克的美元，是否会随着"对手"的消失而长居跷跷板的底座或是高峰？

同样，如果美元持续贬值，使得原油生产商们不再受制于与美国的协议，采取以欧元等货币来对原油进行计价的话，那么美元的世界货币地位将很可能被其他货币取代。

为此，美元要想继续被万人所倚重，就必须采取有效措施，一方面让低迷的美国经济重振雄风，再展辉煌；另一方面美国必须明白"先知先觉"的道理，在原油并未真正消耗殆尽之时，寻觅一种新的资源来取而代之，就像1971年原油代替黄金那样。

实际上，以上两点，从长期发展来看美国都难以实现。尽管，在黑金时代尚存的今天，天然气有时被比喻为石油的迟暮担当，但总体而言，天然气和石油一样，总是有数量限制的。于此一想，当黑金时代渐行渐远时，接下来将迎来什么时代？

第三节　碳金时代

"碳金时代"的提法尚不多见，因为碳金时代尚未到来。但是，随着生态经济专家对"碳金"问题的提出，2021年在某种程度上被称为是中国"碳金"经济的元年,"碳金"一词也必将被国人逐渐熟知,碳金时代也或将渗入大众生活点滴之间,就像过去的石油、今天的天然气一样,越来越多地影响着人们生活的方方面面。

一、"碳经济"演绎时代主题

根据联合国政府间气候变化专门委员会(Intergovernmental Panel on Climate Change, IPCC)的定义,碳中和(Carbon Neutrality)、气候中性(Climate Neutrality)与二氧化碳净零排放(Net Zero CO_2 Emissions)的含义一致,表示在特定时期内,全球人为二氧化碳排放量与二氧化碳移除量相平衡的状态。2015 年,《巴黎协定》提出了"2100年将全球平均气温升幅与前工业化时期相比控制在 2℃以内,并将努力把温度升幅限定在 1.5℃以内"的目标和"全球温室气体排放尽快达峰,到 21 世纪下半叶实现全球净零排放"的目标。2018 年,IPCC 发布的《全球升温 1.5℃特别报告》指出,目前各国的减排承诺仍不足以实现《巴黎协定》将全球平均气温升幅控制在 2℃以内的目标,全球应在土地、能源、工业、建筑、交通、城市等方面进行快速而深远的转型,到 2030 年全球二氧化碳排放量应比 2010 年下降约 45%,到 2050 年达到"净零"排放。

2020 年以来,尽管全球各地都受到了新冠疫情的巨大冲击,但各国仍然没有忽视应对气候变化这一长期重要任务,多国陆续提出了"碳中和"目标。9 月 22 日,我国国家主席习近平在第七十五届联合国大会一般性辩论讲话中宣布:中国将提高国家自主贡献力度,采取更加有力的政策和措施,二氧化碳排放力争于 2030 年前达到峰值,努力争取到 2060 年前实现碳中和。我国作为当前全球碳排放量最大的国家,此次明确提出碳中和目标对于全球应对气候变化进程具有重要意义。

在我国提出碳中和目标后,日本和韩国也紧随其后,陆续明确提出碳中和目标时间表。2020 年 10 月 26 日,日本时任首相菅义伟在众议院正式会议上发表了就职后的首次演说,宣布日本将在 2050 年实现碳中和,首次明确提出实现碳中和的时间表,提高了日本的气候目标。此前在 2019 年,日本的承诺为"到 2050 年将排放量减少 80%,并争取在 21 世纪后半叶尽早实现净零排放",日本政府还表示将尽快讨论实现 2050 年碳中和目标的路线图,在年底前制订具体实施计划。2020 年

10月28日，韩国总统文在寅在国会发表施政演讲时称："将与国际社会一道积极应对气候变化，朝着2050年实现碳中和的目标进发。"

中国在控制温室气体排放方面承担着巨大的压力，责任在于企业，出路也在于企业。同时，国家在用行政手段减排的时候，更应为企业节能减排提供好的政策刺激和市场环境。对企业而言，不应只是被动地服从国家的节能减排要求，而应该与政府展开更多的互动，积极参与。

二、碳金时代迎面走来

"低碳经济不应该被神秘化，减少碳排放应成当务之急。"亚太环境与发展论坛中国委员、国家环境保护总局原副局长王玉庆在一场专题论坛上表示。

据中金研究院发布：2019年中国人均碳排放7.1吨，美国人均碳排放16.1吨。中国2030年碳达峰，2060年碳中和，美国、欧盟早已过了碳达峰，承诺在2050年实现碳中和。美国碳排放指标现在交易价格每吨100美元，欧盟碳排放指标期货价格每吨50欧元，2021年7月16日，中国首次碳排放交易14万吨成交额709万元人民币。

从以上数据和态势分析及全球顶级专家预估，全球性节能减排，清洁能源的规模性入市，石油需求将逐步下降，2030年中国碳达峰时，全球碳排放指标交易将超过石油交易，成为全球最大的交易商品，世界范围内黑金时代将走向没落，碳金时代正大步走来。

【延伸阅读】

"双碳"经济带来的新经济持续增长

2022年3月31日，国海富兰克林基金发布旗下基金产品2021年年报。

国海富兰克林基金权益投资总监赵晓东表示，环览全球经济，预计在2022年依然会保持较好的增速，虽然美国开始进行货币收紧，但在经过疫情后经济增长逐渐常态化，使得经济增长更具持续性。但从中长期投资的角度看，中国的资本市场依然具有很强的吸引力，"双碳"经济带来的新经济的持续增长会成为市场的重要方向。（资料来源：《中国证券报》）

三、碳金前行　绿色当道

2020 年初，新冠疫情的爆发为全球经济按下了"暂停键"，全球经济活动迅速减少，此次疫情对全球经济的冲击甚至超过了 2008 年的全球金融危机。

为了应对疫情带来的冲击，全球各个国家和地区的焦点都集中于经济复苏，而与此同时，令人欣喜的是，各国仍然没有忽视应对气候变化这一长期重要任务，多国陆续提出了碳中和目标，并且已有众多国家将"绿色"融入疫情后的经济复苏计划中，纷纷出台"绿色复苏"方案。附载于碳中和之上的碳金时代似成全球趋势，同时推动着全球绿色发展持续扩张。

当前，全球已有部分国家和地区率先实现了碳中和，部分国家和地区已将碳中和目标写入法律或在立法进程中，同时也有越来越多的国家开始陆续提出碳中和目标的时间表和路线图。据不完全统计，全球有 120 个国家和欧盟正在努力实现到 2050 年温室气体净排放为零的目标，随着气候变化问题日益严峻，碳中和已成为全球趋势。

根据能源和气候信息小组（Energy & Climate Intelligence Unit，ECIU）发布的全球净零排放跟踪表，目前已实现碳中和的国家包括不丹和苏里南，并已实现负排放；已将碳中和目标写入法律的国家和地区包括瑞典、英国、法国、丹麦、新西兰和匈牙利，在立法进程中的包括韩国、西班牙、智利和斐济等，其中瑞典实现碳中和的目标时间为 2045 年，其他国家和地区为 2050 年；芬兰、奥地利等 14 个国家和地区已宣布碳中和目标。除此之外，乌拉圭、意大利等 100 个国家和地区的碳中和目标正在讨论中。

四、各国发展　一声长"碳"

为应对新冠疫情带来的经济放缓，世界各国都开始引入经济刺激措施。为了避免世界从一场危机（新冠疫情）步入另一场危机（气候变化），国内外关于"绿色刺激"和"绿色复苏"的呼声越来越高，已有众多国家和地区提出了绿色刺激方案。

中国：2020 年 9 月 22 日，国家主席习近平在第七十五届联合国大会的讲话中除了宣布我国 2030 年前碳达峰和 2060 年前碳中和的目标外，同时也强调了疫情后的绿色复苏："这场疫情启示我们，人类需要一场自我革命，加快形成绿色发展方式和生活方式……各国要树立创新、协调、绿色、开放、共享的新发展理念，抓住新一轮科技革命和产业变革的历史性机遇，推动疫情后世界经济'绿色复苏'，汇聚起可持续发展的强大合力。"而此前我国提出的"新基建"七大投资领域也包含着大量的绿色元素，一是"新基建"中的城际高速铁路和城际轨道交通、充电桩以及特高压等，这些内容本身就属于发展改革委等七部委联合印发的《绿色产业指导目录（2019 年版）》以及目前正在执行的相关绿色标准中的项目，属于绿色产业的范畴；二是 5G、人工智能、工业互联网等技术可用于产业增质提效，是发展绿色产业不可或缺的要素。根据兴业研究宏观团队的估算，2020 年"新基建"七大投资领域的投资规模预计在 2.17 万亿元左右，其中，可以明确归为绿色"新基建"的城际高速铁路和城际轨道交通、新能源汽车充电桩以及特高压三大投资领域的投资规模预计为 1.42 万亿元，在总投资规模中占比高达 65%，若是考虑到 5G、人工智能、工业互联网等技术对各产业的提质增效，以及对绿色产业发展的推动作用，"新基建"中绿色成分的占比应该更高。

欧盟：2020 年 11 月 10 日，欧盟委员会就总额为 7500 亿欧元的"欧盟下一代"复苏计划和 2021—2027 年 1.074 万亿欧元的强化版中期预算（共约 1.8 万亿欧元）提案达成协议，以帮助整个欧盟地区在疫情后实现绿色化和数字化复苏。该提案首次提出是在 2020 年 5 月，当时欧盟官员表示这一揽子复苏计划中 25% 的资金将用于气候友好型领域，而在此次达成协议的最新版方案中，欧盟明确将用于应对气候变化资金的比例提高到了 30%，这是有史以来欧盟预算中气候资金的最高比例，同时该复苏计划还特别关注生物多样性保护和性别平等。此外，在这 1.8 万亿欧元一揽子计划中，超过 50% 的资金将通过以下三个方面来支持欧盟的现代化：通过"欧洲地平线"计划支持科研与创新；通过公正过渡基金和数字欧洲计划支持公平的气候和数字转型；通过设施恢复与复原计划、欧盟民事保护机制和新的健康计划来提升欧盟的预防、恢复能力与韧性。

德国：2020 年 6 月 3 日，德国政府通过了规模达 1300 亿欧元的一揽子经济复苏计划 2020—2021 年，包括降税、5G 建设、行业扶持、居民补贴等措施。其中，500 亿欧元被命名为"未来方案"（Future Package），聚焦于"气候转型"和"数字化转型"，将用于推动电动汽车、量子计划和人工智能等技术发展中，其中涉及应对气候变化的多项举措包括电动交通、氢能、铁路交通和建筑等领域。如德国将把每辆电动汽车的补贴增加一倍至 6000 欧元，对插电式和混合动力车的补贴总计达 22 亿欧元，有效期到 2021 年 12 月；投资 25 亿欧元用于充电设施和电动交通、电动电池的研发；车辆税将更关注乘用车的二氧化碳排放，以扶持低排放和零排放车辆；同时还将为汽车行业注入 20 亿欧元，将工厂升级为电动汽车生产线。6 月 10 日，德国政府通过国家氢能源战略，旨在支持"绿色氢能"扩大市场，为支持这一战略，德国政府将在现有基础上再投入 70 亿欧元用于氢能源市场推广，另外 20 亿欧元用于相关国际合作。

法国：2020 年 9 月，法国宣布了一项 1000 亿欧元的经济刺激计划，以从新冠疫情造成的破坏中恢复经济，在该项经济复苏计划中，300 亿欧元将用于环境友好型能源。根据法国的经济刺激计划，在氢能源方面，政府将投资 20 亿欧元以扩大绿色氢能行业，从而在 2050 年之前实现碳中和，这笔资金将用于协助公司执行与氢能解决方案相关的项目，并推动氢能行业的发展；在节能建筑领域，政府将投资 60 亿欧元，其中 40 亿欧元用于资助公共建筑的能源系统升级，从而减少该国的整体温室气体排放量，20 亿欧元用于在未来两年法国私人建筑的能源系统升级；在工业节能方面，法国将为工业部门的脱碳拨款 12 亿欧元，工业排放占法国温室气体总排放量的近 20%，此项投资将用于支持工业行业对节能设备的使用和投资；在绿色基础设施方面，法国政府将为国内绿色基础设施和交通项目提供 12 亿欧元资金，用于开发可减少温室气体排放的交通项目和公共交通服务。

英国：英国政府于 2020 年 7 月发布了 300 亿英镑的经济复苏计划，其中 30 亿英镑专用于气候行动。该计划包括：将提供超过 20 亿英镑的资金支持房主和房东在 2020—2021 年提高房屋的能源效率，以满足英国应对气候变化的雄心，这笔资金可以提供超过 10 万个绿色工作机会；为了实现公共部门的脱碳计划——清洁增长战略目标，即到 2032 年将公共部门的温室气体排放量减少一半，英国将在 2021 年向公共部门投资 10 亿英镑，以资助能源效率和低碳热能升级；向绿色就业挑战基金投资 4000 万英镑，用于环境慈善机构和公共机构在英国创造和保护 5000 个工作岗位；将提供 1 亿英镑的新资金用于研究和开发直接空气捕集技术，这是一种新的清洁技术，可以从空气中捕集二氧化碳；支持汽车转型基金，基于上年宣布的高达 10 亿英镑的开发和嵌入下一代尖端汽车技术的额外资金，政府将立即拨款 1000 万英镑用于第一轮创新研发项目，以扩大电池、发动机、电子和燃料电池等最新技术的生产规模。

韩国： 2020 年 7 月 14 日，韩国总统文在寅宣布了一项总额达 160 万亿韩元（约 1300 亿美元，包括私人和地方政府支出）的"新政"。其中包含一项金额达 42.7 万亿韩元（约 350 亿美元）的"绿色新政"，以促进可再生能源的部署和低碳基础设施，具体包括到 2025 年太阳能和风力发电装机量从 2019 年的 127 亿千瓦增加到 427 亿千瓦，并将在 22.5 万座公共建筑上安装太阳能电池板；到 2025 年，有 113 万辆电动汽车和 20 万辆氢能汽车上路，并将建设 1.5 万个快速充电站、3 万个标准充电站和约 450 个氢燃料补给装置等。

美国： 美国尽管尚未明确提出绿色复苏计划，但拜登此前已阐述了其新冠疫情后的经济复苏计划，该计划主要包括四大支柱，其中第二大支柱关注提升经济在长期的韧性，强调通过发展清洁能源和可持续基础设施等措施为应对气候危机做好准备。同时，拜登还提出了"绿色新政"作为其应对气候挑战的关键框架，同时也称为"清洁能源革命与环境正义计划"，涉及能源转型与环境保护的各个方面，主要包括五个方面的具体计划与措施。一是确保美国在 2050 年之前实现 100% 的清洁能源经济和净零排放，其中包括对 2050 年实现净零排放目标进行立法，在未来 10 年对能源和气候领域的研究与创新提供 4000 亿美元投资，在整个经济中部署清洁技术等；二是建设一个更加强大和更具韧性的国家，拜登上任后将立即推动对智能基础设施的投资，以确保建筑、水、交通和能源基础设施能够抵御气候变化的影响；三是团结世界其他国家应对气候变化的威胁，拜登此前已承诺在上任第一天就会签署行政令宣布美国重返《巴黎协定》；四是坚决反对污染者滥用权力而使得低收入社区受到更大的环境危害，拜登政府将提出解决环境不公平问题的解决方案；五是履行帮助受能源转型影响的所有工人和社区的义务。

第四节　从碳金到碳金融

面对碳金时代，行业和企业都可以善假于碳金，企业节能减排、升级改造等结余的碳排放指标、企业植树造林等生成的碳排放指标，都可以通过"国家碳交易所"交易，由此，碳金融大行其道。

关于碳金融，从小的层面来说，相关企业在按照国家政府所设置或者所分配碳排放权在市场进行交易的一种金融活动。从大的层面来说，减少碳排放为起点的直接投资和融资、碳金融衍生品和附加品、碳排放权额度交易等所有服务于降低碳气体排放的金融活动就是碳金融。

早年的时候，就已经有全面限制碳排放及其他温室气体排放的国际公约。在此基础上，出台了一系列的为减少碳排放的合作机制，这相当于是碳金融交易市场的催化剂。目前，全世界的碳金融市场已经拥有较大较完善的规模了。

一、与现货市场相辅相成

碳金融交易有非常强的金融属性，如果引入碳债券期货等金融产品交易，就可以更好地对现货市场的价格和风险进行分析和管理。若碳金融成品不断衍生加入现货市场，就可以提高市场的活跃性，有利于逐渐完善和形成行之有效的市场定价制度。

现货市场也将反馈碳金融交易市场。碳金融交易市场将作为现货市场的重要的不可或缺的一部分，现货市场可以集中整合市场并且提供高效、透明、权威的供求信息，解决参与者信息不对称的问题。同时还可以进一步推动碳金融交易市场高质量、有效的碳定价，完善市场机制。

现货市场将促进碳金融交易市场的碳排放权转化，不断地扩大碳市场的饱和度和范围。这样就可以促使碳金融交易市场中的投资主体，不仅持有现货还可以持有期货合约实现跨越投资。这样就可以做到一边满足社会各层面资本对碳金融资产的规划配置和交易需要，一边也可以满足不影响降低和限制碳排放企业在碳金融市场的交易。

碳金融交易市场还促进了现货市场的发展，它将吸引更多的社会资本投入和资金引导流入碳金融交易市场和拥有碳排放权、碳排放额的公司当中。

举个例子来说，碳金融衍生产品中最基础、最常见且发展较为成熟的就属碳排放权期货了。它不仅可以利用其他资产组合建立不同的收益构造，还可以为碳金融相关企业带来红利，并且刺激市场化的约束制度。这样高效诱人的吸引力，使得许多社会资本对碳金融产业进行投资，最终实现碳减排和经济低碳的转型升级。

二、我国碳金融市场前景可观

有相关的机构统计报告中提到，我国的碳排放交易贷款量已经站在了全球首位，贷款余额已达到了 10 万亿元甚至更高。我国的碳排放债券市场自启动以来，发行规模一直保持在 2000 亿元左右，也位居世界前列。

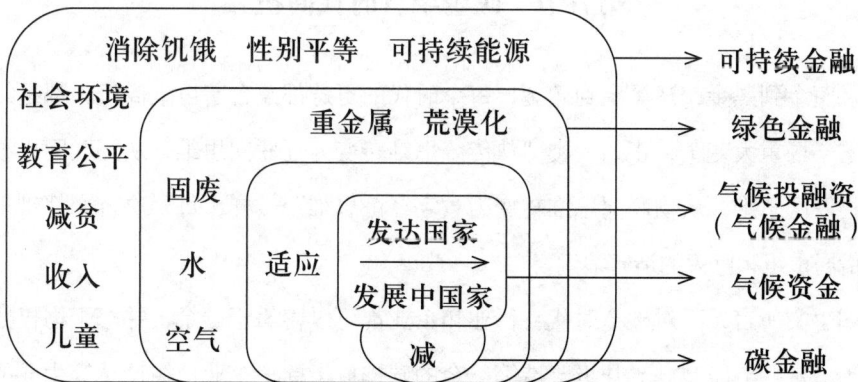

气候投融资与相关概念的关系

因为碳金融市场不断持续保持扩大的趋势，碳金融产品持续衍生和不断完善，推动了我国碳市场的从无到有的转变和极大满足了市场交易的多样化需求。

作为全球碳排放前列大国之一的中国，碳金融交易市场的出现和不断扩大，将在一定程度上为我国经济结构调整和发展方式转变助力，还将持续推动社会可持续发展，并将促成我国建立统一的碳排放交易市场和具有国际地位及影响力的碳金融交易中心。

国家有关部门发布的相关通知就印证了上面所说，京、津、冀，上、广、深等地成为第一批碳金融交易的试点。推动碳债券、碳基金、碳排放配额等创新性的措施，而后建立福建省碳排放交易市场。

展望碳金融，当然不仅仅是助力碳市场，甚至整个金融交易市场都会受到影响。从地理来说，它可以从地域到全国、从国内对接到海外市场；从产品来说，可以从单一的碳排放权交易现货到期货、各种衍生品出现，它可以涉及多个行业，可以发展多元化市场主体。

我国在实现基本覆盖全国的碳排放交易试点的同时，实施了标准统一的碳排放交易制度。随着这一趋势，我国碳市场系统已基本建设完成，交易环境也基本完善，碳金融交易市场的前景非常可观。

第五节 碳金孕育时代商机

从黄金到黑金，从黑金到碳金，每个时代的更迭都蕴含着巨大商机，都是经济业态的一场重大变革，正如人类"从传统思维转变为互联网思维，从互联网思维转变为物联网思维，从物联网思维转变为数字经济思维"一样，每一次转变都带来了经济格局重组和巨大的造富浪潮。

如上文所言，面对碳金时代，行业和企业都可以善假于碳金，并基于物权数字化理论，企业节能减排、升级改造等结余的碳排放指标、企业植树造林等生成的碳

原生工具
- 配额现货
- 减排量现货
- 碳债券
- 碳基金

碳金融工具

衍生工具
- 配额／减排量远期
- 配额／减排量期货
- 配额／减排量期权
- CCER 和配额置换

创新工具
- 碳质押／碳抵押
- 碳配额回购
- 碳托管（借碳）
- 碳信托
- 碳保险／保证／担保
- 减排信用的货币化／证券化

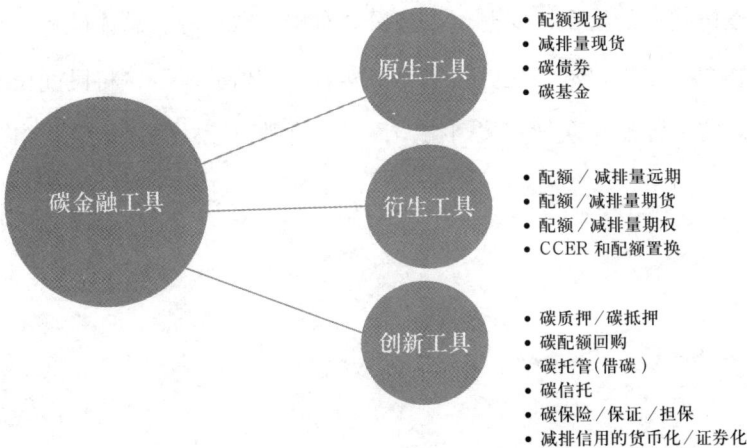

排放指标，经物权数字化的理论实证，这些企业的自有指标都可以"典当"、置换为共有碳排放指标，都可以通过"国家碳交易所"交易、物权数字化（经纪）平台等渠道开展交易。

现在，随着碳金融试点地区的不断建立，不断完善的碳金融市场，不断推出的碳金融产品，这都非常有力地支持碳交易。在全国碳金融交易市场逐步建立稳定之后，能够在可控的风险条件之下，逐渐地将准入"门槛"降低，让银行、保险、经纪等机构积极参加碳交易。

这样就可以为投资者提供专业的服务并且为碳金融发展提供专业的长期投资，逐渐扩大投资者数量，保护投资者权益。举个例子，银行可以将碳金融产品放进抵押担保范围，保险企业可以利用创新性思维推出关于碳交易的碳保险产品。

在这些碳金融不断发展衍生品的时候，衍生品的层出不穷会导致金融行业的复杂和混乱。如果碳金融交易市场出现过多的投资，就容易导致许多价格操控和私下内幕交易等违法行为。

因此，在碳金融交易市场，可以促进相关政府部门以及企业协会对整个金融行业的监管。可以推动建立金融行业信息公开、透明的管理制度，保证可以及时公布权威、高效、透明的供求信息，以及整个金融行业交易市场的公平、公正、公开，让每个金融企业都可以充分竞争。对此，本书将在后面的章节中专门论述。

　　总之，按份共有的物权，同时可以按份共有碳排放指标，总体碳指标交易，都可以对标物权，按物权数字化的技术路径实现"按份分享"，将民间投资渠道多元化、清晰化，降低大众投资"门槛"，寻常百姓可以从物权数字化中分享碳金时代的红利。

第二章

碳金资产横空出世

去来固无迹，动息如有情；

日落山水静，为君起松声。

——（唐）王勃

一说"资产"，人们脑海中立即弹跳出财产、金钱、资本、资金等与经济相关的概念。没错，资产的一般性解释就是指企业、自然人或其他市场主体拥有的或者控制的、能以货币来计量收支的经济资源。换言之，任何营商单位、企业或个人所拥有的、各种具商业或交换价值的东西。

在会计学中，"资产"是会计最基本的要素之一，与负债、所有者权益共同地构成会计恒等式：资产＝负债＋所有者权益。由此更可简单地表述为：资产就是能把钱放进你口袋里的东西，而负债是把口袋里钱的金额开个收据给别人，资产因此就有了"正资产"和"负资产"之别。除此之外，不同的分类标准，还有不同的资产说法，比如有形资产和无形资产、流动资产和固定资产、现有资产和递延资产，等等。

具体到碳金时代，无论是资产的预期收益还是资产的实际控制，无论是碳市场主体对资源的控制还是碳项目交易后的效益形成，"碳资产"都是一个绕不开的概念和价值要素。

第一节　碳排放"逼"出碳资产

人类在活动中，无时无刻不在产生碳，只不过是来源不同，有的来自传统化石能源的生产和使用，有的来自工业制造，有的来自人们的生活方式。

在前碳金时代，人们在不同领域所释放的二氧化碳释放了多少，人们不很在意，也没有多少人想到这些被释放的碳能变废为宝。现在不一样了，人们可以通过技术计量等手段，将其开发成为不同的碳产品，也就是说，人们将碳从"负担"转化为"资产"。再从社会发展的角度看，在环境合理容量的前提下，政治家们人为规定包括二氧化碳在内的温室气体的排放，这种行为必须受到限制，由此导致碳的排放权和减排量额度（信用）开始稀缺，并成为一种有价产品，我们就称之为碳资产。

比如一个人开什么档次的汽车，每百公里烧多少油、排多少碳，算出这些数字，减少一次开车就减少了一定量的碳排放。再比如最简单的开发票，过去用纸，现在用电子发票就可以省碳，就可以把省下来的碳转化为碳资产。

广义碳资产

碳资产类别	具体资产形态	持有目的
流动资产	煤炭、石油、天然气高碳资产,以及由此转化而来的电力、热力等二次能源资产	有形物质形态,参与生产经营
	光伏、风电、水电、核电等低碳资产	
固定资产	为节能减排、控制温室气体排放而购置的专用设备	实施长期减排战略的物质基础
无形资产	自主研发或购买的低碳技术,行业领先的低碳管理方法,绿色低碳领域积累的企业品牌、声誉和影响力	低碳时代价值链创造的核心竞争力
金融资产	基于碳排放权的碳配额和碳减排产品	控排企业履约、抵质押融资、碳市场交易获利
	碳期货、碳远期、碳期权等金融衍生品	碳产品价格风险规避,以投资为目的的交易获利
	碳信贷、碳债券、碳基金、碳托管等直接和间接投融资项目	推动环境治理,获得资本利息和项目收益

其他领域也是一样,可以开发出不同领域的碳产品并形成碳资产。作为政府来说,应该大力和加快推出相应鼓励政策和制度,把这些减下来的碳作为专项碳产品给这些个人和单位赋予碳价值。鼓励和推动全社会每一个人都成为减碳的行为主体,绿色低碳的生活方式就一定能够更快形成。

自愿减排领域的碳产品开发涉及城市、开发区、工业区,涉及各行各业、不同单位、企业、学校、医院、事业机关以及社区方方面面都有减碳的空间价值,都可以开发出不同的碳品种,形成碳资产。

在这里,我们必须明白一个道理:碳资产的形成背景是碳释放的增加,在一定意义上说,碳资产的多少与碳排放的多少,基本是呈正相关的。作为一种课题,我们一方面希望引导人们关注碳资产的利用和开发,另一方面作为一种全体性的"社会忧虑",我们更多的是希望人类的碳减排活动纵深推进。

众所周知,近年来,一系列匪夷所思的极端天气事件在世界各地频频发生:2019 年持续 4 个月的澳大利亚山火,历史性高温席卷北美,数百人丧生,大家记忆犹新的河南省历史罕见的极端强降雨,西欧突发强降雨引发洪灾致 200 多人遇难,等等。

《中国新闻周刊》此前报道："极端"的特殊天气如今却已逐渐常态化，人类碳减排几乎到了刻不容缓的地步。

一、世界各地陷入水与火的两重天

1. 澳大利亚持续了 4 个月的山火

2019 年 9 月，澳大利亚的一场山火开始燃烧，一烧就是 4 个月。山火的覆盖面积超过 600 万公顷，相当于烧了半个江苏、三个北京、两个比利时、一个克罗地亚。大火燃烧的海岸线长度，则差不多是广东深圳到浙江嘉兴的距离。火势是 2018 年美国加州森林大火的 6 倍，也是 2019 年亚马孙森林大火的 5—6 倍。这场山火可以说是 21 世纪以来最大的火灾，其罕见的大火程度，几乎要吞噬掉整个澳大利亚。

2. 历史性高温席卷北美，数百人丧生

2021 年 6 月，历史罕见的热浪席卷了太平洋北部大部分地区，华盛顿州、俄勒冈州和加拿大都出现了创纪录的高温，热浪致数百人丧生。其中美国西北部俄勒冈州最大城市波特兰连续三天刷新气温纪录，最高达 46.7℃；华盛顿州部分地区气温高达 47.8℃；加拿大西南部地区气温高达 47.5℃，创下加拿大历史最高气温纪录。

3. 河南千年一遇的水灾

2021 年 7 月中旬，受台风"烟花"影响，一场灾难级的暴雨突如其来袭向郑州。从 7 月 18 日开始，河南的天空仿佛漏了一个大洞，暴雨倾盆。一个小时内，相当于 150 个西湖的降水量倒进了郑州。在随后的几天里，郑州、鹤壁、新乡等地降水量均达到 900 毫米以上，超过 10 个国家级气象观测站日雨量达到有气象观测记录以来的历史极值。

此次特大洪涝灾害共造成 302 人死亡，50 人失踪。超过 1481 万人遭受此次洪涝灾害，造成的直接经济损失逾 1337 亿元。

而在"烟花"之后，台风"查帕卡"又紧随而来，扰动沿海地区。

4. 西欧洪灾超 200 人死亡，德国灾情惨重

2021 年 7 月中旬，欧洲多地持续暴雨引发大规模洪涝灾害。在受灾最严重的德

国西部，洪灾已夺走至少 157 人的生命，死亡人数远超 2002 年的"世纪洪水"，德国民众称之为记忆中最严重的洪灾。此外，比利时也有至少 31 人死于洪灾，瑞士、卢森堡和荷兰也受到了影响。

滔天的洪水还造成房屋冲毁、铁路交通大面积中断，受灾地区的电力和通信网络也陷入瘫痪。

二、1.5°C 的气候"临界点"

近年来频频发生的极端天气事件并不是孤立存在的，而是全球气候系统受到破坏、全球气候变暖的不同表现。

根据联合国世界气象组织的研究分析，与 19 世纪的工业革命刚开始时相比，如今的全球平均温度已经升高了 1.2℃。

仅仅是升高 1.2℃，就会带来这么大的影响吗？

答案是肯定的。

研究表明，温度每上升 1℃，空气中能吸收的水分会平均增加 7%。简单来说就是，随着气候变暖，大气层在饱和前，可容纳更多水汽。这样的结果就是，暴雨在短时期内就能带来极端降雨量。西欧发生严重洪涝灾害，我国河南出现的特大暴雨，都是极端强降水事件频发的具体表现。

除此之外，气候变化还将导致更剧烈的干旱、沿海地区持续的海平面上升、永久的冻土融化、海洋酸化等一系列不利于人类生存的变化。

2015 年国际一致达成的《巴黎协定》，呼吁将全球升温幅度控制在 2.0℃以内，并努力将气温上升限制在 1.5℃以内。

1.5℃的"门槛"是一个关键的全球目标，超过这个水平，就可能到达所谓的气候"临界点"。

20 年前，IPCC 提出了气候"临界点"的概念，即全球或区域气候从一种稳定状态到另外一种稳定状态的关键"门槛"，如果这一临界值被打破，地球生态系统将发生永久性转变。

地球升温 2℃，我们将面临热带珊瑚礁的死去和海平面上升几米。

地球升温 3℃，北极的森林和多数沿海城市将不复存在。

地球升温 4℃，欧洲将永远干旱，中国、印度大部分地区将变成沙漠，美国将不再适合人类居住。

地球升温 5℃，一些科学家认为，这该是人类文明的终结了。

三、拯救行动刻不容缓

我们知道，二氧化碳浓度急剧上升是全球变暖的原因。这是因为二氧化碳气体具有吸热和隔热的作用，当它在大气中占据更多的含量时，就会像一个隐形的保护罩一样，把地球的热量保护起来，长此以往最终促成全球变暖。

《科技日报》上的一项研究表明，地球大气中二氧化碳的浓度已经达到 2300 万年来的最高值。更严重的是，二氧化碳浓度似乎没有减缓，可能还会继续上升。这也必将导致全球温度的进一步升高。

联合国已经发出历年来最为严厉的一次报告，向全世界发出警告：如果不立即、迅速和大规模地减少温室气体排放，《巴黎协定》1.5℃的目标将无法实现。

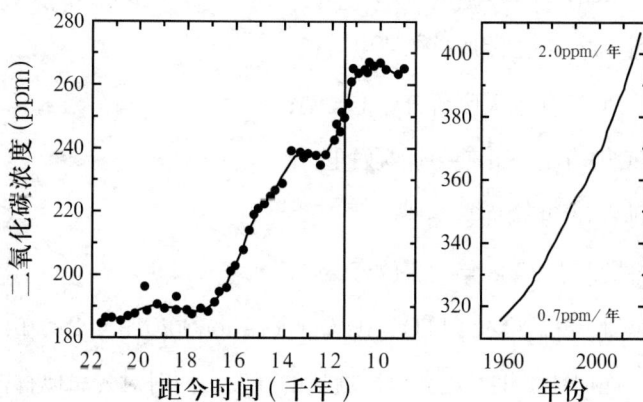

末次冰期结束时二氧化碳　　　现代二氧化碳

资料来源：《科技日报》消息：地球大气中二氧化碳的浓度已经达到 2300 万年来的最高值。更严重的是，二氧化碳浓度似乎没有减缓，可能还会继续上升。

应对全球气候变化问题已经不是遥远的长期计划，而是当务之急。

联合国呼吁，全球各国各个层面都应"迅速而广泛"地改变，大力发展可再生能源，并且立即开始迅速放弃化石燃料，到 2050 年左右停止向大气中排放二氧化碳。

目前，全球很多国家已经宣布彻底关闭煤电发电厂的时间表：

西班牙电力集团计划到 2020 年完全关闭燃煤电厂；

法国计划到 2021 年关闭所有燃煤电厂；

英国决定在 2025 年前关闭所有煤电设施；

荷兰将从 2030 年起禁止使用煤炭发电；

芬兰打算到 2030 年全面禁煤；

德国宣布将最迟于 2038 年彻底放弃煤电；

日本伊藤忠商事株式会社（ITOCHU Corporation）2019 年 2 月 14 日发表声明，承诺将不再参与任何新燃煤发电和煤矿项目的开发，同时对公司现有煤炭资产进行严格评估并逐渐退出。

随着煤电比重的降低，水力、太阳能及风力等可再生能源发电量占总发电量比重需要剧增。

在诸多可再生能源中，不会产生任何污染且成本相对较低、维护相对简单的太阳能越发受到了世界各国的关注。

IRENA 曾发布报告称，如果能够在 2050 年实现全球光伏装机 8.5 太瓦的目标，届时全球二氧化碳排放量将减少 4.9 吉吨，占整个能源行业减排量的 22%，抵御全球性气候变暖问题的机会将大大提高。

在光伏清洁能源的发展方面，我国的努力和成绩尤为亮眼，多年以来在光伏应用的规模、光伏技术的升级以及光伏产品的出货量方面均保持世界领先地位。

同时，我国还创新性地将光伏应用与农业、治沙、渔业、旅游等结合，在发展清洁能源的同时，为百姓实现增收，实现生态效益和经济效益的双重利好。

近年来，中国光伏产业的迅猛发展也引领了世界能源的变更，各国都出台了相应的产业支持政策，以支持本国光伏行业发展。

根据欧洲光伏产业协会（European Photovoltaic Industry Association，EPIA）的数据，从 2000 年至 2017 年，全球累计装机容量扩张 320 倍，光伏行业发展速度在各种可再生能源中位居第一。

全球能源版图正发生着巨变。太阳能的发展将为应对全球气候变化提供强有力的支撑。

人类减碳行动任重道远，但越来越频繁的灾害，已经向我们发出了严重警告，拯救行动迫在眉睫！

第二节　企业管理新项目

上一节我们说到，扩张性的人类活动导致了碳排放的激增，不但给人类家园造成巨大的威胁，同时也倒逼人类，在面对碳排放的现实困境中必须要有所作为，对此，除了上文所说的要积极"减排"外，同时还要积极"加戏"，化害为利，也就是要将碳负担转化为碳资产、碳价值。如果说碳控排、碳压缩做的是减法，那么碳中和、碳开发做的就是加法。因此，做好这道"加法题"，我们没有旁观者，尤其对企业，更是中流砥柱。

何以如此？

因为，随着全球碳交易市场机制的不断完善，二氧化碳排放权已经成为一种商品，与有形商品一样由供求关系形成价格，从此具有了价值。从而有可能为企业带来预期的经济利益或形成企业的现时义务。所以，碳交易市场的不断成熟和完善，给企业碳资产管理提供了实践的必要性。

而碳排放权交易，是一种以市场机制为主要手段的温室气体减排活动，企业可以选择通过自身节能减排完成任务，也可选择购买其他企业富余的排放配额，来完成主管部门对本企业的排放总量控制。这种制度安排将促使整个社会的减排成本最小化，最低限度地减少经济转型的成本。因此，碳排放权应该看作为一种稀缺资产，可以在碳市场上进行交易，它是企业的隐形资产。

因此，企业必须树立低碳意识，将低碳资产视为常规资产加以管理。

【延伸阅读】

大型企业亟待建立碳管理制度

《中共中央国务院关于深入打好污染防治攻坚战的意见》中指出，支持有条件的地方和重点行业、重点企业率先达峰。国务院副总理韩正在碳达峰碳中和工作领导小组第一次全体会议上强调"要发挥好国有企业特别是中央企业的引领作用"。我国碳达峰目标实现面临时间紧、任务重、难度高的严峻形势，经济社会发展全面绿色转型是实现碳达峰、碳中和根本路径。循序渐进、有序推动经济社会发展全面绿色转型，应以企业为基本单元，以企业碳排放管理制度为突破口。（资料来源：《中国环境报》）

企业碳资产管理途径主要有三种：由控排企业自行管理、在集团层面成立专门的分公司或部门、交给第三方机构委管。目前，我国的五大电力（中国华能集团、中国电力投资集团、中国大唐集团、中国国电集团和中国华电集团）、"三桶油"

等能源央企，以及浙江省能源集团有限公司、申能（集团）有限公司等地方国企，纷纷打造了自己的管理平台。

以华能集团为例，其早在 2010 年便成立了华能碳资产公司，从事火电企业温室气体排放统计与分析，市场研究、交易策略制定、碳金融创新等代理交易，以及减排项目开发等工作。在自愿减排项目开发领域，该公司开发备案数及减排量备案数，占全国总量的近 10%；在碳金融方面，该公司发起设计了国内第一支商业化运作、第一支经证监会正式备案的碳交易基金——诺安资管——创赢 1 号碳减排专项资产管理计划。由此，碳资产真正"活"了起来。

不过，随着拥入者越来越多，良莠不齐的管理能力逐渐暴露。"近一年来，五花八门的碳交易员培训随处可见，数千家碳资产公司冒了出来，碳资产管理似乎没了'门槛'。"上述人士坦言，过去相对冷门的"碳圈"，突然成为热门之地。理论上说，只要完成工商注册等手续，碳资产公司就能开展业务。但实际上，碳资产管理非常专业，又涉及控排企业的真金白银，必须具备相应资质与能力。

一般认为，在做碳资源、碳转化初期，企业的主要任务是搭建制度框架，进行方法学研究，摸清家底、开展企业内部碳盘查，建立内部能源碳排放管理系统等基础性工作，需要统一协调、步调一致，这就要求企业碳资产管理机构采取充分的主动权，能够调动下属企业的积极性，以取得他们的绝对配合。

湖北经济学院低碳经济学院的专家黄锦鹏、齐绍洲等在《对企业碳资产管理的建议》中认为，随着企业更加深入地参与碳市场，企业的管理策略应更多地关注减排技术的开发利用和交易等环节，而这需要专业团队来运营。

一、碳资产管理并非简单的"一买一卖"

在碳市场的构成要素中，碳资产代表控排企业温室气体可排放量的碳配额，以及由温室气体减排项目产生，并经特定程序核证，可用于抵消企业实际排放量的减排证明。比如，电力企业参与全国碳市场，由主管部门统一下发初始配额，既是企业的排放权限，也是握在手上的资产。当实际排放量低于配额时，盈余部分即可交易，企业从中获益。碳配额作为一种稀缺资源，由此具备资产性质。

碳资产的用途不仅限于简单"一买一卖"。比如上述电厂获取的贷款，就是金融机构以主管部门核定的碳排放配额为质押，依托全国碳市场交易价格，评估企业碳资产价值，向符合条件的主体发放资金支持。除此之外，碳资产还可用于发债、碳基金、托管等。总之，通过有效的综合管理，可以盘活碳配额、实现保值增值，帮助企业开辟一条低成本、市场化的减排道路。

由于目前全国碳市场处在发展初期，碳资产还是新兴事物，企业若不具备专业管理能力，非但难以从中获益，反而有可能在碳市场中处于不利地位。例如，部分企业尚未合规开展燃煤碳元素实测，会采用惩罚性的高限值计算，排放量因此被高估 20% 以上。对于动辄百万吨级碳排放量的火电企业而言，碳配额管理不够精准，极有可能造成巨大损失。

有专家坦言，当前，多数企业仍停留在"被动"减排阶段，未能将碳资产真正管起来。管理不是单纯进行履约，而是结合自身碳资产现状，积极减排降低履约成本，充分利用金融工具，优化资源配置。

二、企业碳管理应随时优化

在全国统一碳市场加快建设的背景下，企业应沉着冷静、积极应对、提前布局、做好规划。在制定碳资产管理策略时，应把握"四个原则"，即基础性、专业性、全面性和前瞻性。一是基础性，现阶段的首要任务是搭建平台，摸清家底，从最基本的数据统计报送开始；二是专业性，碳交易是一项专门性的工作，有其特定的标准和规范，需要配备专业的人才队伍，初期的关键环节都要体现专业性，为后期打下基础，也可以减少很多不必要的麻烦；三是全面性，指的是在构建企业碳管理体系时要尽量全面，从方法学到数据报送、从能力建设到交易都需要考虑，但是在具体操作时要分清主次和轻重缓急，不可全面铺开；四是前瞻性，要围绕企业整体的战略目标制定相应的碳资产管理策略，同时做好跟踪研究，及时掌握全国碳市场的政策趋势，提前预判，随时优化调整。

在把握上述原则的基础上，可参考以下应对策略：

一是公司内部要做到"五个统一"。公司最高层应该把碳资产管理作为公司战略加以高度重视，在制度和组织上提供保障，统一领导、统一策略、统一数据、统一交易、统一履约。

二是建立健全企业碳管理体系。在整个公司层面建立碳管理体系是当前应对全国碳交易的重要抓手，制度体系建设由上而下，数据统计报送由下至上，双管齐下共同建立起碳管理体系，有效应对碳交易政策和市场环境变化。

三是积极参与全国碳市场建设。一方面要跟踪掌握国内外碳市场政策走向，及时把握政策方向；另一方面要按照国家和地方主管部门的部署，配合相关部门认真开展MRV［指碳排放的量化与数据质量保证的过程，包括监测（Monitoring）、报告（Reporting）、核查（Verification）］等相关工作。

四是主动参与碳市场政策的研究、讨论和制定。结合企业自身碳排放实际，分析现行国家碳排放管理体系和方法学对企业的影响，及时向主管部门反馈诉求和建议，并利用自身优势、行业平台等途径，参与全国碳市场政策的讨论和制定。

五是加强碳资产管理能力建设培训。积极组织企业相关部门参与专业培训，推动企业内部专职的MRV队伍建设，培养碳资产管理专职人员，切实提高从业人员的业务素养和工作能力，为全面参与全国碳市场提供人才保障。

【延伸阅读】

企业如何盘活碳资产

国家电投江西新昌发电厂2021年底获得500万元贷款，计划用于"上大压小"项目，减少污染排放，成为江西省电力行业首笔碳排放权质押贷款；浙江省属国企首笔碳排放权质押贷款落户浙江省能源集团乐清发电厂，3652万元可保障电厂营运资金需求，成本低于其他信用贷款方式；"西电东送"第二批电源点黔西电厂，以60万吨碳配额指标作为抵押，申请到中国民生银行2817万元低利率贷款……

2021年以来，多家火电企业以"碳资产"作为抵押申请贷款，解决了融资难、担保难等问题，授信"门槛"、融资成本较以往更低。真金白银的支持，让企业在履行降碳责任的同时尝到甜头。这样的碳资产由谁来管、如何管好，如何创造更多价值，成为企业集中面临的新课题。（资料来源：中国石油新闻）

三、控排企业的新作为

企业的碳资产管理主要包括摸清家底、降低排放和资产增值三部分内容，涉及企业内部各个单位的合作管理，其目的就是最终实现碳资产的增值。其中摸清家底和降低排放的实施，主要由生产部门负责，财务和投资部门负责减碳项目的投资计划和资产增值等工作。

减碳项目投资主要解决两个问题："为什么上减碳项目"和"怎么量化减碳项目的投资收益率"。

第一个问题其实就是解决到底是"上减碳项目"还是"去市场购买排放配额CCER（Chinese Certified Emission Reduction 的缩写，意为国家核证自愿减排量）"的问题。这个选择通过引入"减排边际成本"法来进行，当减碳项目的"减排边际成本"低于"市场碳价"时，应推荐减碳项目；当减碳项目的"减排边际成本"高于"市场碳价"时，如果不考虑其他因素，应推荐去市场购买所需排放配额或 CCER。

第二个问题的本质就是计算减碳项目的内部收益率，这里我们只需要把项目年减排量乘以市场碳价就可以估算出每年的减碳收益。

另外，很多通过节能来减碳的项目同时还有节能收益，综合这两部分收益以后就能计算出减碳项目的内部收益率（Internal Rate of Return，IRR）。

第三节　"第四资产"横空出世

碳资产指碳交易机制下产生的，代表温室气体许可排放量的碳配额，以及由减排项目产生并经特定程序核证，可用以抵消控排企业实际排放量的减排证明。

随着全球气候治理与节能减排的不断深入，以及碳交易的全球影响力不断扩大，碳资产也受到了广泛的重视，甚至有评论将碳资产列为"继现金资产、实物资产、无形资产之后第四类新型资产"。

既然碳资产是碳交易而成，因碳配额或碳信用具有了市场定价，那么优化碳资产的管理、盘活碳资产、实现保值增值、降低履约成本、提高经营效率，成为控排企业以及所有拥有碳配额、碳信用的市场主体的普遍需求。

前文提及，碳资产管理的业务模式各有不同，但总体看都体现着碳资产托管、拆借以及涉碳融资类业务，如碳资产质押 / 抵押贷款、碳资产售出回购、碳债券和碳资产支持证券等。

由专业机构进行碳资产管理，可以使控排企业在保证履约的前提下，降低履约成本、实现碳资产保值增值，并拓宽融资渠道。专业机构则可以借此获得充裕的碳资产头寸，为碳交易或其他碳金融业务提供便利。碳资产管理业务的发展能够提升碳资产的市场接受度，增加碳市场在非履约期的交易活跃度与流动性。

随着我国减排形势日趋严峻、排放约束不断收紧，同时碳市场的覆盖范围和总体规模日益扩大，碳资产受到了越来越多的关注，而盘活碳资产、实现保值增值，对于控排企业及其拥有碳信用的其他主体而言，也不再是无足轻重的因素。

在确保履约的前提下，优化碳资产的管理和使用，不仅能够降低企业碳排放履约成本，更能够为企业拓宽融资渠道、提高盈利能力。其中，加快启动全国统一碳市场、推出碳远期和期货等对冲工具、放宽金融机构的二级市场碳交易准入、培育碳资产管理专业机构，以及完善配套管理政策和操作指引，是推进碳资产管理业务健康、有序发展的必要条件。

碳资产的推动者是《联合国气候框架公约》的 100 个成员国及《京都议定书》签署国。这种逐渐稀缺的资产在《京都议定书》规定的发达国家与发展中国家共同但有区别的责任前提下，出现了流动的可能。

一方面，由于发达国家有减排责任，而发展中国家没有，因此产生了碳资产在世界各国的分布不同。另一方面，减排的实质是能源问题，发达国家的能源利用效率高，能源结构优化，新的能源技术被大量采用，因此进一步减排的成本极高，难度较大。而发展中国家，能源效率低，减排空间大，成本也低。这导致了同一减排单位在不同国家之间存在着不同的成本，形成了高价差。

发达国家需求很大，发展中国家供应能力也很大，国际碳交易市场由此产生。

然而与其他金融资产一样，碳资产的管理也对应着一定的市场风险，尤其是在碳市场启动初期碳价波动较大，碳资产保值增值的难度也更高，实体企业往往不具备相应的专业能力，在无法保证风险可控的情况下，参与碳市场的动力也不足。而由金融机构、碳资产管理机构等专业机构进行专业化的管理，能够大幅地提高企业碳资产管理能力、降低碳资产管理的成本和风险。

对于碳市场整体而言，这也能够提高碳资产的市场吸引力，一方面强化实体企业减排积极性，另一方面也使更多的碳资产加入碳市场的交易和流转，扩大碳市场流动性，并使碳金融体系更加丰富、更加完整。

第四节　林碳的价值归属

森林是自然宝藏，但公众对森林价值的认识基本停留在提供木材资源等朴素的感性认识上，对森林具有什么样的生态效益、这种效益到底价值几何，它与个人、社会又有何关系等，尚无清晰、明确的认识。

实际上，森林是陆地生态系统中最重要的储碳库，是实现碳资产功能的重要支撑力。

一、绿色财富　总价值超 25 万亿元

作为最公平的公共产品和最普惠的民生福祉，森林提供了涵养水源、保育土壤、固碳释氧等主要生态服务，在改善生态环境、防灾减灾、提升人居生活质量方面发挥了显著的正效益。

国家林业和草原局联合国家统计局启动的最近一期（第三期）中国森林资源核

算研究成果显示，全国林地林木资源总价值25.06万亿元，其中林地资产9.54万亿元，林木资产15.52万亿元。全国森林生态系统提供生态服务总价值为15.88万亿元。全国森林提供森林文化价值约为3.10万亿元。

国际竹藤中心主任及首席科学家、中国森林资源核算研究项目总负责人江泽慧在中国森林资源核算研究成果新闻发布会上介绍，研究成果主要包括林地林木资源核算、森林生态服务价值核算、森林文化价值评估以及林业绿色经济评价指标体系等四部分内容，总体情况如下。

一是我国林地林木资源持续增长，森林财富持续增加，为绿色发展奠定了重要的物质基础。第九次全国森林资源清查期间（2014—2018年），全国森林面积、森林蓄积量双增长，森林覆盖率从21.63%提高到22.96%。清查期末林地林木资产总价值25.05万亿元，较第八次清查期末2013年总价值净增加3.76万亿元，增长17.66%。清查期末我国人均拥有森林财富1.79万元，较第八次清查期末2013年的人均森林财富增加了0.22万元，增长了14.01%。天然林资源逐步恢复，人工林资产快速增长，"两山"转化的根基更加稳固。中东部地区林地林木资产价值快速增加，地方绿色发展的生态资本更加扎实。西部地区林地林木资产实物量、价值量比重最大，蕴藏着巨大的生态发展潜力。

二是"绿水青山"的保护和建设进一步扩大了"金山银山"体量，为推进新时代中国特色社会主义生态文明建设提供了良好生态条件。第九次全国森林资源清查期间的林业生态建设成效显著，进一步提升了全国森林生态系统服务水平。2018 年，我国森林生态系统提供生态服务价值达 15.88 万亿元，比 2013 年增长了 25.24%。

三是开展中国森林文化价值评估尚属首创。构建森林文化价值评估指标体系，创新性地提出了森林的文化物理量和价值量的价值评估法，并以此对全国森林的文化价值首次开展了计量评估。研究成果对传承与弘扬中华优秀传统生态文化，增强文化自信、文化自觉等具有重大意义。同时，可以应用于区域森林文化价值和政府生态文明建设成效评估、完善森林生态系统生产总值测算。

四是森林资源核算研究为编制林木资源资产负债表和探索生态产品价值实现机制奠定了重要基础。森林资源核算研究借鉴了当前国际上最前沿的环境经济核算理论和方法体系，同时紧密结合我国森林资源清查和森林生态系统服务监测实际，采用我国首次提出的森林资源核算的理论和方法，构建了基于我国国情的森林资源核算框架体系，在国内外该领域都具有明显的先进性、适用性，为建立我国环境经济核算体系、编制林木资源资产负债表和构建森林生态产品价值实现机制提供了重要参考。

二、森林碳汇　潜力不可估量

众所周知，森林具有多种功能、多种效益。在提供生态服务上，种类多样、核算复杂。该如何科学评价这些服务功能和效益，一直是世界各国学者研究的重要内容。但截至目前，在国内外都还没有形成一套完善、权威的方法体系。

中国森林资源核算研究，指标的选取其实是在借鉴美国、日本及联合国等较为先进的评价指标体系的基础上，主要考虑两个方面。

一是基于林业行业标准。通过十多年的研究探索，国家林业和草原局于 2008 年发布了行业标准《森林生态系统服务功能评估规范》，确定了 8 类 14 个主要服务指标的评估方法。

二是立足于目前研究与计量基础。综合了国内外最新研究成果，依据目前科学研究水平、技术手段和数据的可获得性选择的。

同时，还结合我国现行国民经济核算体系和国家森林资源清查现状，重点核算了森林资源存量中的林地林木资源和森林产出中的森林生态系统服务。

江泽慧介绍，在林地林木资源核算中，将森林资源资产分为培育资产和非培育资产。培育资产指人工培育为主的森林资产，包括人工林、苗圃、四旁树等。非培育资产指非人工培育为主的森林资产，即天然林。

在森林生态系统服务核算中，按照森林生态系统当期提供的服务流量进行核算，选择了森林涵养水源、保育土壤、净化大气环境、森林防护、森林游憩等7类13项服务指标。

这些指标反映的仅是森林生态系统所提供的主要服务，当然还有很多潜在的服务功能，比如森林的防护功能，不仅仅体现在农田防护和防风固沙方面，对房屋、道路、动物栖息地等，也有重要的保护作用；另外，还净化大气环境、降低噪声、滞雾霾等。这些功能都是真实存在的，并惠益人类，但由于监测、计量方法、基础数据、技术手段等限制，现在还无法进行准确评估。

随着人们认识水平的不断提高、评估技术的不断进步，评估的内容、指标也将不断充实和丰富，森林的碳汇价值也逐渐得以核实、提升。

【延伸阅读】

中国将不断增加森林碳汇

加快实施《全国造林绿化规划纲要（2016—2020年）》和相关工程规划，积极推进天然林资源保护、退耕还林还草、防沙治沙、石漠化综合治理、三北及长江流域的防护林体系建设等林业重点工程建设，创新推动全民义务植树和部门绿化，开展大规模国土绿化行动。深入实施《全国森林经营规划（2016—2050年）》，印发省级、县级森林经营规划编制指南，全面开展森林抚育和退化林分修复，深入推进森林可持续经营试点示范。2017年11月，印发《"十三五"森林质量精准提升工程规划》，启动森林质量精准提升工程18个示范项目，稳步提升森林质量。全面保护天然林，加快制定《天然林保护条例》和《天然林保护修复制度方案》，继续实施全面取消天然林商业性采伐限额指标。2017 年，全国共完成造林面积 768.07 万公顷（1.15 亿亩），造林面积超过 1 亿亩，完成森林抚育面积 885.64 万公顷（1.33 亿亩），成为同期全球森林资源增长最多的国家；新增天然林管护面积 2 亿亩，每年减少森林资源消耗 3400 万立方米。

原国家林业局印发《关于开展 2017 年全国林业碳汇计量监测体系建设工作的通知》《第二次全国土地利用、土地利用变化与林业（LULUCF）碳汇计量监测方案》，强化林业碳汇统计工作。（资料来源：易碳网）

第五节　管理路径的探索

我国碳达峰目标实现面临时间紧、任务重、难度高的严峻形势，经济社会发展全面绿色转型是实现碳达峰、碳中和的根本路径。循序渐进、有序推动经济社会发展全面绿色转型，应以企业为基本单元，以企业碳排放管理制度为突破口。

增加森林碳汇，应该算作社会性工作，但是碳资产的价值实现，碳管理的路径探索，目前看来企业才是担当主体。尤其是大企业，既是责任主体，又是示范先锋。对此，《中共中央国务院关于深入打好污染防治攻坚战的意见》中指出，支持有条件的地方和重点行业、重点企业率先达峰。国务院副总理韩正在碳达峰碳中和工作领导小组第一次全体会议上强调：要发挥好国有企业特别是中央企业的引领作用。

一、大型企业首当其冲

碳资产管理有效，碳达峰才能稳步推进。碳达峰是推动经济社会可持续发展的必然选择，企业尤其是大型企业的碳达峰，是行业达峰和国家达峰的基础条件。

长期以来，我国工业能源消费占全国一次能源消费总量比例超过 65%，因此能源消费总量控制和结构调整的关键领域在于工业。对于火电、钢铁、水泥等重点行业而言，头部企业由于产量高、产能大，能源消耗占比也较大。以钢铁行业为例，公开数据显示，2018 年某头部钢铁集团煤炭消费总量占当年黑色金属冶炼及压延加工业煤炭消费总量的 15.9%。

低碳发展模式是企业碳达峰的必然选择。要摆脱代工、贴牌生产等依托传统制造业的资源密集型发展模式，转而追求创新驱动的生态优先、高质量发展道路。以创新驱动、自主知识产权研发、自有品牌建设、民族品牌推动为出发点和落脚点，抢占中高端制造业转型和第三产业发展先机。

一是深入调查分析，准确判断趋势，厘清绿色低碳发展路径。对标国家行业政策管理要求，明确国家管理的重点、政策支持的方向和减碳降碳的具体要求。以中高端价值链转型为出发点，以绿色低碳发展为重点，以能源消费转型为切入点，以技术创新升级为核心，厘清企业绿色低碳发展路径。

二是建立碳排放一本账，把握政策导向，做好碳信息披露。建立企业碳排放监测、核算、报告、核查统计体系。关注用能权市场建设、碳市场建设进展，国家气候投融资、绿色信贷、绿色债券等政策导向，拓展应对气候变化领域、绿色经济和可持续发展等相关业务。定期发布碳排放信息，主动积极接受政府监督、回应公众关切、提振市场信心。

三是推动数字化管理，加大研发投入，加大零碳低碳负碳技术研发和应用力度。识别碳排放关键环节、重点业务和关键流程，开展绿色低碳、清洁生产和循环经济评价，引入数字化、智慧化、智能化管理。对接产业需求，加大低碳零碳动力技术研发力度，开展"卡脖子"关键技术攻坚，以及碳捕集、利用和封存技术研发（Carbon Capture，Utilization and Storage，CCUS）。

四是主动承担社会责任，做好引领示范。发布企业行动路线和实施计划，及时总结碳减排有效经验，发布低碳零碳技术典型应用案例，发挥引领示范作用，带动行业绿色发展。

碳资产管理或成为环境、社会和公司治理（ESG）的重要部分。一方面，ESG理念能够提高企业自身的经营能力和发展能力，通过创造价值共享的机会，为企业带来社会价值和商业价值的共赢。另一方面，基于良好的 ESG 表现，企业抵御外部风险的能力更强，获取机会更多，有利于提高绩效水平，推动企业可持续发展。

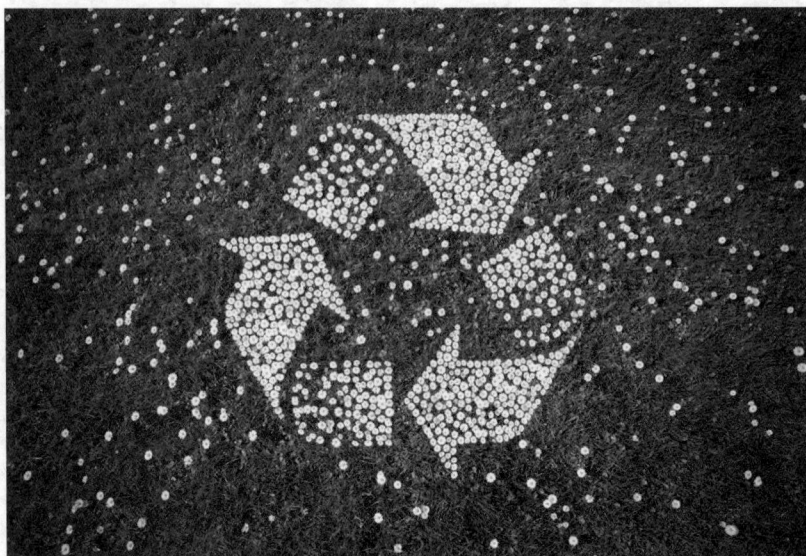

企业的低碳行动是品牌价值提升的重要手段。在产品上标注全生命周期的碳排放量，是提升产品竞争优势、树立良好品牌形象、扩大企业品牌影响力的最佳选择。国际社会降碳呼声日益高涨，第四阶段的欧盟碳交易实施在即，欧盟碳边境调节机制也正在酝酿，这些都将对我国钢铁、铝等产品出口企业产生一定影响。具有低碳技术的企业在市场竞争力提升和品牌市场价值增值等方面都会具有一定优势。

二、碳排管理是基本路径

企业碳达峰关键在于全生命周期和全产业链碳排放管理。全生命周期的碳减排指从原材料供给、能源供给的源头减排，到技术革新、生产工艺优化、提高能效和3R［减少原料（Reduce）、重新利用（Reuse）和物品回收（Recycle）］循环的过程减排，以及通过碳捕集、封存和利用技术实现的末端减排。全产业链碳减排，是指通过企业与企业之间的上下游合作行为，碳足迹管理和碳交易等活动，来实现整个产业链乃至整个社会最大化的碳减排。

近期路径重在做好全方位碳减排，建立循环产业链和碳管理体系。

160

一要开展全方位碳减排，即实施结构、管理和技术三大减排。结构减排即通过建设分布式光伏发电等新能源替代原有供电系统、优先选择使用绿电、提高清洁能源动力工程机械及车辆使用比例、采用低碳零碳工艺等替代原有工艺等举措优化用能结构，从源头降低碳排放总量。管理减排是指通过建筑和工艺节能改造、数字化智慧化管理平台应用、能效管理评价、标准化改造等举措，提升能源使用效率、节约能源消费从而降低碳排放总量。技术减排是指推动低碳、零碳动力技术，可再生能源——燃料电池储能技术、绿色技术、CCUS 等技术突破，以碳排放强度更低的绿色技术实现降碳目标。

二要建立循环产业链，即建立资源循环利用体系。开展循环经济发展和绿色生产经营评价，识别资源循环利用薄弱环节、主要问题和改进方向，提高资源回收利用率，建立基于产业链的上下游低碳产品目录，优选绿色低碳产品为原料、优选绿色企业为合作方。

三要建立碳减排管理体系，从机构、体制、人才和资金等方面做好企业碳达峰实施保障。成立碳排放管理机构，负责企业碳排放管理、碳资产盘查等。建立企业碳排放监测、报告和核查机制，定期发布碳信息。培养一批低碳零碳负碳技术攻关研发和碳管理人才。加大低碳零碳负碳技术研发专项资金支持力度，开展绿色金融投融资和碳交易等。

零碳能源和可再生能源技术是企业碳达峰、碳中和目标实现的远期追求。现阶段零碳能源、可再生能源在储能、用能等方面还存在一些技术限制，但从长远来看，突破储能、用能技术"瓶颈"，实现能源消费总量强度双控和结构调整，人类经济社会才能实现真正意义上的绿色发展、可持续发展。

三、外部资源好借力

"十四五"时期是实现碳达峰的攻坚期、窗口期，企业尤其是大型企业作为社会经济活动的基本单位，尽早实现达峰目标具有重要意义。大型企业要合理利用外部资源，助力碳达峰。

一要抓住技术创新发展契机提升竞争力。结合本身发展需求、申请绿色技术创新攻关行动和创新基地平台培育计划等国家支持，围绕节能环保、清洁生产、清洁能源等重点工作开展前瞻性、战略性、颠覆性科技攻关研究。

二要把握住碳交易机会盘活碳资产。自今年全国碳交易市场正式启动以来，目前碳价在 50 元 / 吨上下浮动，参考生态环境部环境规划院研究结果，我国碳减排社会成本在 26 美元左右，说明交易碳价尚未反映降碳真实成本，国家温室气体自愿减排交易机制也正在酝酿重启，中国石油化工集团有限公司、江苏蔚蓝锂芯公司等企业已通过配额交易获得利润。

三要紧跟碳债券、碳金融等政策步伐推动碳减排。2021 年 7 月，国务院常务会议提出，设立支持碳减排货币政策工具。邮政储蓄、兴业银行等已经开发了绿色贷款项目，国家电网、国家电投、中石化、华能和三峡集团等也已经发行了一些绿色债券，撬动社会资金，推进企业低碳转型。

第三章

碳金价值再塑风口

上士闻道，勤而行之；

中士闻道，若存若亡；

下士闻道，大笑之。

不笑不足以为道。

——《老子》

当你呼吸的每一口空气都很新鲜，当你越冬时能真切感受到冬天的样子，当你不再为厄尔尼诺天气莫名恐惧，当大家不再担心海平面上升带来未来的焦虑，当我们的一日三餐咽下的食物是安全与健康的……诸如此类，不胜枚举的生活改变，都是我们对碳价值的直接感知。

碳价值的学术性解释为：森林或其他生物吸收和减少大气中的二氧化碳所产生的效益。此处的"效益"，当然包含社会人文效益、生态环境效益以及市场经营等多个层面。鉴于本书的基本立意，我们在此更多的是围绕经济效益探讨碳价值。

认识碳价值，首先要明确碳价值的载体是碳资产，还要明白，这种价值的存在领域是全方位，价值的实现方式（变现）是碳交易，价值的传递离不开产业链建设。相关内容，留待后面的章节。本章主要探讨碳价值的载体形式——碳资产及其主题价值。

第一节　碳价值的形成

随着政府对企业碳排放进行约束，由此导致企业的碳排放权开始稀缺，而企业拥有的碳排放配额，就成了一种有价值资产。这种有价值的资产，包括其所拥有的排放配额和CCER，以及基于这两者的各种金融衍生品的总和。

碳资产作为价值生成物，尤其是排放配额的价值，可以分为经济价值和非经济价值两部分配额。

经济价值主要是指企业拥有的排放配额和CCER的市场价值。目前，各地的碳交易试点的配额价格没有统一标准，CCER价格也没有公开信息，根据项目所在地域、技术类型、监测期等因素，其价格在几元至几十元。但CCER的市场价值很明晰，直接用减排量乘以市场单价即可得出。

如果某个企业某履约年年初拿到配额100、年末排放量为80，那么配额的市场价值包括所有配额在该履约年的使用权和上缴之后剩余的净配额的市值。

　　企业一般不会在意配额的使用权，经常默默持有直到履约期到上缴了事。这对碳价值而言，实际是一种浪费，因为多出的"指标"，可以拿到市场上进行操作，或者通过物权数字化系统（此问题后面专文再述）进行操作。通过价格波动收益，也可以托管给其他公司获取稳定收益，甚至还可以作为抵押获取贷款。

　　排放配额的非经济价值，主要来自为企业的未来业务扩展提供空间，这部分无形价值对于某些高碳行业企业的意义甚至比配额的有形价值还要重大。未来，当一个企业准备新上生产线、提高产能的时候，第一步可能就是去市场上采购这条生产线未来所需的配额，不然根本就无法进行生产。

【延伸阅读】

四家水泥企业认购碳排放权配额

　　国内知名水泥生产企业，塔牌集团、阳春海螺水泥有限责任公司、中材水泥有限公司、华润水泥有限公司等四家公司，在某个相同经营年份，以60元/吨的价格，花费6799万元认购了130万吨碳排放权配额。

　　据悉，这四家水泥企业认购的配额，就是为未来新增水泥产能购买的碳排放配额，其中政府免费提供90%的配额，企业自行购买10%的配额。

　　从上述四家公司的现身做法，我们更加知晓，碳资产其实是一种因环境容量的稀缺性而产生交换价值的资源，在控制和减少温室气体排放的约束性政策下，吸收碳或控制碳排出的活动就具有了价值，"碳资产"概念因此而生。

　　碳资产可以理解为特定主体拥有或控制的、不具有实物形态、能持续发挥作用并能够带来经济利益的资源，是碳交易市场的客体。比如碳排放权产品、碳减排量产品、碳汇产品、相关衍生产品等。

　　碳具有价值属性，是因为附载在碳资产对象身上，体现或潜藏的所有在低碳经济领域，都可能适用于储存、流通或财富转化的有形资产和无形资产。这个对象，可以是企业，也可以是城市、地区，甚至可以是一个国家、民族，更可以对应于全球。

　　碳价值总量，取决于全球碳资产的流通量，虽然在操作上很难量化，但在逻辑上是完全存在的。

碳资产是时代的产物，它的诞生实际上警示了环境的恶化，同时也表明人类社会对环境问题的日益重视。

作为发展中国家，我国虽然没有减排义务，但政府已经将应对气候变化作为加快转变经济发展方式的重要手段，曾承诺到 2020 年将单位 GDP 二氧化碳排放比 2005 年下降 40%—45%。为实现这一承诺，我国政府将单位 GDP 二氧化碳排放下降 17% 作为约束性目标之一纳入"十二五"规划。按照国家统一部署，七省市（北京市、天津市、上海市、重庆市、湖北省、广东省及深圳市）的碳排放权交易试点正在相继启动，步入实质推动的新阶段。通过试点，我国有望成为全球碳排放权交易第二大市场，覆盖 7 亿吨二氧化碳排放。除了强制性碳交易外，我国自愿碳交易市场的准备工作也在进行当中。随着国内碳市场的不断发展，碳金融有望日益活跃，碳交易有望大幅增加，相应的与碳资产配置、交易和管理相关的量化估值业务有望迅猛增长，碳资产的计量和评估将成为市场的内在需求。

第二节　碳资产的价值管理

附载碳价值的碳资产，从定义来看，它不仅包含今天的资产，也包括未来的资产；不仅包括 CDM（Clean Development Mechanism，清洁发展机制）资产，也包括一切由于实施低碳战略而同比、环比产生出来的增值。

举个例子：某大型发电厂通过技术改造减少了二氧化碳排放，并将该排放值成功申请了 CDM 项目，这笔碳交易产生的资产，毫无疑问属于它的碳资产；而同时，如果该发电厂将厂区内的照明用具全部改装为低耗能率的优质节能灯，在扣除成本后而节省出来的电，虽然没有最后进入 CDM 项目，也是碳资产的一部分。另外，该发电厂通过和某科研机构携手，研发出碳封存技术，则该技术及相关设备也是该企业碳资产的一部分；如果该发电厂实施低碳战略，通过一段时间的持续努力，并基于其各种社会影响和效益影响，股市增值或资产评估值明显上升，则该上升部分同样应作为碳资产来对待。

通过这个例子，我们来解读一下碳资产的财务特征。

碳资产的财务特征主要表现：一个企业（或自然人）为了获得的额外产品，不是贷款，是可以出售的资产，同时还具有可储备性；碳资产的价格是随行就市，每年呈上涨趋势；其支付方式是外汇现金交割，"货到付款"外汇现金结算。除此之外，它还有其他的独到含义，比如买方信用评级极高，它既对股东有利，同时对融资（贷方）有利。而且这将大大提升企业（或自然人）的公共形象，获得无形的社会附加值。

为了实现碳资产的保值增值，目前国内碳资产的增值各有其道。总结湖北经济学院黄锦鹏、齐绍洲团队的论述，主要可以通过以下模式来实现：第一种模式是由集团企业在集团层面成立碳资产管理部门，如英国石油、中国石油化工集团有限公司等企业；第二种模式是成立相对独立的碳资产管理公司，如法国电力集团、中国华能集团有限公司等企业；第三种模式是由总部的部门和专业的碳资产管理公司共同进行碳资产管理。

无论是成立碳资产管理部门还是成立专门的碳资产公司，就碳交易本身而言并没有本质上的区别，作为独立的市场主体，究竟采取哪种碳资产管理模式，要因时因势而定。

作为控排企业，如何管理好自己的碳资产就显得尤为重要。这里的管理主要分为以下几个方面：

1. 结合碳减排路径建立系统化的碳资产管理

① 企业内盘查、核查，确定核算边界，识别碳排放源，收集平均数据，计算碳排放，从上至下做到内部能耗管理实时把控。

② 通过节能减排技术改造，加速完成能源转型，从生产生活、包装、仓储、运输等方面逐步进行，降低企业碳排放量，形成良性循环。

③ 建立碳交易管理机制，研究国内外碳市场政策、法规和交易模式，建议预测和对冲管理系统，为企业运营发展提供完整的实现路径和碳资产管理基础。

2. 优化碳资产配置

由于目前技术水平的限制和成本问题，有部分企业继续排放。但是需要将排放量最少化，为此需要通过资源的配置和碳交易市场的对接形成碳资产的有效匹配。在碳交易模式下，企业必须重视碳资产管理，如果简单履约而忽视碳交易的金融属性，会增加巨额履约成本，将"资产"变为"负债"。因此，企业应结合自身资产现状，针对碳汇产品及各地对冲机制情况，合理规划碳资产配置，减少履约风险。

3. 投资自愿减排项目，丰富碳资产提升企业融资能力

国家发展改革委《温室气体自愿减排交易管理暂行办法》为开发国内自愿减排项目、参与自愿减排交易提供明确指导，控排企业除了继续挖掘 CCER 项目开发潜力，还可探索新的方法学、拓展减排项目领域，丰富自身碳资产储备，一方面可作为履约冲抵，另一方面未来随着全国碳市场逐步成熟，机构和个人投资者也将逐步被纳入碳市场，而金融机构参与碳市场交易也将是大势所趋。金融机构参与碳市场，尤其是参与碳金融衍生品市场的交易，不仅可以为碳金融市场带来巨大的流动性，也将促进碳市场与碳金融体系的多元化发展。充分重视碳资产价值管理，加强碳交易碳资产管理意识，将是社会经济绿色发展的大趋势。

目前，我国纳入碳排放权交易市场的企业仅有 2200 多家电力企业，未来建材、有色、造纸、化工、钢铁、石化、航空等共八大行业也将纳入国家碳排放权交易市场。随着管控力度加大、碳交易市场的扩大，企业加强碳资产管理的意识尤为重要。资产无形，却影响着社会生产发展的方方面面，金融属性是碳市场发展最关键的一环，碳资产的地位无疑是无可撼动的，管理好碳资产将是企业必然的选择。

虽然很多企业拥有上千万甚至数亿的排放配额，可绝大多数企业并没有碳交易的相关专业经验和资源。因此，到目前为止，我们讲的碳价值，还停留在"理想很丰满，现实很骨感"的阶段。

第三节 碳价值驱动因子——碳中和

我国提出，到 2060 年实现碳中和。

"碳中和"是指通过新能源开发利用、节能减排以及植树造林等形式，抵消人

类生产生活行为中产生的二氧化碳或温室气体排放量，实现正负抵消，达到相对"零排放"的过程。我国提出的 2060 年碳中和目标，让大家都有理由相信，在这个目标指引下，我国将会加快碳价值的开发及相关产业的发展。

全球已形成碳中和共识。截至 2020 年底，全球共有 44 个国家和经济体正式宣布了碳中和目标，包括已经实现目标、已写入政策文件、提出或完成立法程序的国家和地区。其中，英国 2019 年 6 月 27 日新修订的《气候变化法案》生效，成为第一个通过立法形式明确 2050 年实现温室气体净零排放的发达国家。美国特朗普政府退出了《巴黎协定》，但新任总统拜登在上任第一天就签署行政令，让美国重返《巴黎协定》，并计划设定 2050 年之前实现碳中和的目标。

一、碳中和技术发展

联合国气候变化专门委员会、国际能源署等专业机构的研究表明，若要实现《巴黎协定》中 1.5℃和 2℃的温升目标，CCUS 技术不可或缺。

CCUS 技术，指在生产过程中提纯二氧化碳，通过管道、公路、铁路等进行压缩运输，从而加以利用，或注入深层地质构造进行封存的相关系列技术。

根据国际能源署预测，相较于《巴黎协定》2℃的温升目标，为实现 2050 年全球碳净零排放的额外脱碳工作中，CCUS 将贡献 25% 的份额，而其余 35% 来自电气化的增加，20% 来自生物能源，5% 来自氢气。而清华大学气候变化与可持续发展研究院在我国节能减排路径的研究中也指出，2060 年碳中和目标，只有在强化政策并叠加 CCUS 技术使用后才可实现。

直接空气碳捕集（Direct Air Capture, DAC）技术，是从空气中捕集二氧化碳并转化为产品封存起来。

目前收集到的二氧化碳可以转化为合成燃料注入水泥或岩石中，或用作化学和塑料生产的原料等。但是 DAC 成本比 CCUS 的成本还要高，目前 400—600 美元每吨，因此产品应用市场有限。

CCUS 和 DAC 技术作为负碳技术，是实现碳中和的重要技术路径，是其他领域很难完全实现零排放的时候需要的技术。对煤炭、煤化工、石化等行业，在碳中和目标下，这类负碳技术的大规模、低成本的商业化开展，是延续其生存的唯一希望，可以作为这些产业转型的重点探寻方向，是实现碳价值的重要手段。

二、碳中和价值产业链

（一）电力与发电设备行业

电气化是碳中和的核心，而电力的绿色转型是实现碳中和的基础。由于其"标准化"和"可控化"，极高的能源利用效率和节能、清洁的用能方式，电力是工业化进程的"助推器"，也是优质的能源。电气化也是目前实现碳中和成本最低、最为成熟的技术路径，通过交通、工业和建筑等终端能源使用部门电气化水平的提升，将替代煤炭、石油等化石能源的消耗。

发电设备的下游为电力生产以及电力消费的工业、农业、服务业、社会生活等。其中火电设备的上游行业为煤炭的开采与洗选，除火电设备之外还有风能、水能、太阳能等各类发电设备。

风电设备的产业链中，上游为钢材、玻纤、树脂、电子元器件等材料生产加工行业，中游为结构件、发电机等安装和建设行业，下游为风力发电项目。

核电设备产业链中，上游为钢铁、核电铸件等原材料，其中钢材为基础材料，核电铸锻件为主要部件；中游为核电整机设备，分为核岛设备、常规岛设备和辅助设备三部分；产业链下游为核电站运营，目前只有中国核工业集团有限公司、中国广核集团有限公司和中国电力投资集团公司以及中国华能集团有限公司具有核电站运营牌照。

太阳能光发电是指无须通过热过程直接将光能转变为电能的发电方式。它包括光伏发电、光化学发电、光感应发电和光生物发电。其中太阳能电池是太阳能发电的主要部分，而晶硅是太阳能电池的主要材料。

光伏产业链包括硅料、铸锭（拉棒）、切片、电池片、电池组件、应用系统等六个环节。上游为硅料、硅片环节；中游为电池片、电池组件环节；下游为应用系统环节。从全球范围来看，产业链六个环节所涉及企业数量依次大幅增加，光伏市场产业链呈金字塔形结构。

（二）环境与设施服务行业产业链

环卫行业产业链的上游主要为生产环卫清洁装备、垃圾处理装备等的环卫装备商；中游即为环卫服务商，负责垃圾分类清运、清扫保洁等；下游为固废处理商，进行垃圾处理、再生资源环境回收利用等。

第四节　商业价值释放在即

随着全国碳市场启动临近，各项准备工作正紧锣密鼓地进行。在绿色可持续发展已成为全球共识的背景下，碳中和或将驱动人类社会进入工业革命以来最大且全新的制度和产业革命，这个时间节点上，全国性碳交易市场的建立将具有深远的意义。

从市场化的角度看，持续稳定的碳市场运行将赋予各类减碳行为直接经济激励，推动新的减碳技术和商业模式创新，其中蕴藏的巨大机会，甚至远超碳市场本身。

碳中和的巨大时代红利有望孕育出千亿甚至万亿美元市值的上市公司，那么站在投资者的角度，该如何抓住这个投资机遇？资本市场中，又是否有企业前瞻地聚焦在具有爆发性且持续收益于碳中和、碳交易的赛道？

综观整个市场，中国碳中和或是目前市场内聚焦负排放领域，唯一一家率先将产融两端相结合的碳资产开发与管理投资机构，其开创出的独特"三位一体"商业模式，以及顶尖的人才储备，中国碳中和有望长期受益于碳的商业价值，因为它具备市场稀缺性。更何况，目前许多市场主体正在积极布局中国碳资产市场。

一、产、融、人结合　抢占商战先机

当前，有关中国的碳中和业务，主要覆盖产、融结合的两大领域。其中，产业端包括新型植树造林和碳汇开发、负碳技术投资和应用（包括碳捕集、利用和封存）；金融资产管理端包括碳资产运营和管理（包含碳交易和咨询），以及配合产融业务

模式发展而从事的碳中和相关领域投资与碳中和数字资产开发业务。

根据不同公司的短中长期发展规划,在积极布局中国碳资产市场的中国碳中和将聚焦负碳排放领域等优势赛道,以拓展新型碳中和基础产业业务,并着重发展碳资产开发、运营和管理业务。

除了赛道和商业模式优势,公司独特的竞争力还体现在人才团队上。比如业内周知的一件事,2021年中国碳中和发展集团有限公司迎来了行业领军人物姜冬梅博士,将其聘纳为首席科学家。三个月之内,国内生态建设领域著名专家、中国林业生态发展促进会秘书长陈蕾,又获任该公司执行董事。强大的人力资源聚合,助推这家机构在短时间内取得了多项业务领域的重大突破。

从更为具体的业务落地来看,中国碳中和发展集团有限公司不久前已完成300余万吨国际核证减排量收购,公司董事会相信包括现货和期货的优质碳信用资产的购入,使得集团已迅速跻身成为亚太地区最大的碳信用资产持有者之一,充分体现了集团独特的碳资产开发与管理优势。

目前,以中国碳中和发展集团有限公司为代表的相关机构,在两个最大的国际独立碳信用机制平台黄金标准(Gold Standard,GS)和VERRA(碳信用登记非营利组织)主管的核证碳标准(Verified Carbon Standard,VCS)开户,拥有涵盖生物质发电、太阳能发电、垃圾填埋发电、煤层气发电等不同类别项目所产生的核证减排量。

可以预言,随着中国碳交易市场的启动,后续碳价值必将成为市场上的新增盈利点。

【延伸阅读】

碳中和"探路者"

中国碳中和已与国务院批准、国家林业和草原局主管的国家一级社团中国林业生态发展促进会签署《关于碳中和发展的战略协议》,拓展植树造林、碳汇开发业务;与中国节能环保集团香港公司签订战略合作协议,拓展低碳技术业务;与中国林业生态发展促进会碳中和共享联盟合作,拓展减排企业和全民可以共同参与的"森林碳汇交易"数字平台业务。

中国碳中和发展集团有限公司在业内率先建立的包含森林碳汇，碳捕集、利用与封存技术，以及碳资产经营与管理在内的独特"三位一体"商业模式，这被看成"探路者"，在实现业务的闭环和内外循环后，不仅能帮助这家机构确立持久的竞争优势，还将对其他类似机构形成示范效应。

二、价值投资四大亮点

分析碳投资的价值，角度不一样、选取的指标不一样，得出的结论也会不同。需要明确的是，在碳排放交易市场上，碳交易的金融属性能够对应其产业属性，这就决定了最直接受益的一方会是负排放领域，碳交易将会帮助其释放庞大的商业价值。由此，有关碳的价值投资，可归结为四大亮点。

一是精准的赛道优势。公司依托独特模式的产融结合，可使用各种交易策略，实现跨市场投资和获利；独特定位和有效执行力，使公司已经持有大量碳信用资产，在确定的碳中和、碳交易赛道中获得先行者优势。

二是基础产业和碳资产管理相结合的模式使其形成了独特商业模式优势。该模式可与市值超 500 亿英镑的全球领先的大宗商品公司嘉能可进行比对，甚至是对标。

三是国际顶尖专业人才和专业优势已经构成领先竞争壁垒，推动碳汇开发、低碳技术和数字交易平台等进展迅速。

四是突出的资源网络优势。公司成功与大型央企、国企 (如中化集团、中节能环保集团) 及金融机构建立起牢靠的、可持续发展的长期战略合作伙伴关系。

针对未来的全国性碳交易市场，相关机构也已经制定了相应战略，将依托现有的人才与技术优势积极参与，逐步确立市场主体在境内碳资产开发与管理中的竞争优势，与相关机构在国际碳资产市场的先行优势形成协同效应。

三、交易量价远景可期

随着全球范围内碳交易基础设施的不断改善，碳交易资产的量价齐升已经可以预见。在此背景下，中国相关机构的发展拐点已经渐行渐近，投资潜力一旦爆发，将超乎想象。

据媒体报道，国际货币基金组织（IMF）执董会 2021 年已经批准了若干提案，提议扩大全球碳定价机制，这意味着碳定价的全球化趋势将进一步加快。

事实上，当前碳定价机制正迅速被许多国家采纳，全球已经有超 60 个此类机制得以实施。借助国际货币基金组织的干预，碳定价机制的标准化、全球化程度会不断加深，带动全球范围内"双碳"赛道玩家的发展，中国碳中和也将受益于此。

此外，碳交易价格也将是公司估值提升的重要驱动因素。

回到国内来说，国内碳交易价格近年随着碳达峰、碳中和等关键节点的临近逐渐陡峭，归根到底是能够进入市场交易的碳排放配额有限，求大于供，而这种趋势将在中长期内延续。

若参照国际碳交易市场价格，今年以来欧盟碳市场价格最高升幅已经超过50%，每吨碳排放权价格突破 50 欧元（折合人民币约 388 元 / 吨），而根据国际货币基金组织的权威指引，各方应在全球层面进一步采取措施，预计到 2030 年推动碳价提升至每吨 75 美元或更高水平。国际货币基金组织的影响力，为中国碳价的上涨提供了充分的想象空间。

就国际通常情况而论，欧洲碳价已约为中国各地碳交易试点市场中间价 10 倍或以上。在快速转型情景（碳排放到 2050 年相比 2018 年下降 70%）和净零情景（碳排放到 2050 年下降至少 95%）下，中国碳排放权的价格远景或将更加巨大。

第四章

碳金交易建构蓝海

力贵突，智贵卒。得之同则速为上，胜之同则湿为下。

——《吕氏春秋》

综合前面章节的内容介绍，我们能形成的两个最基本的共识是：一是碳资产广泛分布在不同的市场主体；二是碳资产是一种有价值的产品，人们有的称之为"第四资产"。

既然碳资产有价值，那么按照马克思的价值理论来分析，可将碳资产价值分为使用价值和交换价值。后者，就是给予商品提供者的价值，可交换其他商品的价值。这样一说，当碳资产与交换发生关联后，就有了本章要讲的"碳交易"。

碳交易的起因在于碳价值形成了不同的价格，碳交易的结果体现在价值的重新划分及归属，碳交易的最终目的是为了促进碳中和。跟其他商品交易的目的略有不同的是，碳交易除了交易主体要实现各自的利益诉求外，还涵盖着极强的公共利益需求，所以说，我们在研究碳交易的问题时，始终离不开碳市场、碳价值以及碳中和等概念。

"碳中和"的意思是，当一个组织在一年内的二氧化碳排放通过二氧化碳去除技术应用达到平衡，就是碳中和或净零排放。碳交易是实现碳中和的助推剂，碳交易与碳中和有一个共同的目标，那就是为了应对气候变化、减缓气候变暖。这就是上文所说的"公共性"。碳交易借助市场阀门进行量的控制，就是为了尽快实现碳中和，换言之，市场化的手段，是政府实现碳中和的一种直接而高效的手段。换句话说，这场"上管天，下管地，中间管空气"的"全球大买卖"，生意好做与否，跟政策的松紧度、双方的参与度以及市场的饱和度息息相关。

第一节　一场变革势不可当

近年来，随着二氧化碳排放和其他污染物的增加，各种新的金融市场应运而生，除了税收和其他惩罚性措施外，还为企业提供了关键的激励措施，以减缓总体排放增长，如果情况较为理想，就可以减缓全球变暖。这些市场的一个关键特征是排放交易，即"总量管制与排放交易"，允许企业买卖"碳汇"。由于所有参与交易的企业都被捆绑在一个总体排放限额上，因此，全球碳汇交易市场就成了一个持续增长的存在。

各国的排放限制和交易规则各不相同，因此每个排放交易市场的运作方式各不相同。

在基本的交易模式下，如果一家公司的碳排放量低于设定的限额，该公司可以将差额碳汇出售给其他超过限额的公司。

另一种模式是碳抵消。在全球市场上，有一组被称为抵消公司的中间商公司，他们对一家公司的排放量进行评估，然后充当中间商的角色，为世界各地的减碳项目提供投资机会。与碳交易不同，碳抵消在大多数国家尚未受到政府监管。理论上，每排放 1 吨二氧化碳，一家公司就可以购买碳汇，并证明通过植树等可再生能源项目从大气中消除了等量的温室气体。

不管是哪一种模式，碳汇交易都一样很重要。行业观察人士说，碳市场将继续快速增长，特别是美国。在美国，杜邦、福特和 IBM 等财富 500 强企业正在自愿对其排放量进行抵消。

不仅是政府要求减排达标，消费者也希望如此。企业为控制污染物排放而做出的承诺，正日益成为一项公开的战略。某家专业机构在一项研究中发现，年轻的专业人士，高达 92% 的人，希望自己的工作能对环境产生积极的影响。

年轻人的心理取向，足以见得这件事情的重要程度。

作为世界上最大的能源生产国和消费国，中国的减碳减排行动一直备受关注。

"实现'双碳'目标是一场广泛而深刻的变革，不是轻轻松松就能实现的。"中国工程院院士、清华大学碳中和研究院院长贺克斌在接受媒体专访时表示，我国"双碳"目标的设定，必将给我国的经济社会带来系统性变革。

当前，我国还处在城镇化、工业化中高速发展阶段。《国家人口发展规划（2016—2030 年）》显示，2030 年我国城镇化水平达到 70%，之后变化趋势显著变缓，我国人口也将达到峰值。中国社会科学院工业经济研究所的 2017 年《工业化蓝皮书》表明，我国将于 2030 年左右全面实现工业化。

2060 年前碳中和将倒逼我国能源结构、产业结构和运输结构向着持续增强全球竞争力的方向调整。发达国家如英国、德国分别在 20 世纪 70 年代初、70 年代末实现碳达峰，美国则是 2007 年，按照《巴黎协定》的要求，他们应该在 2050 年前实现碳中和。但是这些率先达到峰值的国家，正在试图通过未来技术优势建立碳边界和贸易壁垒。

一、实现目标难在"三高一短"

根据我国现状，要想落实"双碳"目标，实际工作中将面临许多困难，对此，贺克斌总结认为，主要难在"三高一短"。

第一，高碳的能源结构。无论是化石能源占总能源消费的比例，还是煤炭占化石能源消费的比例，我国都是最高的，超过美国等用能大国。

第二，高碳的产业结构。世界公认的高碳且难减排的行业（煤炭、钢铁、石化、水泥等）在我国的产业结构占比很高。

第三，我国是最大发展中国家，很多地区的能源消费还呈高增长趋势。

第四，时间短、任务重。从碳达峰到碳中和，中国只有 30 年时间，而欧美国家有 40 年到 70 年。

难归难，但我国设定 2060 年前实现碳中和，这既符合《巴黎协定》对发展中国家的相关要求，又将对实现全球温升控制目标发挥关键作用。同时，还将推动我国加快绿色转型步伐，在全球未来发展新格局中争得发展主动权，尤其是"十四五"时期，是推动全面低碳转型定方向、打基础、见成效的关键五年。

【延伸阅读】

中国碳排放配额将在 30 亿吨

充分重视"碳资产"价值管理，加强碳交易"碳资产"管理意识，将是社会经济绿色发展的大趋势。

据预测，全国统一碳市场将带来千亿级市场规模。目前我国碳排放总量超过 100 亿吨 / 年，以 2025 年纳入碳交易市场比重 30%—40% 测算，未来中国碳排放配额交易市场规模将在 30 亿吨以上，与欧盟总排放量水平相当。

随着碳交易规模扩大，加强企业"碳资产"管理意识更为重要。"碳资产"虽无形，但却影响社会生产生活的方方面面。未来各组织或个人的低碳行为可不可以转化为可交易的"碳资产"，值得探讨。

加强企业"碳资产"管理意识，未来"碳信用"或将成为价值巨大的信用资产。

二、"五碳并举"开展减排

实现"双碳"目标的关键在于日常碳减排。专家总结,我国目前可行的减排路径,主要有以下五种。

一是资源增效减碳。达到同样的经济目标,通过节能增效将能源需求尽可能降低,减下来的碳就是资源增效减碳。我国当前消费水平下,能耗每降1%,可减排1亿多吨二氧化碳。

二是能源结构降碳。研发可再生能源发电技术、储能技术等,大幅度提升非化石能源使用比重,尽早建成可再生能源为主的新型电力系统。这是未来减少碳排放的主体措施。

三是地质空间存碳,即通过碳捕集、利用和封存技术解决一部分二氧化碳。这是未来新型电力系统中必须保留较小比例化石能源的减碳托底技术。有研究表明,过去10年,CCUS技术在全球范围内大规模部署,年捕集量已经达到约4000万吨,但要实现联合国设定的可持续发展目标,到2070年需要实现56亿吨的年捕集量,需在现有水平上扩大超过100倍。

四是生态系统固碳。通过各种生态环境建设的手段,巩固和增加二氧化碳的碳汇能力。

五是市场机制融碳。通过碳市场机制来推动各类技术得到更合理有效的应用。

第二节　市场主体迎势谋变

今天,"双碳"成为相关人士、相关专业以及相关领域的高频词。其实,针对碳问题,我国从2011年开始陆续在北京、上海、深圳等地试点碳市场。2021年,全国碳市场正式上线交易,这将有力推动传统行业、产业、企业的转型升级,促使碳排放全面降低。

在交通领域,这个行业的碳排放"居于高位",占全国终端碳排放的15%,过

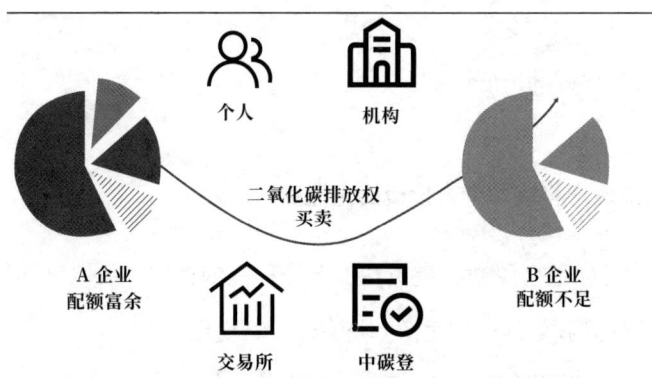

碳交易示意图

去 9 年的年均增速在 5% 以上。推动该领域深度减排的着力点为：从车辆供给和需求侧，减少路上已有交通工具的排放、确保新增车辆的清洁度、减少重型货车的排放、设计和制造零排放车辆；从基础设施上，拓展电动车基础设施网络、发展氢能源；从管理能力上，注重提升运输能效、改善交通运输结构、完善城市规划及标准、优化货运运输方式、发展电动化交通工具等。

在能源行业，其转型可从三方面考虑：第一，技术助力转型，大力发展清洁替代技术（风光水核、储能、分布式能源），绿色氢能技术，能源互联技术（5G、特高压），能效提升，负碳技术（CCUS、BECCS、DACCS）；第二，金融助力转型，持续完善、推动碳定价和碳交易、绿色信贷、绿色债券、环境信息披露、绿色投资、绿色保险、环境权益等交易市场；第三，政策助力转型，落地落实"1+N"政策体系，将碳排放纳入环保评价体系，通过碳税、税收优惠等加强监督管理。

在核心技术方面，我国的新能源发电、储能方面技术目前处于全球先进水平，并较广泛应用。截至 2020 年底，我国全口径发电装机容量 22 亿千瓦，其中，水电 3.7 亿千瓦、并网风电 2.8 亿千瓦、并网太阳能发电 2.5 亿千瓦、核电 4989 万千瓦。非化石能源发电装机容量占总装容量的 43%。截至 2020 年底，我国已投运储能项目累计装机容量规模达 35.6 吉瓦，占全球市场总规模的 18.6%。

此外，我国先进的高温气冷堆技术，可通过超高温气冷堆制氢的研发，开发氢冶炼、氢化工等应用技术，将高温气冷堆技术与钢铁冶炼、化工等场景结合，将在相关行业实现二氧化碳的极低排放。

普通人的应对：碳资产将成为个人投资的主流资产

因"双碳"目标是全局性、全员性、全流程性的存在，所以，任何普通人都应该顺势而为，具体到我们的日常生活，将有以下新变化。

第一，峰平谷电价的消失。基于用电负荷的实时电价变动将取代峰平谷电价政策。我们的用电设施可以智能选择用电最经济划算的时间。

第二，乘用车将无线充电。未来的充电桩通过地线与汽车底部的充电口进行有线或者无线的对接，只要车辆在停车位停好，充电设施便会自动与汽车连接，并根据车主先前的设置进行充电或者放电操作。

第三，充电桩与电动车将成为电网的"海绵"。当所有停驶车辆都连上电网时，这些车辆就会形成一块巨大的储能海绵，在电力充足时吸收电力，在电力不足时释放电力，为整个电网的供需达到实时平衡提供重要支撑。

第四，家庭用电可选择购买绿电。电力市场化交易完全放开后，用户可以自主选择电力消费的类型。

第五，碳资产将成为个人投资的主流资产配置。碳资产的投资"门槛"很低、上涨趋势强，对长期的收益预期较好，碳资产可能代替房产的位置，成为下一个国民级的理财工具。这一点很特别，它既是我们生活习惯的改变，同时也给我们带来发展机会。我们将在后面的章节里做专门介绍，在这里先举个小例子。

【延伸阅读】

卖空气一年赚 70 万元？森林碳汇背后绿色生意经

我们都说"绿水青山就是金山银山"，而森林碳汇正在把这句话变成现实。

举个例子：浙江的竹子之乡安吉，就有人专门承包竹林，利用竹子吸收的二氧化碳的作用，通过经营管理，把这部分吸收的二氧化碳换算成碳汇指标，拿到碳排放市场，寻找需要的碳汇指标的能源企业和其他行业公司，每年靠一片竹林实现70万元营收。

而且这片竹林凭借碳汇建立起来的生意模式，也会变成一笔碳资产，从金融市场获得融资，来支持碳汇生意的扩张和持续发展，最终实现绿色农业、绿色经济发展。

未来森林碳汇模式也将是农村可持续发展、实现绿色可循环经济发展的有效方式，绿水青山通过碳汇，变成了我们的金山银山。

第六，低碳消费将成为下一个消费升级的风口。当所有产品被标上碳足迹标签，民众愿意购买低碳产品，会引导商家生产低碳产品。

当挑战和机遇同时横亘在我们的面前时，我们唯有发掘潜力、发挥优势、整合资源，正面以对。

一是发挥我们的资源优势。我国水能资源丰富，江河水能理论蕴藏量为6.91亿千瓦，每年可发电6万多亿度；光能资源丰富，年辐射总量在80—240千卡/平方厘米之间，青藏高原的大部分地区超过160千卡/平方厘米；风能资源丰富，我国幅员辽阔，海岸线长，风能密度为100瓦/平方米，风能资源总储量约$1.6×105$兆瓦。特别是东南沿海及附近岛屿、内蒙古和西北、华北等地区，每年风速在3米/秒以上的时间达到4000小时左右，一些地区年平均风速可达6—7米/秒以上，开发利用价值较大。生物质能源资源丰富，我国生物质资源转换为能源的潜力可达10亿吨标准煤。

二是发挥我们的制度优势。生态环境治理方面，我国已建立最严格的生态环境保护制度、资源高效利用制度、生态保护和修复制度、生态环境保护责任制度等四大类基础性的制度体系。具体到"双碳"目标上，党中央成立碳达峰碳中和工作领导小组，加快组织建立"1+N"政策体系，立好落实"双碳"目标的"四梁八柱"。

上述一系列的部署，充分体现了我国集中力量办大事的制度优势。当然，"双碳"目标还倒逼着我们的产业转型升级，将推动我国工业制造业尤其是初级制造业向绿色低碳转型升级。这同时也意味着，流向绿色发展领域的资金、人才等资源会更多。

第三节 中国的碳排放权交易

从碳排放权交易的概念上就知道，其目的是为了鼓励每个国家减少碳排放，以便获得剩余的销售许可证。在这个过程中，较大较富裕的国家，通过购买信贷来有效补贴那些较贫穷、污染较高的国家。那么，中国从中如何平衡各种关系？

自 2011 年以来，我国已在北京、深圳、上海、广东、天津、湖北、重庆和福建等 8 个不同省市开展碳排放交易试点，看看中国是否可以利用市场机制调节碳排放，并为中国国家碳排放交易体系（Carbon Emissions Trading System，ETS）做准备。

这些试点碳排放交易体系有一些共同点，但在某些问题上的方法却大相径庭，如行业覆盖范围、配额分配、地方政策和违规管理。例如，北京和深圳市场涵盖公共交通和服务领域的商业巨头，上海市场涵盖酒店、纺织和金融领域，湖北市场涵盖汽车、医疗保健和陶瓷领域。

这些市场都高度适应区域产业特点和条件，这些试点市场也有相当大的回旋余地来设计自己的计划。区域试点为国家碳排放交易体系提供了丰富的参考和经验教训。

中国国家碳排放交易体系自 2021 年 7 月启动以来，已成为全球最大的碳排放交易体系，累计交易额超过 8 亿元。

ETS 启动后，市场的第一笔交易是一家公司以 120 万美元购买了 16 万吨排放物。

总体而言，在交易的第一天，价值 2.1 亿元人民币的 410 万吨二氧化碳配额易手。这使得碳价为每吨 51.23 元人民币，较开盘价 48 元人民币上涨 6.7%。未来，碳价可能接近每吨 180—200 元人民币。

但不可否认的是，全国 ETS 市场尚处于起步阶段，整体交易量与中国经济规模相比有限，交易价格呈现波动。

一、国家将扩大 ETS 计划

中国的碳交易市场由生态环境部监管，交易由上海环境能源交易所负责。ETS 是中国利用市场机制在 2030 年前达到峰值排放，在 2060 年前实现净零排放计划的重要组成部分，它为碳排放定价。

它通过将信用分配给那些污染低于其配额的公司，以此为减少排放的公司提供财务激励（补贴），同时要求那些超限的人购买额外的信用。该计划目前仅涵盖一个部门——电力。

在我国的电力行业中，目前共拥有 2000 多座发电厂，每年的二氧化碳排放量超过 40 亿吨，占全国总量的 30%—40%。仅此一项就占全球二氧化碳排放量的 10%—15%。

尽管 ETS 目前的范围仅限于能源公司，但它的到来增加了中国企业将碳定价纳入其业务和风险战略的紧迫性。

在 ETS 启动时，碳市场涵盖了超过 2225 家运营煤炭和天然气发电厂以生产电力和热力的公司，其中大部分是国有企业。这些公司合计占中国能源相关排放量的一半左右，占世界总量的 10%—14%。

未来，ETS 计划扩大碳市场的范围，将其他污染行业包括在内，如钢铁、水泥、化工和航空等。

按照我国的扩大计划，未来几年共将覆盖 8 个行业（发电、石化、化工、水泥、钢铁、有色金属、纸浆和造纸、航空建材），机构和个人投资者也将包括在内。

根据碳交易计划，政府允许每家公司每年排放一定数量的二氧化碳。如果公司在年度结束时低于其分配的限额，他们可以在市场上出售差额作为信用；相反，如果公司超过其限额，则需要购买额外的信用额度来补偿。

最终，中国的碳市场可能会覆盖更广泛的公司，而全球碳贸易体系的出现也仍有可能。

二、ETS 对企业的潜在影响

全国碳排放交易体系将需要数年时间才能达到全行业覆盖。到目前为止，政府尚未公布官方的扩张路线图或时间表。但从碳核算和报告到碳减排目标与目标设定，重点企业已被推动开始碳管理之旅。

目前涉及的电力行业，其覆盖范围对电力成本的影响也很有限，因为市场主要由政府拥有或运营的公司主导。由此说，ETS 对公司财务产生真正影响并推动显著减排需要数年时间。但上海环境与能源交易所和气候债券倡议组织的专家，将其视为推动中国整体气候行动努力的信号。

未来几年，ETS 的立法基础将进一步加强，既要确立具有法律约束力的承诺作为该计划的基石，又要将目前更多的是政府行政干预控制二氧化碳排放的 ETS 转变为以市场为基础的方法。

ETS 对企业产生的实际的业务影响，还需要将 ETS 监管规则与政府的双重碳计划、路线图以及其他与碳相关的政策发展综合考虑。

在这方面，很难预测 ETS 对最终产品的价格影响，因为最终产品将包括多层材料、组件、行业和生产投入，并且最终产品价格将受到不同区域的政策的影响。例如，来自不同地区的玻璃、铝、木材等产品，其价格会随着地区监管政策的不同而有所变化。

但不管怎么说，中国最终的碳排放目标不会改变，并将随着时间的推移，对企业产生巨大影响。因此，企业应首先通过了解相关风险和机遇，提前准备应对之策。

第四节　行业细分市场未来建设

我国幅员辽阔，区域差异巨大，行业类型各异，作为全球的一个独立性、单元性市场，已启动的区域性碳市场并不涉及行业间的配额分配问题。这使得如何建立一套兼顾公平和效率的行业间的碳排放权配额分配方案成为各方关注的焦点。甚至有学者指出，碳排放权初始配额，或将成为全国大市场启动的最大阻碍。对此，《中国碳排放权交易报告（2017）》（以下简称《报告》）对全国统一碳市场建设，从行业层面提出政策建议。

一、为高碳支柱产业预留足够空间

目前，中国正在试点碳市场的基础上，筹建全国统一的碳市场。

世界上实施碳约束的国家仍然属于少数，如果碳交易给行业施加了过重的成本约束，就使得这些行业在国际竞争中处于弱势地位，维持市场份额和利润的能力下降，严重的会导致产业转移和碳泄漏。

从经济发展阶段来看，中国经济与发达国家经济体的差距无论是从人均收入水平、消费水平，还是经济增长质量，都还存在着显著的差距。从城市化进程来看，中国仍然处于城市化加速发展阶段。从区域发展差距来看，水泥、钢铁和化工等高碳行业仍然是部分地区国民经济的支柱行业。从经济转型来看，转型过程中可能出现中短期的结构性失业。在经济增长与碳排放尚未脱钩的情况下，因此必须为高碳支柱产业的低碳化转型留出空间。

中国以重工业和加工制造业为核心的工业化仍需持续一段时间。加之，前期高额投入的固定成本和技术路径锁定效应，使得大量高碳企业的关停改造无法在短期内完成。由于不同省份的资源禀赋也存在较大差异，在不同的发展阶段，产业结构具有很强的刚性，并不会因为碳排放权交易体系的引入而快速改变，必须为产业结构转型升级留出足够的时间。

二、预设行业保护模块

在碳市场进行顶层设计时，就应该设置行业竞争力保护模块，为以后开展相关工作预留足够的接口。

目前，中国碳市场大多采用免费配额分配模式，但是落实"国家自主贡献"的任务仍然较重，后期中国碳市场也一定会逐渐启动拍卖等有偿配额分配方法，给企业造成的影响必将进一步加重，极有可能诱发产业转移，导致结构性失业和碳泄漏。因此，综合考虑国际国内各种复杂因素，需要在《碳排放权交易管理条例》《碳排放权交易管理暂行办法》等纲领性文件中增加行业竞争力保护的表述。

三、测算行业竞争力

碳交易对行业竞争力的影响主要取决于来自非碳约束国家的竞争程度、减排成本、减排潜力等因素，也和行业的成本转嫁能力有关。因此，碳交易对行业竞争力的影响存在不均衡性和不对等性，必须仔细测算碳交易对行业竞争力的影响程度。此外，由于行业的减排能力是变化的，也需要定期更新碳交易对行业竞争力的影响程度。可以基于公平原则、效率原则和能力承担原则，分别构建碳减排成本、碳减排潜力和贸易密集度三维评价指标体系，全面测算碳交易对各行业的竞争力的影响。

四、设置行业控排系数

中国目前实行免费配额分配，但各行业仍面临着配额下降的压力。依据 GDP 平均增速目标和碳强度下降、能源强度目标，在考虑各行业减排潜力、减排成本、市场竞争力和历史排放量的基础上，可以综合确定碳排放行业控排系数。通过行业控排系数，可以给不同行业设定不同的减排压力，该系数越大，行业得到的配额越多，需要承担的减排责任越小；反之，该系数越小，行业得到的配额越少，需要承担的减排责任越大。

综上，《报告》提出，在全国统一分配标准的基础上，通过财政转移和其他方式扶持等方式，解决地区发展的差异性，并适时进行调整，提高碳排放权交易体系的公平性和经济性，为了保证碳排放权分配工作的顺利实施，应尽快建立相关配套管理机制。

我国统一碳市场建立之初，由国家统一制定省际碳排放权配额分配总量，再由各地区进行总量分解和调配。同时，为了克服每年确定一次配额分配总量所带来的繁杂和不确定性，可采取分 2—3 年为一个阶段的形式，确定省际碳排放权配额分配总量。

随着经济的发展和技术进步的变化，各地区减排潜力和减排成本也在发生着改变，应该建立一套动态的配额调整方案，完善信息采集、交易管理、排放监督以及检测计量等工作，保证碳排放权分配的公平、公正与公开，这对全国统一碳市场的平稳、可持续发展具有重要意义。

第五节　负碳交易之路

在本章一开始就提到，碳中和与碳交易将成为这部分的重要内容。那么，有人要问，为什么提到碳交易就要提起负碳排放？

主要是碳排放交易市场成立以后，碳交易的金融属性能够对应其产业属性。那么就决定了最直接受益的一方会是负排放领域，碳交易将会帮助其释放庞大的商业价值。

碳中和公式的两边实际上是可以对等起来，站在碳资产产生的角度，公式的左边代表减少排放可以产生大量的碳资产，而公式的右边代表负排放可以直接产生更多的碳资产。

负碳排放怎么通过碳交易所实现碳收益？有个专业网站曾罗列出 8 种负碳排放技术，但在实践当中，较为常见的有两种，一种是造林碳汇，另一种是碳封存、碳捕集。

一、造林碳汇

众所周知，绿色植物的光合作用将吸收二氧化碳，天然具有碳捕集能力，这就使得以下的商业模式成为可能：企业植树造林，形成碳汇，通过审定核查取得碳排放权，再通过碳交易获取收益。

有数据显示，1 公顷阔叶林一天就能捕集 1 吨二氧化碳。若按照美国碳交易所中位价格的一般波动水平 100 元 / 吨计算，经核定的 1000 公顷森林一年可以产生 3000 多万元市场价值的碳排放权，而且类似这种形式的森林碳汇每年都会产生的碳排放权益，若使用一般的资产定价模型来进行评估，森林碳汇所对应的长期资产价值巨大。

二、碳封存、碳捕集

碳封存、碳捕集技术是一种人为处理二氧化碳的方式。比如在化工厂、炼钢厂等排放高浓度二氧化碳的烟囱上加装吸附装置，减少排放时二氧化碳向大气的溢出，实际上就人为地减少了碳排放量。此项内容，将在后面的专门章节中予以阐释。

那如何让专门从事碳封存、碳捕集相关业务企业能够获利？举例说明：

假设 A 企业原本获配发的碳排放额度是 1500 吨 / 年，但 A 企业经过核定计算全年碳排放量预期将落在 2000 吨 / 年，代表着 A 企业须每年从碳交易市场内购进约 500 吨的碳排放权才能达标，总代价是 500 吨的碳排放权再乘以当时的碳交易价格，假若是 30 元 / 吨，意味着每年至少 15000 元的额外支出。如果全国碳市场的碳交易权价格持续看涨，则 A 企业排放温室气体所承担的支出金额便越来越重，这就给专门从事碳封存、碳捕集第三方公司带来商机。他们通过向企业提供碳封存、碳捕集技术和服务，甚至是综合的减排方案，来帮助企业控制碳排放量，其所获得的报酬便能以 A 企业从全国碳市场购进的碳排放权总价值预期为基础进行协商。

另外较为特殊的一种情况是，假设 B 企业原本获配发的碳排放额度是 1500 吨 / 年，B 企业经过核定计算全年碳排放量预期将落在 1500 吨 / 年。那么第三方公司通过碳封存、碳捕集技术为 B 企业实现的减排，比方说最终实现排放核定 1000 吨／年，代表着 500 吨的碳排放配额是通过第三方公司提供的服务节省下来的，此时的 B 企业是具备充分意愿来与该第三方服务公司分享剩余的配额（碳排放权），然后通过全国碳交易市场来兑换减排收益。

如今在资本市场里，到底有没有哪一家上市企业是专门聚焦在爆发性的且持续收益于碳中和、碳交易下的负碳排放赛道？到目前为止，似乎只有中国碳中和公司，从某种意义上，这家公司开创出了产融结合的一种良性的商业模式，它在业内率先建立了包含森林碳汇，碳捕集、利用与封存技术，以及碳资产经营与管理在内的"三位一体"商业模式，并实现了业务的闭环和内外循环。

【延伸阅读】

中国碳中和公司成为行业先锋

中国碳中和公司或是目前市场内唯一从事碳汇资产开发与交易标的，也是碳交易、负排放等热门板块当中"纯度最高"投资概念股。据悉，从当前公司的业务规划与进展，以及前瞻的碳中和人才储备层面看，公司已经抢占行业先机，成为中国碳汇交易领域的佼佼者。

当前，公司的业务将主要覆盖产、融结合的两大领域。其中，产业端包括新型植树造林和碳汇开发、负碳技术投资和应用（包括碳捕集、利用和封存）；金融资产管理端包括了碳资产运营和管理（包含碳交易和咨询）。另外，还有的是配合产融业务模式发展而从事的碳中和相关领域投资与碳中和数字资产开发业务。

而根据公司短中长期发展规划，中国碳中和公司将聚焦负碳排放领域等优势赛道，拓展新型碳中和基础产业业务，并着重发展碳资产开发、运营和管理业务。

人才储备方面，中国碳中和公司的领先优势尤为突出。中国碳中和公司迎来了行业领军人物姜冬梅博士，将其聘纳为首席科学家。除此以外，造林领域和负碳排放领域的一些业内重磅人物业已加盟公司，中国碳中和公司强大的人力资源实力已现雏形。

在业务的实际进展方面，中国碳中和公司正大力推动旗下碳汇开发、低碳技术和数字交易平台等发展，并在今年短时间内取得了多项业务领域的重大突破。

中国碳中和公司通过与中国林业生态发展促进会、中国节能环保集团香港公司开展业务合作，成为目前亚太区域最大的碳信用资产持有者。

第五章

碳金催生"卖碳翁"

察势者明，趋势者智，驭势者独步天下。

——《鬼谷子》

碳中和是普通人的创业机会，因为碳中和新能源是个新风口。以下，将以理据俱实的形式来证明这是不可逆转的趋势，而且在未来几年内都是一片蓝海市场，谁能抓住商机，谁就有望成为新时代的创业先锋。当然，在我国没推行"双碳"政策之前，绝大多数人其实从未涉足过相关领域，甚至可能连一些基本概念都不了解，但知道这是个风口所在，就想尽快搭上这趟车，感觉有当年"大众创业，万众创新"的架势。当然，征途漫漫，其修远也。

第一节　普通人的机会

在"双碳"背景下，随着"碳中和"这个概念的持续走热，与之相关的许多行业都被带动起来了。从实业公司到资本市场，从工业生产到种植养殖，从消费流通再到每一个普通百姓，都在好奇地讨论"碳中和"将给我们的未来带来什么收益。

回答是肯定的。在此，有必要再回顾一下"碳中和"的来龙去脉。所谓"碳中和"，其实是用市场化的手段，解决全球日益恶化的环境问题。可以把"碳中和"简单理解为：把人为排放的二氧化碳，通过植树造林、节能减排等形式，消除其他市场主体（自然人、工商企业或政府组织等）排放的二氧化碳与消除的二氧化碳相抵消，就是"碳中和"。

闲钱理财的新选择——碳交易

低碳共享新经济
稳健投资新方向

什么是碳交易？
即把二氧化碳排放权作为一种商品，从而形成了二氧化碳排放权的交易，简称碳交易。

"碳中和"这个名词，最早来自1997年的英国伦敦。那一年，来自伦敦的一家叫"未来森林"的小公司，想出了一条绝妙的生财之道：这家公司帮助客户计算他们在一年之中，直接或间接释放出的二氧化碳量，然后让客户在全世界100多处森林中任选一处，由"未来森林"公司代种树木，以吸收他们排放的二氧化碳。每种一棵树，"未来森林"公司就向客户收取10英镑费用。后来，这家公司索性把公司名字改为"碳中和公司"（The Carbon Neutral Co.）。

2005年，欧盟建立了当时世界上最大的碳排放交易市场，对纳入排放交易体系的产业和企业强制规定碳排放量，并向这些企业分配一定数量的排放许可权——欧洲排放单位（European Union Allowance，EUA）。也就是说，如果企业能够使其实际排放量小于分配到的排放许可量，那么它就可以将剩余的排放权放到排放市场上出售，获取利润；反之，它就必须到市场上购买排放权。

如果在中国，这肯定是一门无人问津的生意。但那家英国公司的做法，告诉了大家，其实人人都能成为"卖碳翁"。而欧盟率先成立的碳排放交易市场，更是为这种买卖打通了看似复杂的通道，因此，这项生意在全民提倡环保的背景下，迅速走红，并逐渐引发全民风潮，直至成为时代风潮。

一、顶级富豪"不务正业"

碳中和不仅仅是一项生意，更是关乎全人类发展的百年大计。比尔·盖茨、贝索斯、马斯克、孙正义等世界顶级富豪，都积极投身碳中和相关事业，这当然有多方面的原因驱动，其中有精神层面的环保追求，也和巨大商业价值与发展前景分不开。看看他们在干什么：

谷歌——是最早实现碳中和的科技巨头，2007年就实现了碳中和，2019年9月，谷歌还在一篇博客文章中表示，他们已经补偿了谷歌创立以来所有的碳足迹。

当时的谷歌首席执行官桑达尔·皮查伊说："到今天为止，通过购买高质量的碳抵消品，我们已经消除了谷歌全部的碳排放，包括我们在2007年实现碳中和之前的所有运营排放。这意味着谷歌整个生命周期的碳排放现在是零。"

此话不久，谷歌再次出手，瞄准了海上风电。谷歌与 Engie 集团签订协议，购买其在比利时 Norther 海上风电场 1/4 的发电量。

谷歌将购买的海上风电电力，主要用于总投资 3.9 亿美元的谷歌比利时数据中心。这笔交易是谷歌在全球范围内收购 1.6 吉瓦（1 吉瓦 =10 亿瓦）可再生能源电力行为的一部分，涉及 20 亿美元的可再生能源资产，包括 18 个项目。在这之后，谷歌的可再生能源电力供应容量累计达到 5.5 吉瓦，排名全球第一，占其总用电量的 40% 以上。

Facebook——排在第二。Facebook 据说在 2020 年末实现了电力上碳中和，用风能和太阳能等可再生能源为其全球业务提供动力。仿效苹果的类似承诺，到 2030 年，该公司还承诺将在整个产业链上实现净零排放。

特斯拉——论赚钱，特斯拉卖碳远胜卖车。据特斯拉 2020 年财报显示，2020 年全年总营收 315.36 亿美元，交付了 49.96 万辆车，净利润才 7.21 亿美元。对比之下，出售碳排放积分获益的 15.8 亿美元可以算是"躺赚"。马斯克堪称卖"碳"生意第一人。

可能是这部分钱太好赚，引起外界一些微词，特斯拉高管不得不出面承认：长远来看，公司不能指望这种现金流来维持运营。

虽然特斯拉嘴上不宣扬，可从美国政策端来看，卖碳积分的生意还能持续一段时间。目前美国加州、科罗拉多州、康涅狄格州、缅因州等 11 个州，要求汽车制造商在 2025 年前需要销售一定比例的零排放汽车。

出售碳排放积分可以带来营收，主要是源自美国 11 个联邦州对汽车企业的一项环保规定，要求当地的汽车制造商需在 2025 年之前销售一定比例的零排放汽车。如果确实做不到，他们就必须从特斯拉等能源企业那里购买积分，否则就会受到当地监管机构更多的惩罚。

由于特斯拉生产的全是电动汽车，因此其获得的碳排放积分远超监管要求，自然就拥有大量多余的积分可以出售给其他汽车制造商。

亚马逊——电商巨头亚马逊首席执行官贝索斯，其实也是个"卖碳翁"。贝索斯于 2019 年 9 月 19 日宣布一项"气候承诺"，预备在 2040 年前达成企业的碳中和目标，计划耗资 1 亿美元造林，斥资 4.4 亿美元采购 10 万辆电动面包车。

造林属于碳消除方面的动作，10 万辆电动面包车来运输是为了减排，都是对环境友好，可这都没有直接参与碳交易，显得有些迟滞。贝索斯客户至上和效率优先的理念还需要别的动作来体现。

卖低碳商品就是一种很直接的方式，亚马逊网站当时上架了 2.5 万多款贴有"气候友好承诺"标签的产品，包括食品杂货、家居用品、美容和时尚用品，以及个人电子产品等。

贝索斯还说道："通过 18 个外部认证项目和我们自己 Compact by Design（紧凑型包装认证），我们鼓励销售伙伴创造可持续的产品，帮助为子孙后代保护地球。"

苹果公司——5 年前就悄悄做起了"碳生意"。科技巨头苹果公司，参与碳中和的知名举动，起始于一场新品发布会，当时的发布会上，苹果宣布取消 iPhone 附带的耳机和插头，将为生产和物流等环节每年减少 200 万吨的碳排放，相当于每年减少 45 万辆汽车。大家不知道的是，苹果早在 5 年前就悄悄做起了"碳生意"，卖绿色电力，早已成了苹果多元化收入中的有机组成。

微软公司——微软公司创始人比尔·盖茨，是一位坚定的碳中和践行者，他每年直接花费 700 万美元来抵消他个人的碳足迹。

比尔·盖茨还投资了很多碳中和相关项目，在他看来，碳捕集、利用与碳封存技术是负碳技术的关键。如果不能从源头消除碳排放，那么就必须以间接的方式减碳。比尔·盖茨说，未来碳捕集的成本需要降到至少 100 美元以下，才能获得广泛应用，这在 10 年后是有可能实现的。

获得比尔·盖茨投资的加拿大能源公司"碳工程"已在理论上证实了这一可能性。该公司正在同西方石油公司等石油巨头开展合作，为其提供碳捕集服务以获取商业回报。

二、国内"大佬"积极布局

2020 年 12 月 31 日，我国生态环境部公布《碳排放权交易管理办法（试行）》，规定了全国碳交易市场的交易原则、制度框架以及实施流程，明确于 2021 年 2 月

1 日正式生效，我国以发电行业为入口的全国统一碳交易市场第一个履约周期正式启动。

未雨绸缪，国内互联网科技企业，本身就是用电大户，看到电力行业的碳中和变化，也在积极提前准备，比如先把用电量最大的数据中心实现绿色能源化。

腾讯、阿里、百度等知名国内互联网企业，在数据中心等节能管理手段上不断创新。

腾讯的 T-Block 节能技术每年就能节省标煤 3500 吨，二氧化碳排放量减少 2.33 万吨，相当于每年种下 3.6 万棵树。

阿里的"绿色 IT"技术，能将数据中心的能耗降低 70% 以上，2018 年至 2020 年三年间省下的电相当于一个中型水电站一年的发电量。

2019 年百度在华北腹地开工建设的三个超大型云计算数据中心，每 10 万台服务器年均节电超过 1 亿度，相当于 10 万户居民一年的用电量。

几家互联网巨头每年的清洁能源购买量也在逐年增加，2020 年仅百度一家的签约风电数量就较上年增长 50%，达到 4500 万千瓦时。

在腾讯启动碳中和规划后，马化腾还在朋友圈说："预计未来最大占比是原生清洁能源支持的数据中心的实现。很难，但总要努力。"

尽管现阶段都花费巨大，大家也不自觉地扮演起了"碳生意"中的各个角色，毕竟碳中和是一项有功有利的事业。

以科技公司为代表，兴建绿色数据中心和绿色办公楼，积极购买清洁能源电力服务，都是已经被证明的碳中和良好路径。除此之外，我国市场主体 2225 家发电行业重点排放单位，也被分配了排放额度，超出额度也需要用相应的碳消除和碳交易来抵消。

结合科技企业和传统产业来看，我国的"碳生意"才刚刚起步，未来的细分路径会越来越多，商业大佬和科技巨头，既然已闻风而动，那么这股巨大且缓慢的浪潮，最终可能与每个人都会产生千丝万缕的联系。

【延伸阅读】

"卖碳"护林　力促碳达峰碳中和

为筑牢脱贫攻坚成果，促进与乡村振兴有效衔接，肇庆市怀集县推动绿色金融、普惠金融和地方特色产业发展，支持林业碳汇发展，积极组织县内林业资源丰富的省定贫困村落地林业碳汇项目，并争取林业碳汇绿色资金，让"绿水青山就是金山银山"变成了现实，向碳达峰、碳中和迈出了关键的一步。

多方协调，打通"卖碳""最后一公里"

"卖碳"是指利用森林的碳汇功能将经核证的二氧化碳减排量出售给有碳排放需求的企业，实现经济效益补偿与生态保护的良性循环。怀集县地处粤西北山区一隅，"七山二水一分田"的地理特征蕴含着丰富的林业资源，在怀集发展林业碳汇项目"大有可为"。2020年以来，为推动林业碳汇项目尽快落地怀集，人民银行怀集县支行在冾水镇大洞田村、中洲镇鱼藤村等偏远贫困村开展面对面、手把手宣传，介绍林业碳汇政策；组织相关部门、业内专家详细解读林业碳汇的优惠政策，"卖碳护林"换取"真金白银"的绿色发展理念在村民中普及，林业碳汇项目得到了村民的理解和支持。

"卖碳"护林助振兴，中和碳排促达峰

"没想到世世代代守护的山林还能换来收入，而且'卖碳'还不影响合理的砍伐。"谈起林业碳汇项目给肇庆市怀集县桥头镇红光村带来的好处，村支书欧新华笑容满面地说道。2020年9月16日，红光村林业碳汇项目用村集体20844亩森林资源核证得3804吨二氧化碳减排量。随后完成首笔林业碳汇交易，共计交易14吨，总交易额560元，这次交易鼓舞了村民造林护林的决心。剩余的二氧化碳减排量（3790吨）于同年11月6日在广州碳排放权交易所完成公开竞价交易，最终成交价格32.73元/吨，总交易额为12.4万元。

怀集县桥头镇红光村是省定贫困村之一，全村共有828户，总人数4231人，2019年底实现了全村脱贫。该村居民住宅大多数是依山而建，山林面积大，森林资源十分丰富，林业碳汇项目正是利用红光村优越的自然生态条件，把村集体守护的山林资源核证出可交易的二氧化碳减排量，卖给自愿减排的企业中和自身碳排放，从而实现双方需求互补，推动生态优势转换为经济优势，形成经济效益补偿与生态保护的良性循环，巩固脱贫成果，助力乡村振兴，凝聚社会的力量，让"绿水青山就是金山银山"理念在肇庆落地生根。

"碳汇"风险补偿助融资，"贷"动特色产业新发展

目前，国内林业碳汇市场加快发展，但林业碳汇融资工作仍然处于起步摸索阶段。为推动绿色金融、普惠金融和地方特色产业发展，有效运用林业碳汇收益金，怀集农商行创新推出了"绿碳贷"扶贫项目贷款，将林业碳普惠项目收益作为贷款风险补偿金，按照市场化和风险可控原则，帮助贫困村融资主体获得低成本的贷款资金(最高额度为风险补偿金的 10 倍)。目前，怀集农商行与红光村已达成"绿碳贷"融资授信核证融资合作协议，将作为红光村集体收入的林业碳汇收益资金作为贷款风险补偿金，最高授予 100 万元"绿碳贷"授信额度，对红光村推荐的扶贫项目、创业创新项目企业、专业合作社、农户等融资主体，给予优惠利率贷款支持。今后每年怀集农商行将根据红光村林业碳普惠核证减排量收益存入的贷款风险补偿金规模，动态调整"绿碳贷"授信额度。

"绿碳贷"扶贫项目贷款实现了林业碳汇资金、银行信贷资金、扶贫(创业创新)项目资金联动，有效提高了林业碳汇资金使用效率，对于贫困地区加快推进乡村振兴工作提供强有力的资金支持，也为实现碳达峰碳中和走出一条绿色创新之路。

(资料来源：广东省发展和改革委员会 http://drc.gd.gov.cn)

第二节　从源头看"钱途"

在 2021 年两会"碳中和"首次列入政府工作报告，且被列为重点任务之一。中国领导人也做出了力争于 2030 年达到碳排放峰值，并在 2060 年前实现"碳中和"的承诺。国务院和人民银行也都发布了相关的推动政策。

再从外部形势看，据 FT 中文网在《碳中和背后的中美博弈》一文中评价：碳中和在未来的很长一段时间内，会成为中美博弈的重要议题。

根据全球能源巨头英国石油公司统计，中国是目前全球排碳量最高的国家，几乎是美国的 2 倍。2019 年全球碳排放总量 341.69 亿吨，其中中国排放量 98.26 亿吨，占比接近 1/3。

中国已经向世界做出庄严承诺："中国将提高国家自主贡献力度，采取更加有力的政策和措施，二氧化碳排放力争于 2030 年前达到峰值，努力争取 2060 年前实现碳中和。"

这个承诺，必将引导与碳中和相关产业的变革。

嘉实国际资产管理公司分析认为：未来 10—20 年，每年在碳中和的投资将超过

4万亿元甚至超过5万亿元，会成为全球的一个经济动力，而且是一个持续性的改变。那么，具体机会在哪里？

一、发电与供热领域

碳中和最大的机会，首先是在排碳最多的地方——发电与供热部门。据统计，我国碳排放集中在发电与供热部门，占比达到51%。其次是制造业与建筑业，占比28%；最后是交通运输，占比10%。

在碳中和的背景下，未来国家向新能源领域投资的力度一定会越来越大。具体而言，就是光伏、风电、水电、核电等领域。

尤其是光伏和风电，过去几年成本大幅下降。光伏发电成本下降了90%以上，风电成本下降近70%。有机构预测，到2050年后，我国70%的电力将来自光伏和风力发电。

二、电网建设

由于光和风这些自然资源分布不均（我国在西北地区有丰富的风力资源，充足的光照和水资源，但我们的用电负荷中心集中在东部），且无法人为控制，所以就需要发展特高压电网来实现"西电东输"。

电网建设重点环节的核心企业，也会成为下一个发展重点。

三、电力储存

在光伏和风能充足时将电能储存起来，在需要时释放储存的电力。

四、制造业、建筑业和交通运输业

这些领域的碳排放合计占比达到38%，有许多可以细分的题材。比如清洁能源材料、低碳技术、绿色建材、节能系统等，还有我们大家熟悉的新能源车、新能源电池及配套充电桩等。

此外，增加"碳吸收"还带来投资机会。增加碳吸收，除了植树造林，还有就是前文提到比尔·盖茨投资的新技术——碳捕集、封存和利用等。

这些技术简单的做法，就是通过化学反应，把空气中的二氧化碳吸收再利用，或者压缩以后埋到地底。

综上所述，普通人的创业主要可围绕以下两大方面进行。

第一，减少碳排放。从各大产业板块入手，通过一定的方法手段来控制减少建筑业、交通运输业、农业和制造业等不同产业的碳排放量，真正从根源上做到减少碳的排放。

第二，加大碳捕集。借助加大植树造林，发展碳捕集、碳储存技术等方式，更好地实现对碳的循环利用。

目前，我国在 CCUS 领域相对落后。据统计，2020 年全球将投入运营的 21 个大型商业 CCUS 项目中，仅有 1 个来自中国。

【延伸阅读】

武汉市民植树可以抵消碳排放量

8 月 25 日是全国低碳日。2021 年 8 月 25 日上午，武汉市首批碳中和林基地揭牌，分别位于蔡甸区嵩阳山、新洲区将军山。此举标志着"碳中和"将与武汉市民的生活紧密连接，市民可通过植树造林抵消碳排放。

位于蔡甸区嵩阳山和新洲区将军山的碳中和林基地，累计面积 1112 亩，原为采伐迹地和火烧迹地，现为长满野草的荒地。这两片林基地将作为碳中和的载体和平台，通过植树造林，抵消武汉单位和个人开展活动排放的二氧化碳，从而降低城市空气中的二氧化碳浓度，保护城市环境。

"碳中和"，是指在一定时间内，直接或间接产生的温室气体排放总量，通过植树造林、节能减排等形式，以抵消自身产生的二氧化碳排放量，实现二氧化碳"零排放"。我国公布的目标是，力争 2060 年前实现碳中和。

"武汉首批碳中和林基地，有它背负的梦想和使命。"武汉市园林和林业局生态修复处相关负责人陈双田介绍，"我市将选择固碳能力强、宜栽易活、生态防护功能好、经济价值高的乡土型树种，比如乌桕、油茶、栾树、枫香、三角枫等，用来营造碳中和林。"

据测算，这两片总面积为1112亩的碳中和林基地，通过植树造林再次形成森林后，30年内平均每年可吸收1000吨左右的碳排放量。而一个成年人每年呼出的二氧化碳约为0.33吨。照此计算，1112亩碳中和林平均每年吸收的碳排放量，相当于3030个成年人一年呼出的二氧化碳。

这也意味着，如果举办一场大型活动，在对活动时长、参与人数、使用车辆等进行科学的统计和换算后，可以比较准确地计算出其产生的碳排放量，以及需要种植多少树木，才能在一定周期内抵消活动的碳排放量。然后，活动举办方可以组织人员，到碳中和林基地种植相应数量的树木，或支付种植这些树木的经费，由园林和林业部门组织实施。

除此之外，普通市民家庭也可以根据家庭成员人数，以及使用家庭汽车、做饭、洗热水澡等活动，大致推算出一年的碳排放总量，然后通过亲自到碳中和林基地植树造林，或认养树木、当园林绿化志愿者等行动，来抵消家庭的碳排放量。

"未来，我市还将寻找更多合适的地块，作为碳中和林基地。"陈双田说，在条件成熟的情况下，可以在公园等公共场所设置相关科普设施，让市民方便地了解碳中和科普知识，以及自己为实现我国碳中和目标做出贡献的方式。

当然，仅靠碳中和林基地来助力碳中和是远远不够的。事实上，武汉市还有丰富的森林资源，一直在默默地帮助我们"固碳"。根据森林资源普查和动态监测结果，武汉市现有森林面积179万亩、森林蓄积量816万立方米。据专家测算，2009年至2019年，武汉市森林碳储量增加了140余万吨。（资料来源：《长江日报》）

第三节 "碳捕集"令人遐想

上节说到，做"碳中和"生意，普通人的主要路径一是减少碳排放，二是加大碳捕捉（Carbon Capture and Storage，CCS）。现在，更进一步的是，将捕集到的碳进行优化、利用，即二氧化碳捕集、利用与封存技术，简称CCUS技术。

CCUS技术是在CCS技术（二氧化碳捕集与封存技术）基础上发展的新技术，是CCS技术的新发展趋势，即把生产过程中排放的二氧化碳进行提纯，继而投入新的生产过程中可以循环再利用，而不是简单地封存。

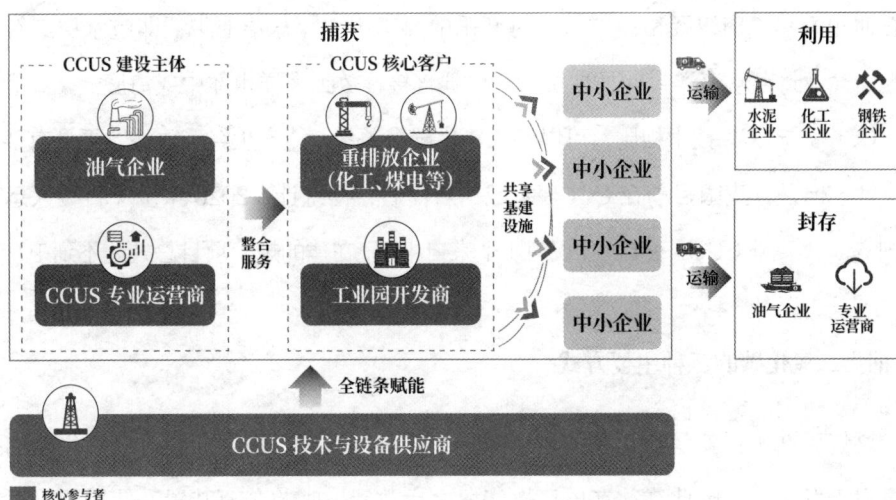

CCUS 产业态图

那么，到底什么是二氧化碳捕集？什么是二氧化碳输送？什么是二氧化碳利用？什么是二氧化碳封存？考虑到这是一项非常专业的技术，本书编者借助百度文献，整理如下资料供读者了解。

二氧化碳捕集是指将二氧化碳从工业生产、能源利用或大气中分离出来的过程。主要分为燃烧前捕集、燃烧后捕集、富氧燃烧和化学链捕集。

二氧化碳输送是指将捕集的二氧化碳运送到可利用或封存场地的过程。根据运输方式的不同，分为罐车运输、船舶运输和管道运输，其中罐车运输包括汽车运输和铁路运输两种方式。

二氧化碳利用是指通过工程技术手段将捕集的二氧化碳实现资源化利用的过程。根据工程技术手段的不同，可分为二氧化碳地质利用、二氧化碳化工利用和二氧化碳生物利用等。其中，二氧化碳地质利用是将二氧化碳注入地下，进而实现强化能源生产、促进资源开采的过程，如提高石油、天然气采收率，开采地热、深部咸（卤）水、铀矿等多种类型资源。

二氧化碳封存是指通过工程技术手段将捕集的二氧化碳注入深部地质储层，实现二氧化碳与大气长期隔绝的过程。CCS 技术封存的方式有地质封存、海洋封存和将二氧化碳固化成无机碳酸盐三种。地质封存是指将二氧化碳封存在地质构造中，如石油和天然气田以及枯竭的、不可开采的煤田中、深盐沼池中，即咸水层封存、枯竭油气藏封存。海洋封存是指将二氧化碳直接释放到海洋水体中或海底。

CCUS 与 CCS 技术相比，可以将二氧化碳资源化，能产生经济效益，更具有现实操作性。但是，我国目前在 CCUS 领域相对落后，据统计，2020 年全球将投入运营的 21 个大型商业 CCUS 项目中，仅有 1 个来自中国，在建的规上项目总共还不到 10 个。

一、捕集二氧化碳的三种主要方式

燃烧后捕集：就是在工艺的燃烧部分之后进行捕集。由于一般对二氧化碳的捕集多用于发电厂，因此往往在电厂燃烧段之后放置一吸收分离装置，使用溶剂对二氧化碳进行吸收，最后吹脱出二氧化碳气体并压缩，进入运输管道。

燃烧前捕集：在整体煤气化联合循环发电系统（Integrated Gasitication Combined Cycle, IGCC）中首先通入氧气或者空气，将煤炭和生物质燃料等原料气化，再进入燃烧段进行反应，与此同时通入一定的水蒸气，最终的产物经过吸收／吸附／膜分离等技术处理后被压缩和运输，进入下一个步骤。

氧气燃烧：该方法主要是通过将空气中的氮气与氧气分离，使用纯氧对燃料进行燃烧，从而可以提高燃烧效率（可提高 17%—35%），提高二氧化碳的纯度，降低一氧化碳等副产物的产生。

上述三种方法各有优缺点，可以用于适应不同的情况。

二、碳捕集成本

根据美国麻省理工学院 2020 年发表的一份报告，捕集 1 吨二氧化碳并将其加压处理为超临界流体要花费 25 美元，将 1 吨二氧化碳运送至填埋点需要花费 5 美元。这也就是说，发电厂每向大气中排放 1 吨二氧化碳就要支付 30 美元。这一数字接近联合国政府间气候变化专门委员会建议的碳价格的中间值和欧盟现行的碳价格。另外，一份由一家名为 Synapse Energy Economics 咨询公司发布的报告提出，美国的能源公司已经开始在内部审计中按每吨 3 美元至 61 美元计算碳价。而这一范围的中间值也是 30 美元。

这样的价格，无论是作为碳税还是在排放权交易的制度中，都将大大改变能源经济。但即使是 CCS 最乐观的拥护者也质疑这项技术在 2020 年之前是不是真的能得到大范围推广。而到了那个时候，无论是地球的气候还是政治环境都会大不相同。

位于伊利诺伊州的"未来发电"项目是一次调查 CCS 在实际发电中效果的认真尝试。但这个项目于 2018 年 1 月宣告取消，原因是预计成本从 8.3 亿美元猛增至 18 亿美元。

英国碳捕集联盟首席研究员琼·吉宾斯博士认为，捕集 1 吨碳的成本通常约为 60 美元，但在中国，预计成本可能降至 40 美元。

三、项目价值

据预计，碳捕集技术的应用能够把全球二氧化碳的排放量减少 20%—40%。

二氧化碳可以变废为宝，将石油的采收率提高 40%—45%。在全球范围内，最早成功实现碳捕集试点项目的挪威国家石油公司证实，在油田里灌入二氧化碳，可以使得石油的采收率提高 40%—45%。

美国能源部发布的一份报告显示，目前美国剩余的石油可采储量为 200 亿桶，如果采用二氧化碳注入提高可采储量，其储量最多可增加至 1600 亿桶。

碳捕集技术不仅可以对气候变化产生作用，还可以实现一定的商业价值。被捕集的碳可以用于石油开采、冶炼厂，甚至汽车制造业。

能源意义重大，比如英国政府，目前正在考虑将捕集的碳储存到北海油田采空石油后留下的空洞中，而且要把北海油田变为一个碳存储基地。

四、碳捕集的理想场所

随着新一轮全球气候问题大展开，碳捕集一下子又成为新能源技术中的大赢家。

在美国，奥巴马政府上台后，便把碳捕集列入推荐清洁煤的关键一环，美国能源部计划在未来 10 年投入 4.5 亿美元在美国 7 个地区进行捕集和存储项目实验。

在中国，碳捕集技术很早开始尝试。比如，被誉为中国"电力五虎"之一的发电企业中国华能集团有限公司，早在 2011 年就开始实施这一工程技术，2013 年底又在上海启动第二个碳捕集示范项目。当时，集团每年从下属电厂的尾气中"捕集"二氧化碳 10 万吨。

英国碳捕集联盟首席研究员琼·吉宾斯博士认为，中国"捕集"碳并不复杂，在拥有丰富油田和天然气田的中国东北，以及中国东海南海区域，均是实施碳捕集技术的理想场所。

五、质疑待消解

尽管碳捕集潜力很大，但也面临一些质疑。

国际知名杂志《经济学人》曾有专家撰文表示，尽管能源公司对碳捕集和封存技术有着很高的期望，但有两个问题尚未解决：一是价格昂贵；二是没有人知道这项技术是不是真的那么管用。或者说，深埋的二氧化碳会不会泄漏。

"碳捕集和封存的成本非常非常高。"中国华能集团有限公司科技部部长蒋敏华表示，公司在上海启动第二个碳捕集示范项目，每年捕集 10 万吨二氧化碳，按目前的技术计算，碳捕集成本约在 200 元人民币 / 吨，而实际处理加工至进行商业应用的程度，每吨还需增加 150 元的投入。高昂的成本在一定程度上阻碍了项目进程。

【延伸阅读】

为空气中微尘编个"二维码"

当空气中含有有害物质，如病毒或有毒化学物质时，及时发现这种危险并不容易。无论是恶意传播还是意外传播，有害的羽状物在城市中传播的速度有多快，距离有多远？应急管理人员能做些什么来应对？

这些是科学家、公共卫生官员和政府机构，最近在纽约市进行的空气流动研究中探讨的问题。

由麻省理工学院林肯实验室领导的一个小组，在该市所有五个区的120个地点，收集了早先在地铁站和街道上释放的安全测试粒子和气体，跟踪它们的行程。这项实验测量了这些物质移动了多远，检测到的浓度是多少。

结果有望改善空气扩散模型。反过来，如果发生真正的化学或生物事件，还可以帮助应急计划人员改进响应方案。

这项研究是在美国国土安全部（DHS）科学和技术局（S&T）的城市威胁分散项目下进行的。这项研究是在2016年的一项类似但规模小得多的研究之后进行的，主要集中在曼哈顿的地铁系统。

研究中使用的颗粒和气体可以安全分散。微粒主要由麦芽糖糊精糖组成，并且已经在先前的公共安全实践中使用。为了使研究人员能够跟踪这些粒子，这些粒子被少量的合成DNA修饰，充当独特的"条形码"，该条形码对应于粒子被释放的位置和释放的日期。当这些粒子后来被收集和分析时，研究人员可以知道它们到底来自哪里。

该实验室的团队领导了释放粒子和收集粒子样本进行分析的过程。一个小喷雾器被用来将微粒雾化到空气中。当颗粒在城市中流动时，一些颗粒被设置在许多分散的收集点的过滤器捕获。

为了使这项大型研究的过程更加有效，该团队建立了特殊的过滤器头，通过多个过滤器旋转，节省了重新访问收集点的时间。他们还开发了一个使用NFC（近场通信）标签的系统，通过移动应用程序简化样品和设备的编目和跟踪。

研究人员仍在处理在为期五天的测量活动中收集的大约5000个样本。这些数据将输入现有的粒子扩散模型，以改善模拟。其中一个来自阿贡国家实验室的模型专注于地铁环境；另一个来自洛斯阿拉莫斯国家实验室的模型模拟了地面上的城市环境，考虑了建筑物和城市峡谷气流。

一个名为化学和生物防御试验台的新项目刚刚启动，以进一步研究这些问题。林肯实验室的维安正在领导这个项目，也是由S&T资助的。这个试验台正在寻找一种过滤方式减轻这种运输的方法。

该测试平台的目标是开发允许一系列适当响应活动的架构和技术。例如，该团队将寻找在不中断交通的情况下限制或过滤气流的方法，同时响应着验证警报。他们还将测试新的化学和生物传感器技术的性能。

维安和维尔迪都强调了合作开展这些大规模研究的重要性，以及在总体上解决空气传播危险问题的重要性。这个试验台通过使用CWMD（对抗大规模杀伤性武器）联盟提供的设备，该计划已经受益，该联盟是DHS和化学、生物、辐射和核防御联合计划执行办公室的合作伙伴。

第四节　挑战之路在何方

碳捕集自身存在的价值，给人带来巨大的想象空间，但是技术"瓶颈"仍然存在，大规模发展的价格依然昂贵，让项目进行困难重重，其难题主要体现在以下四点。

第一，在化石燃料和能源生产的过程中，捕集二氧化碳所需的费用是极其昂贵的。

第二，埋藏地点必须经过检验。为确保二氧化碳不泄漏，必须修建包括油轮和管道在内的设施来运输二氧化碳。

第三，由于成本原因，还没有各类环保公司有意向在 CCS 技术上进行投资。

第四，对于在陆地而不是海上存储，公众可能会有反对意见，因为地震或者其他地质事件有可能将巨大的温室气体重新发散到大气中。

正是因为有各种待解的矛盾，所以碳捕集利用与封存虽然呼声高，但在一些企业里仍遭受冷遇。一位业内人士说，电厂、钢厂、水泥厂对 CCUS 都很感兴趣，但一问造价，就打了退堂鼓。

成本高只是难点之一。另外，高能耗、高成本、高不确定性，以及缺乏激励政策、产业链协同困难等，这些都制约了 CCUS 技术的大规模应用。对此，据《中国环境报》的一篇报道，众多的专家、企业家近期至少组织过两场专业研讨，对存在的问题和问题的解决办法，问诊把脉、达成共识。

一、梳理难点　减少弯路

要解除的最大"拦路虎"是怎么降成本？二氧化碳给谁？产业链上下游怎么对接？

在研讨会上，各方企业代表提及最多的关键词是成本、能耗和转化应用，能耗也是影响成本的因素之一。简单说，企业最关心怎么降低成本？捕集来的二氧化碳卖给谁？怎么卖能赚钱？

从参会各行业代表介绍的信息看，5 万吨、10 万吨、15 万吨的二氧化碳捕集项目，总投资分别需要 5000 多万元、9800 万元和 1.5 亿元。项目运行成功后，每吨二氧化碳捕集成本基本在 260—380 元，成本较低的能做到每吨 200 元。

还有企业代表反映，一些二氧化碳捕集装置建成后并未投入运行，处于停用状态，主要原因是没有市场，二氧化碳无处消纳；一些示范项目即便投入运行，收益率也只能维持在 2% 甚至以下。高成本、低收益下，参与 CCUS 项目的企业以国有企业或包含多个产业的大型企业为主，其他类型企业参与困难。

现在，前端做捕集项目的企业，重点工作放在二氧化碳的转化应用上；后端做封存和利用项目的企业，则需要 200 千米或更近距离的丰富、经济碳源。双方的痛点皆在于怎么找到经济又合适的合作对象。

二、部署越晚　代价越高

难归难，但是发展务必趁早。尤其在我国，专家说 CCUS 正迎来前所未有的机遇，如果部署越晚，代价就会越高。

"如果不尽快加速 CCUS 技术商业化，导致大规模技术推广滞后，将错失低成本发展机会，额外付出 1000 亿—3000 亿美元的代价。"北京理工大学副校长魏一鸣在中国 CCUS 示范项目交流研讨会上提出，如果没有 CCUS，减缓气候变化的成本平均将升高 138%，最多可达 2 倍以上。

专家认为，中国如果 CCUS 能在 2025 年或 2030 年得到大规模推广，将分别需要约 3290 亿美元和 5690 亿美元，如果时间推迟到 2035 年以后，总成本将飙升至 6260 亿美元。这个数字比较说明，CCUS 部署得越晚，代价越高。

中国可持续发展研究会气候变化工作委员会主任张贤表示，未来是多元复合能源结构，新能源不可能包打天下。即便到 2050 年，化石能源仍将占我国能源消费比例的 10%—15%，全球钢铁、水泥行业仍然剩余约 34%、48% 的碳排放量。这部分该怎么办？靠 CCUS。CCUS 技术"不可或缺"，它将扮演五个重要角色：

一是碳中和下剩余化石能源净零排放的重要技术选择；

二是火电行业具有竞争力的重要技术手段；

三是钢铁水泥等减排难度大的行业实现净零排放为数不多的可行技术方案；

四是未来能源体系和化工工艺流程提供绿碳的主要来源；

五是到 2060 年，我国仍有部分无法减排的温室气体需要通过碳汇和负排放技术来抵消，CCUS 与新能源耦合的负排放技术是实现碳中和的托底技术保障。

三、迫在眉睫　无路可退

中国 21 世纪议程管理中心总工程师孙洪透露，当前 21 世纪中心正联合有关单位抓紧编制的《碳中和技术发展路线图》中，CCUS 是路线图重点技术之一。其他技术包括零碳电力技术、零碳非电能源技术、原料／燃料与过程替代技术、集成耦合与优化技术。

比起"机不可失"，业内人士觉得"迫在眉睫"四个字更值得关注。

浙江大学教授王涛表示，我国 CCUS 技术虽然与国外起步时间差不多，发展却与国外有一定差距。

目前，全球有 65 座商业 CCUS 设施，每年可捕集和永久封存约 4000 万吨二氧化碳；在我国，截至 2020 年，有 35 个 CCUS 示范项目，但商业设施仅 6 个，我国总计二氧化碳捕集能力仅 300 万吨／年，2007 年至 2019 年累计二氧化碳封存量仅 200 万吨。相比之下，埃克森美孚公司已经累计捕集超过 1.2 亿吨二氧化碳，占全球 CCUS 项目总捕集量的 20%。埃克森美孚公司计划到 2040 年，实现每年 1 亿吨封存量。

通过比较，可以看出，国外基本是百万吨级，而我国 CCUS 国家示范工程的级别从 1 万吨到十几万吨，规模较小。而且，埃克森美孚公司已经宣布在墨西哥湾建立亿吨级的 CCUS 离岸封存项目了。

CCUS 商业化务必加速还有另一个原因，那就是不同技术之间的竞争。如果将煤电加装 CCUS 与光伏相比较，目前，加装 CCUS 运维成本约为光伏发电成本的 3 倍，但占地面积较后者优势明显。因此，如果 CCUS 在近期发展提速，运维成本或将进一步降低，CCUS 未来发展的确定性也就更大。

四、机遇在前　择路挺进

虽然挑战很多，但是多数企业代表一致认为，只要出台CCUS配套激励政策，企业参与的积极性就会提升，比如完善碳市场交易，让CCUS也能在碳交易中挣钱。同时，加快实施大规模全链条集成示范工程，超前部署新一代低成本、低能耗CCUS技术研发和突破，带动技术普及、产业发展。

当前，科技部已成立了碳达峰与碳中和科技工作领导小组，正在重点推进编制《科技支撑碳达峰碳中和行动方案》《碳中和技术发展路线图》，推动设立"碳中和关键技术研究与示范"重点专项。

魏一鸣认为，如果要在2030年迎来CCUS商业化拐点，现在就要开始基础设施建设，这需要大量投资支持。国际能源署预计，全球每年应用于二氧化碳管道和氢能基础设施的投资额，将从目前的10亿美元增加到2030年的400亿美元左右，也就是20年后投资要翻40倍。

"巨大的投资缺口需要重新设计CCUS投融资机制。"魏一鸣说。目前，我国CCUS投融资一直是热点，特别是2020年7月发布的《绿色债券支持项目目录（2020版）》，CCUS首次纳入其中。

魏一鸣及其研究团队得出的CCUS最优投资布局认为，CCUS项目应重点部署在环绕渤海湾盆地、鄂尔多斯盆地、南华北盆地、四川盆地等区域；可形成四个大型CCUS集群发展区，即长三角地区、环渤海地区、东北地区、新疆准噶尔盆地以南；需要对装机容量约175吉瓦的燃煤电厂实施CCUS改造，这些电厂主要集中分布在华北、华东与东北等五个区域，共计156座电厂。

专家们认为，我国地质构造丰富，具备注入潜力的地层可储存二氧化碳14540亿吨，能够满足未来数百年二氧化碳地质储存的需要，必须加大这方面的研究与应用力度。而被注入地下的二氧化碳并非再次沉睡，而是发挥新的作用。利用二氧化碳驱油技术，不仅可以大大提高石油采收率，而且将二氧化碳置换原油而长期储存于油岩中，还实现了真正意义上的规模减排。目前，我国"973计划"项目"温室气体提高石油采收率的资源化利用及地下埋存"已进入工程示范阶段，在吉林油田已埋存 8 万吨二氧化碳，实现了石油的绿色开发，取得了经济效益和环境效益的双赢。

现在，围绕 CCUS，业内已加快行动起来。除了编制《碳中和技术发展路线图》，以国家能源集团、华能集团、中石化、中海油等央企为代表的企业，加速技术研发、扩大示范规模、进行商业化探索，并计划以联盟形式，推动行业相关标准制定，推动 CCUS 高质量发展。

【延伸阅读】

捉来的二氧化碳能干啥?科学家变废为"金"

如果我们能捕集发电厂排放到空气中的二氧化碳，并将其变成有用的东西会怎么样? 东田纳西州的初创公司 SkyNano 正试图让这成为可能。该公司已经用罗杰斯维尔的田纳西流域管理局的约翰·塞维尔联合循环工厂排放的碳制造出了它的第一个纳米管。

该公司生产的碳纳米管可用于生产实用、耐用的产品，如电池和轮胎。SkyNano 首席执行官兼联合创始人安娜·道格拉斯（Anna Douglas）说，它将污染转化为一种有用的、对环境安全的材料。

道格拉斯说："我们正在生产一种真正高价值的产品，其价格点使其具有市场竞争力。""这确实为脱碳提供了一个直接的途径。"

碳纳米管是什么?

碳纳米管已被用于制造环法自行车赛的超轻自行车、极深的颜料、无人驾驶的船只和美国宇航局宇宙飞船的部件。IBM 的一个实验项目旨在将它们用作计算机芯片的组成部分。你也可以在你的手机充电电池中找到它们。它们的潜在用途是如此之大，以至于范德比尔特的纳米工程师和 SkyNano 的联合创始人卡里·品脱称它们为"黑金"。

它们非常坚固，柔韧性好，重量轻，原子管的六角形图案就像足球，非常小，在传统的显微镜下是看不到的。

将数以百万计的碳纳米管放入塑料中，它就能变得像铝或钢一样轻和坚固。只要稍微改变它们的化学性质，它们就能导电。"这是我们的最终产品，"道格拉斯说着，举起了一小罐黑色粉末，"在肉眼看来，它就像炭黑。但在放大镜下，它看起来有点像意大利面条。"SkyNano 公司的纳米管是用管道将二氧化碳从烟囱输送到锂盐反应堆，然后将其旋转成纳米管制成的。自然形成的纳米管数量非常少，很难追踪。

一些碳纳米管在森林火灾的烟雾中自然形成。每次你在家里点蜡烛时，灯芯可能会释放一些碳纳米管作为烟雾的成分。

古代陶工和铸剑匠在不知情的情况下利用了纳米技术的力量。在古代超高强度的陶瓷釉料和以强度著称的大马士革钢剑中也发现了碳纳米管。像烟的其他成分一样，你可能不应该吸入碳纳米管。但它们对环境的长期影响尚不清楚。一些证据表明，一些细菌可能将生物降解纳米管。

降低成本

碳纳米管从 1952 年开始被观察到，当时苏联的研究人员报告说，他们已经用碳制造出了细丝。但直到 1991 年，日本科学家 Sumio Ijima 描述了碳纳米管的结构和可靠的生产过程，这些都是鲜为人知的新奇事物。

20 世纪中期，全球纳米管市场的发展超出了研究范畴。从那时起，全球碳纳米管产量已增至每年约 3000 吨。但全球市场仍然很小，因为碳纳米管价格昂贵，起价约为每公斤 100 美元。典型的生产过程会产生很高的能源成本和有毒的副产品。SkyNano 旨在通过使用一种更清洁、能耗更低的工艺来改变这一现状。

"化学气相沉积"方法需要在高温下的真空条件，而该公司使用的电化学方法需要更少的能量，可以从有害空气中的二氧化碳中吸收碳。

"电化学提供了一种非常低成本的化学方法，"道格拉斯说，"这些效率数字在传统气相合成中是完全无法相比的。"

2022 年 1 月 7 日，周五，当地科技创业公司 SkyNano 用转换后的发电厂排放的碳纳米管生产了一些碳纳米管。这个过程是道格拉斯在范德比尔特大学（Vanderbilt University）的博士学位论文的一部分。2017 年，她参加了橡树岭国家实验室（Oak Ridge National Laboratory）创新十字路口（Innovation Crossroads）两年创业奖学金项目的首届课程。

捕集碳，垄断市场

2020 年，道格拉斯从能源部获得了一个 250 万美元的项目，以证明可以利用天然气工厂的排放来制造碳纳米管。田纳西河谷管理局负责创新和研究的副总裁乔·霍格兰（Joe Hoagland）表示，可持续技术有助于该公司实现其 100% 碳中和的长期目标。"一旦我们捕集了碳，问题就变成了：好吧，我该怎么处理它？"霍格兰说，"理想情况下，你真正想做的是用碳做一些能增加价值的事情。"

霍格兰说，如果这项技术在规模上得到应用，田纳西河谷管理局的二氧化碳排放量可能会变成碳纳米管的"惊人"数量。

目前，SkyNano 正在为特定客户生产少量的研究级纳米管。但它的领导者希望在未来几年内扩大规模，为商业客户提供服务。

霍格兰说："如果 SkyNano 能够捕集所有的碳，并将其转化为碳纳米管，它们将基本上占据全球市场。""市场有增长的空间，但（生产和使用）都必须增长。"

2022 年 1 月 7 日，周五，在诺克斯维尔的田纳西大学先进材料和制造研究所，看看当地科技初创公司 SkyNano 的实验室。SkyNano 最近宣布，他们首次从发电厂排放的碳中生产出碳纳米管。接下来，道格拉斯将专注于扩大该技术的生产规模，并制造一种反应堆，这种反应堆可以吸收发电厂的排放，并将其转化为现场的纳米管。道格拉斯说："所有这些发电厂目前为我们提供了大部分电力，让我们找到解决方案来脱碳。"（资料来源：环保微世界）

第五节　碳交易职业前景看好

减少温室气体排放、积极应对气候变化，已成为全球共识。培养专业人才，组建行业队伍，推动碳市场运营，参与国际化竞争已成当务之急。

从相关报道中得知，"十四五"期间，中国的石化、化工、建材、钢铁、有色金属、造纸、航空等高排放行业也将陆续纳入全国碳市场，到"十四五"末期，一个交易额有望超千亿元的全球最大碳市场将在中国建成。

碳排放权因为其稀缺性而形成一定的市场价格，具有一定的财产属性，在碳约束时代，逐渐成为企业继现金资产、实物资产和无形资产后又一新型资产类型——碳资产，即前文所说的"第四资产"。

对重点排放单位来说，碳资产管理得当，可以减少企业运营成本，提高可持续发展竞争力并增加盈利；管理不当，则可能造成碳资产流失，增加运营成本，降低市场竞争力，影响企业可持续发展。

对投资机构来说，碳市场已然成为资本博弈的新领域，各类碳金融产品和工具不断探索创新。

因此，培养一批了解碳市场相关政策、掌握碳排放核算核查技术和碳市场交易规则的碳排放管理人才，对控排主体实现碳资产的保值增值意义重大，对投资机构参与碳市场产生重要加持作用。因此，打开相关人事考试的网站，大量有关"碳资产管理""碳管理人才开发""碳排放交易市场实操"等培训课程，持续"上新"。

"碳资产管理"专业培训 火热报名中
碳市场万亿商机等你来挖掘！

【案例展示】

碳资产管理师培训招生简章

2020 年 9 月中国向全球宣誓，二氧化碳排放力争于 2030 年前达到峰值，努力争取 2060 年前实现碳中和。碳排放权交易作为推动实现碳达峰目标与碳中和愿景的重要政策工具，其价值作用日益凸显，全国统一碳市场也加速推进，并于 2021 年 7 月 16 日正式在发电行业率先启动碳排放权交易。

鉴于此，受人力资源和社会保障部教育培训中心委托，xxx 联合 xxx 等单位，组织如下碳资产管理培训课程。

培训特色

"碳资产管理"培训由人力资源和社会保障部教育培训中心全程指导和监督。完成培训并考核合格的学员将获得人力资源和社会保障部教育培训中心颁发的"碳资产管理"培训证书，学员可在人力资源和社会保障部教育培训中心官方网站查询自己的信息。此外，还将获得"碳排放管理人员培训结业证书"，该证书由北京绿色交易所颁发、认可并备案，持证人员可获得北京绿色交易所相关信息资讯和业务咨询等服务，并获得碳交易岗位优先推荐的机会。

培训对象

1. 2013—2018 年任一年温室气体排放量达到 2.6 万吨二氧化碳当量的发电行业 / 自备电厂碳排放管理人员；石化、化工、建材、钢铁、有色金属、造纸、航空等即将纳入碳排放管控行业相关单位能源管理人员。

2.各相关交易所从事碳交易综合业务、自营业务以及经纪服务类业务的会员单位从业人员；从事温室气体排放核算核查的咨询服务机构、第三方审核机构、节能服务公司相关人员。

3.国家低碳试点省市、园区、社区及政府与应对气候变化相关的管理人员。

4.其他关注中国碳市场发展、有志参与碳交易的人士。

培训内容

模块一：碳达峰、碳中和与碳交易

碳达峰、碳中和及其实现路径，碳交易机制原理与核心要素，中国区域碳市场政策及运行，中国全国碳市场建设进程，《碳排放权交易管理办法》解读，全国碳排放权交易规则解读。

模块二：配额碳资产

碳排放配额核定、分配与履约，国家温室气体排放报告体系及核算基本方法，重点行业温室气体排放核算方法与报告指南，解析温室气体排放核查标准、流程及企业核查应对。

模块三：信用碳资产

信用碳资产概论，温室气体自愿减排项目（CCER）开发，实务林业碳汇项目开发。

模块四：碳资产管理策略与实践

企业碳资产管理体系建设，碳市场投资与金融操作企业碳管理案例分享，碳排放数据的信息化管理及应用。

模块五：互动模拟碳交易实战模拟

培训讲师

国内碳交易体系的设计者；国内外碳市场研究机构、碳资产管理服务机构、第三方审核认证机构、碳金融产品创新与投资机构的资深专家以及国内重点排放单位的碳交易专员；北京绿色交易所一线业务专家。

……

据说，类似课程每期参加人数火爆。由此，我们看出，"双碳"目标下，让新兴的朝阳职业——"碳排放管理师"逐步进入人们的视线，各类碳排放培训课纷纷涌现。在巨量的需求面前，目前碳排放管理人才缺口巨大，碳排放管理人员的就业前景被众人看好。

在这场事关未来"减碳大业"的洪流中，各路教育机构正摩拳擦掌跑步布局，以其巨大的发展前景作为诱惑，吸引人们参加考证培训，以期实现最大限度的商业变现。

碳排放管理师主要做哪些工作？工资待遇和市场前景如何？碳排放管理师证书

的含金量怎样？目前市面上的相关培训是否靠谱？在实用性与智商税之间，如何才能避免成为"韭菜"？对此，来自"探客Tanker"的彭辉观察员做了如下报道。

一、被看好的新兴职业

碳排放管理师，这个因"碳中和、碳达峰"新风口而孕育的新兴职业，虽然契合当下的顶层设计，但要真正转换成职业的需求甚至刚需，还有不少路要走。目前，"碳排放管理师"证书的培训市场刚兴起，其正规性和专业性有待加强。

不过，随着政策的不断加码，未来碳排放管理专业人才的培养和教育或将迎来发展的黄金期。

2021年3月18日，人力资源和社会保障部、国家市场监督管理总局、国家统计局发布了18项新职业，"碳排放管理员"被列入国家职业序列。

根据其定义，"碳排放管理员"是指从事企事业单位二氧化碳等温室气体排放监测、统计核算、核查、交易和咨询等工作的人员。

具体而言，碳排放管理员的主要工作任务包括：监测企事业单位碳排放现状；统计核算企事业单位碳排放数据；核查企事业单位碳排放情况；购买、出售、抵押企事业单位碳排放权；提供企事业单位碳排放咨询服务。

根据公开资料，碳排放管理师主要服务于政府部门和电力、水泥、钢铁、造纸、化工、石化、有色金属、航空等八大控制排放行业。全国范围的企事业单位的数量是8000多家，目前碳排放管理人才缺口巨大，作为新兴高级综合型职业，碳排放管理师市场需求庞大。

自人力资源和社会保障部公布碳排放管理员职业以来，2021年7月，中国科学院率先启动了碳排放管理师培训考试，其余各大培训单位紧随其后，相继也开展了碳排放管理师和碳排放管理员的培训考试，目前市面上，被认为含金量较高的碳排放管理师培训考试及其发证部门分别是中国科学院和中国国家培训网。

由于职业前景持续向好，有业内专业人士甚至把碳排放管理称为继房地产、IT行业后的第三波经济增长点。

目前，碳排放管理师考试采取线上机考形式，考试内容包含《碳排放理论》和《碳排放管理实务》两部分。综合为一张试卷进行考试，由单项选择题、多项选择题、判断题和简答题组成，满分150分，90分以上视为考试合格，最终成绩换算为百分制。

"双碳政策下，这是未来的发展趋势。"一位招生负责人对"探客Tanker"说。不过，如同众多行业的发展规律一样，在行业兴起的初期，难免有人匆匆进场试图收割第一波红利，行业乱象由此而生，碳排放管理师的培训行业也一样。

二、刷够课时即可"包过"

"首考"，是"探客Tanker"在咨询有关碳排放管理师培训相关情况时，各个培训教育机构给出的一致用词，不过在考试时间上各家的说法不一。

"新兴行业的首考会相对宽松点，只要满足20周岁以上，大专学历就可以报考高级证书。但未来的考核就会很严格，需要从初级到中级、中级再到高级。"一家来自廊坊的职业教育机构碳排放管理中心招生老师向"探客Tanker"表示，只要刷够36个课时，即可以参加考试——考试是在线上举行，有计算机、有摄像头即可。而且，还可以保证包过，甚至还有免学免考名额。

"如果你打算参加考试，就可以帮你争取个名额。我们会在考试的前一天给你押题的资料，你第二天按照资料做，就可以通过考试。"这位招生老师表示，参加"首考"的人，无论是在考试还是找工作方面，肯定都会相对容易，原因是这些"吃螃蟹"的人将具有示范效应。

"如果各方面都不错，以后就会有更多的人来考证。"根据他的介绍，考试之后的证件是由中国国家人事人才培训网颁发，在取得证件之后，培训机构方面还会给考生提供兼职和全职的信息，甚至推荐工作岗位。

与这家位于廊坊的教育机构类似的是，在回答"探客Tanker"有关碳排放管理师报名考试相关情况时，北京一家做碳排放管理师培训的教育机构与一家来自承德的机构给出了几乎一样的回复。

这位承德的教育机构招生负责人表示，鉴于碳达峰、碳中和是政府的一项重要工作，碳排放管理师将越来越被企业，尤其是重点排放单位所重视。至少未来 10 年这个证书都会被国家列为重点行业证书，而且随着这个证书所涉及的行业越来越多，其含金量会也会越来越高。

他认为，目前这个证书的应用还属于"真空期"，所以现在拿到这个证书不管是全职还是兼职，收入都会"特别可观"。

据相关机构介绍，持有碳排放管理师证书的人可以从事多种相关工作，如碳排放管理员、碳排放咨询师、碳排放交易员、碳资产管理师、碳排放监测员、碳排放核算员、碳排放核查员等，大多是进事业单位，做二氧化碳、温室气体的检测和统计核算、核查、交易等工作。

在收入方面，这些招生机构的人员都给出了"很理想"的数字。"月薪基本在 1 万元左右，年薪至少在 10 万元以上，目前平均年薪在 16 万—32 万元。而且越往后面发展，薪资肯定也会不断增长。有碳排放指标的公司企业都需要这个碳排放管理师的岗位，必须持证上岗。"上述机构人员说。

在教育机构描述的碳排放管理师职业前景中，碳中和是未来的发展趋势，碳排放管理师的高含金量也注定了它广泛的从业范围。拿到碳排放管理师证书后，也可以兼职，比如一些企业单位想申请项目和资质，需要招投标时，就必须要有碳排放管理师。

"探客 Tanker"注意到，几乎每个机构的收费和学时都不太一样，有 36 学时、32 学时、28 学时不等，费用也有 2500 元、2980 元甚至 4980 元等，其招生老师对其营销的套路，也丝毫不亚于机构之于"鸡娃"族群。

三、市面上的培训靠谱吗？

碳排放管理师作为一项新兴职业，前景虽被看好，但目前有关的考试培训是否靠谱？

中国科学院人才交流开发中心相关负责人向"探客 Tanker"表示，有关碳排放管理师的考试报名目前已暂停，因为系统升级维护，官网上暂时报不了名，"从 2021 年 11 月 2 日开始，只报了一期，之后就在进行系统维护，具体维护到什么时候还不知道"。

他还不忘善意地提醒，现在网上看到的那些声称自己受到中国科学院人才交流开发中心授权还可以继续报名考试的都是假的。"我们的项目还没有恢复，恢复之后在官网上会公布，大家从官网上报名就可以了。"

在有关证件方面，这位负责人表示，大家交钱考试之后拿到的也是培训结业证书，而不是职业技能证书。这种线上课程培训，考试也是在线上进行，即通过线上课程链接学习，学完之后参加考试，考试完之后拿结业证书，并没有推荐工作机会之类的事情。

"我们只是一个培训结业证书，没有专业的技能效应。如果有人说这些，那就是骗人的话。"上述负责人说。

对于有机构说的"不限专业，直接拿高级证书"的说法，他表示："如果那些机构说的是由我们中心举办的，那就是假的，如果是其他地方举办的，建议好好去他们的官网看看。"

而"探客 Tanker"发现，很多碳排放管理师招生机构，其实并没有官网，甚至连公众号都没有。

中国科学院人才交流开发中心负责培训的唯一指定合作单位——中科国鉴的相关负责人对"探客 Tanker"表示，最近有不少机构可能在打着中国科学院人才交流开发中心或中科国鉴的旗号表示"包过保过"，希望大家不要相信，目前有关碳排放管理师的报名已经暂停招生。

在中科国鉴的官网上，有着多条公告辟谣，否认与多个教育机构有"合作"。

"我们已经暂停招生，如果是我们的合作单位，到时候我们会给他们发授权书，如果我们官网上可以查到它的授权，就是我们的合作单位，如果不是的话，大家就要小心被骗。"上述负责人说。

此外，他提醒大家一定要注意，由于碳排放管理师证书是不能兼职挂靠，也没有"包过保过"的事情，不要轻信招生老师的说辞，以及推荐企业之类。

总的来说，碳排放管理师这个证书的含金量还有待时间去检验，而围绕这个证书衍生出的培训行业也处于初级发展阶段，鱼龙混杂是其明显特征，因此人们需要谨慎报名，切勿成为新风口上的第一波"韭菜"。

第六节　碳交易人才开发

人力资源的培训状况，是一种职业兴衰的"晴雨表"。碳资源管理师的培训热、学习热、拿证热，说明这是一个潜力巨大的行业。

面对交易规模如此之大的碳市场，面向力争2030年前实现碳达峰、2060年前实现碳中和的战略目标，对碳资产管理人才的需求从来没有像今天这样迫切。对此，山东财经大学经济学院教授、博士生导师刘华军撰文指出，不论是政府、企业还是金融机构等，都迫切需要一大批既懂政策又懂业务的碳资产管理专业人才。如果不能在短时间内培养一批优秀的、专业的碳资产管理人才，就难以利用好眼前的万亿级碳市场。

【延伸阅读】

国内碳交易人才稀缺

国内碳交易方面的专业人才稀缺原因包括三个方面：

一是碳交易行业是新兴行业，其理论知识体系尚未构建；

二是碳交易涉及环境、金融、法律、管理等多个方面，相应地，其专业人才必须是通晓多个专业的复合型人才，培养难度大；

三是英语是现行碳交易行业的通用语言，CDM项目从其法律法规、项目设计文件的编制到审核均使用英语，这对于非英语母语的中国人无疑是一道障碍。

专业人才短缺是中国碳市场建设的一块短板，而事实上人才资源是第一资源，碳市场的未来优势说到底是人力资源的优势，人才培养是重中之重。（资料来源：易碳家）

在刘华军看来，碳资产管理是一个新兴的专业领域，目前主要由一些社会机构提供相关的人才培训服务和管理咨询服务。作为应用型人才培养的主阵地，高等院校要深入贯彻国家"双碳"目标战略，高度重视碳资产管理人才培养，充分发挥高等院校的学科专业优势，着眼"双碳"目标的实现，积极探索碳资产管理人才培养模式，加快碳资产管理人才培养，为实现"双碳"目标提供强有力的专业人才支撑。

第一，鼓励支持一批高等院校发挥相关学科优势，加强碳资产管理专业建设。碳资产管理是一个具有学科交叉属性的新型领域，为了对标国家"双碳"目标战略需求，要鼓励具有学科优势的高校特别是应用型高校、职业院校等，开设碳资产管理专业，加快本科、专业硕士、专业博士等多层次人才培养。为此，可从两方面入手加强碳资产管理专业建设：一是采取先行先试的方式，在不改变现有招生专业目录的条件下，遴选一批有低碳研究基础、有低碳专业教学特色的高等院校，以试点方式在相关专业开设碳资产管理招生方向，率先培养一批碳资产管理人才；二是依托高校现有低碳领域相关的科研机构，拓展并深化其职能，开展碳资产管理专业建设。目前，已经有很多高校面向碳达峰、碳中和成立了"碳中和研究院""低碳学院""绿色发展研究院"等科研机构。要鼓励和支持这些科研机构加强碳资产管理专业建设，将这些科研机构打造成碳资产管理人才培养的先锋队。

第二，加快开发一批碳资产管理优质课程，加强碳资产管理应用型课程体系建设。碳资产管理是特别强调应用的一个专业领域。目前尽管很多高等院校已经开设了诸如气候变化、资源环境经济学、环境科学等与碳排放相关的课程，然而碳资产毕竟是一种新生事物，因此多数高校在碳资产管理课程体系建设上都是非常薄弱的。为此，可以沿着两条路线加快碳资产管理课程体系建设：一是依托新开设的碳资产管理专业的研究方向，围绕碳达峰、碳中和、碳市场，加快开发一批碳资产管理优质课程，加快构筑起适应经济绿色转型的碳资产管理应用型课程体系；二是将碳资产管理课程延伸至相关专业，这些相关专业除了与碳市场相关的八大重点行业之外，还涉及法学、经济学、管理学、公共管理、环境科学等相关专业。通过碳资产管理课程在多个专业的全覆盖，加快推动碳资产管理人才培养。

第三，探索多渠道师资培养模式，加快碳资产管理专业师资培养和教学团队建设。碳资产管理人才培养，离不开学科专业建设和课程建设，更需要一批优秀师资和师资团队。师资建设滞后已经严重掣肘碳资产管理人才培养。为了尽快补强当前师资队伍建设存在的短板，必须要探索多渠道碳资产管理专业师资培养和教学团队建设模式。一是鼓励高校中具有低碳经济发展、金融工程、环境工程、公共管理等相关专业学术背景的教师，面向国家"双碳"目标战略需求，积极转变研究方向，加快形成碳资产管理科研团队，并充分发挥科研反哺教学的优势，打造专业碳资产管理教学团队。二是通过产学研合作，鼓励高校和社会机构联合进行碳资产管理师资队伍培训，尽快培养一批碳资产管理急需的优秀师资，在此基础上推动相关教学团队建设工作。

第四，聚焦"双碳"目标，推进产政学研深度融合，采取多样化的形式加强新时期碳资产管理领域的社会服务。在加强碳资产管理人才培养的同时，要围绕"双碳"目标实现开展全方位的社会服务，助力新时期经济社会全面绿色转型。一是加强碳资产管理领域的智库建设，为地方政府实现"双碳"目标和绿色发展建言献策。二是为政府、企业和金融机构等提供一整套碳资产管理培训服务，将碳资产管理人才培养服务从学校延伸至政府管理一线、企业生产一线和金融服务一线，加快推动全社会绿色低碳转型共识，整体提升相关人员的碳资产管理能力。三是为企业碳资产管理提供科学的咨询服务，并通过产学研合作，为相关企业提供碳资产管理外包服务。四是开展碳资产管理认证工作，为广大在校学生和社会人员提供碳资产管理认证服务。

在实现"双碳"目标的重大历史进程中，一流的碳资产管理人才对于把握绿色低碳转型的优势和主导权至关重要。高等院校要心怀国之大者，加快碳资产管理人才培养，为2030年前实现碳达峰、2060年前实现碳中和培养与储备大批优秀人才，为我国实现"双碳"目标提供强有力的人才支撑，为我国经济社会全面绿色转型做出应有的贡献。

【延伸阅读】

全国首个"负碳海岛"获中国质量认证

"证书来了！"拆开快递，袁静兴奋地直拍大腿。袁静是山东青岛西海岸新区灵山岛省级自然保护区科研服务中心负责人，2022年1月1日，正在值班的她收到中国质量认证中心（CQC）寄来的核查证书。

"这张CQC核查证书，代表着灵山岛成为全国首个'负碳海岛'。"1月18日，接受记者采访的袁静，仍记得看到证书那一刻的喜悦，"从知道认证结果到拿到证书，我们整整等了四个多月。"

灵山岛为何会成为全国首个"负碳海岛"呢？

负碳是如何算出的

隆冬时节，灵山岛上海风凛冽，山岭沟峦间树木大多已落光了叶子，只有松柏点缀其中。

"到了夏天，就可以看到满目青山。"灵山岛省级自然保护区党工委副书记、管委副主任姜霞对记者说。灵山岛上有12个自然村、3个行政村，807户2400余名居民，远离城市喧嚣，像个世外桃源。

"这里区域封闭、边界清晰，人员流动大，碳排放要素等相对完整，非常适合做'负碳试验田'。"姜霞说，2020年，青岛西海岸新区决定率先打造"双碳"示范区，经过综合考察，灵山岛被定为实验点，并把2020年全年作为碳核算的时间段。

"当时核查了三个多月，研究团队摸排了165家'渔家乐'、290辆燃油车、193艘渔船及2000多名居民、7.3万名游客生产生活全过程碳排放情况、森林碳汇产生的温室气体清除情况，才最终获得了核查结果。"在灵山岛挂职的青岛科技大学机电工程学院副教授李景哲全程参与了这次核查，"简单来说核查就两项，一个是碳排放；另一个是碳吸收。碳核算范围主要分能源活动的排放、电力调入引起的排放、太阳能发电带来的减排、农业活动引起的排放、废弃物引起的排放和森林碳汇六项。"

记者看到CQC核查证书上这样写着：2020年灵山岛上因为能源消耗、农业活动与废弃物处理等过程产生了5668吨二氧化碳当量，因森林碳汇产生的温室气体清除量为7001吨二氧化碳当量。由此可得出灵山岛所产生的二氧化碳当量为−1333吨。

"这个数据按照最严苛标准计算，由于作为蓝碳的海洋减碳，在国际上没有核算标准，如果算上蓝碳的话，我们的负碳数据将不可估量。"李景哲说。

"灵山岛远离城市污染、森林覆盖率高，能成为'负碳海岛'是不是理所应当呀？"面对记者的提问，姜霞摇头笑道："哪有那么简单，森林保护、垃圾处理等这些关系到减碳的大项，任何方面稍有懈怠，就可能功亏一篑。"

每项工作都不轻松

退耕还林、清理山羊、煤改电、限制燃油车、垃圾外运……在灵山岛采访时，记者深感与"负碳"有关的每项工作都不轻松。

"如果不是从1986年就开始实施退耕还林，灵山岛不会有高达80%的森林覆盖率，更不会有现在的'负碳海岛'。"姜霞说，35年来，灵山岛坚持不懈退耕还林，迄今已陆续还林3500亩，占整个森林面积的1/3多。

退耕还林后，岛上每个居民由政府出资补贴粮食，每人每月领18斤粮食。李家村村民李殿和说："一开始放弃祖祖辈辈延续下来的种地习惯，大伙儿有很长一段时间很难接受，现在已完全适应了。"

清理山羊是灵山岛保护森林的举措之一。"灵山岛过去共有 2043 只山羊，山羊吃草根树皮，对植被的杀伤力极大。"灵山岛党工委副书记沈久波说，从 2019 年起，灵山岛计划清理山羊，动员养羊户卖掉山羊，政府给予资金补贴。

一开始老百姓并不接受清理山羊政策。"草吃光了来年还会长嘛，不养羊以后吃啥，日子咋过？"56 岁的上庵村村民肖永正有过强烈抵触情绪，政府工作人员一次次上门讲道理，他慢慢明白这是大势所趋，最终卖掉了 200 多只羊，除了卖羊的钱，还额外拿到了 2 万多元的"禁羊钱"。"现在我出岛务工，比养羊赚得多。"肖永正说。

岛上的居民供暖过去都是靠烧煤，煤运输困难不说，碳排放量也大。从 2020 年开始，灵山岛实施"煤改电"。"铺设海底电缆给岛上供电，出台奖励政策鼓励用电取暖，虽然也有碳排放，但比直接烧煤排放少多了。"沈久波说。

用电取暖温度能行吗？价格能接受吗？这是毛家沟村民陈高峰的担心。"最初听到'煤改电'时，我心里直嘀咕，烧煤一冬天就花 1000 多元，用电的话电费岂不是噌噌往上涨，谁舍得开？烧煤屋里温度能达到近 20℃，用电暖器可别把人给冻坏了。"

抱着试试看的心态，陈高峰成为第一批"煤改电"实验者，"当地政府帮我们出 4000 元购买电暖器，我们只出 480 元就行，这一用就尝到甜头了，屋里温度比烧煤高了 5—6℃，电费一个月只需 100 元，再也不用担心晚上睡觉煤烟中毒。"目前，灵山岛已有 1/3 多的住户实现了"煤改电"。

控制燃油车存量禁止增量，也是灵山岛实施多年的政策，灵山岛旨在通过这一政策逐步淘汰燃油车。"岛上山路较多，汽油车劲儿大，能爬坡，但没办法，不让买汽油车，只能买电动车。"毛家沟村民肖义一度对这一政策颇有微词。

肖义在岛上从事汽车租赁工作，除了有 8 辆汽油车外，又在 2021 年买了 2 辆电动车。很快，肖义对电动车有了新的认识："真没想到，相比汽油车，游客们更喜欢新能源车，两辆都不够租的。"

"岛上的垃圾处理不容任何闪失。"李景哲说，"岛上的垃圾每天产出量为1.5 吨左右，虽然外运花费很大人力物力财力，但我们现在已经做到了 90% 外运，10% 通过堆肥处理，倘若不及时运走，整座灵山岛就会演变成一座'垃圾岛'，何谈'负碳'？"

大处着眼看减碳

有人质疑灵山岛的投入太大，"根本算不过账来"。灵山岛的投入确实大，海底电缆、环岛水泥路、退耕还林、太阳能路灯、各种补贴等，总投入上亿元。但这些投入有的是为了生态保护，有的是为了惠及民生。姜霞说："我们是在做好岛上生态保护、改善居民生产生活条件的基础上，顺便达成了'负碳'目标。"

如果从大处着眼算减碳账的话，仍有收益。李景哲说："以欧盟成熟的碳交易市场价格计算，每吨碳交易价格60欧元，灵山岛2020年的1333吨'负碳'价值60多万元。随着岛上减碳行动不断深化、森林覆盖率不断提高，未来价值会越来越高。"

"负碳海岛"还带来了其他效应。李景哲说，全国首个"负碳海岛"的品牌效应，会吸引大量旅游者。"疫情前岛上每年接待游客12万人次，如果不考虑疫情因素，未来这个数字会越来越高。对其他区域的示范效应更是难以用数据衡量。"

行走在灵山岛村庄的街道上，太阳能路灯覆盖率达到100%。以前岛上很多上了岁数的老人因为子女在岛外无法照料，现在老人可以享受到多种上门服务，免费到养老服务中心吃饭。近年来，还有很多村民选择回岛发展，其中还有不少大学生。

游客多了，当地居民纷纷开起"农家乐"、民宿，各类投资者争相登岛投资。目前灵山岛已建成165家特色民宿、2家海洋牧场，形成了旅游业态集聚效应。"灵山岛人均可支配收入从2018年的2.2万元，增加到目前的3万多元。"沈久波说。

即便已成为"负碳海岛"，灵山岛丝毫不敢懈怠减碳工作。

"定期植树是必选动作，每年会新增数千棵树。"姜霞说，"岛上植树特别不易，从苗圃运到码头，再经船运到岛上，岛路窄难走，别处1万元就能做完的事，这里要花3万元，整个过程费时费力。"

在李家村村委大院里，记者看到了一个300平方米左右的光伏发电场，党支部委员薛东宏说，这一光伏发电设施每年能发电9万千瓦时，直接接入电网。"未来，我们还将持续发力，用更多清洁能源替代传统电能。"姜霞说，"2022年起，我们还将把分拣后的垃圾全部外运，进一步推动'负碳海岛'的建设。"

除此之外，灵山岛还将发挥全国首个"负碳海岛"的品牌效应，在更大范围发挥示范带动作用。

"2022年我们将在岛上筹备起'碳积分银行'，通过建立低碳积分兑换制度，开展'低碳村庄社区'创建、'低碳旅游达人'评选、颁发'低碳达人证书'、举行科普研学等活动，引导居民游客主动参与到减碳行动中来。"姜霞说，通过一系列鼓励政策，让居民和旅客达成低碳共识，共同保护这座美丽的"负碳海岛"，让灵山岛这条可复制的特色"负碳之路"可以惠及更多城市和区域。

（资料来源：《经济日报》）

第六章

物权数字化与碳金经济

垂緌饮清露，流响出疏桐；

居高声自远，非是藉秋风。

——（唐）　虞世南

本篇前几章主要阐述了碳金时代是什么、碳金时代的机遇和挑战。本章主要探讨森林蓄储碳权跨时空前置交易（交易所交易之前）；探讨物权数字化、碳权物权化、碳汇数证化；探讨森林碳权如何结合数字经济，进行前置交易；探讨解决林农少量林业碳权如何"共同富裕"。

《中华人民共和国民法典》的诞生，"数字产业化、产业数字化"战略的提出，"国内经济内循环为主"战略的实施，尤其是《民法典》对共有物权、用益物权的法律条款的界定，使"物权＋数字化＋智能合约"跨界组合成为现实。

物权是指权利人依法对特定的物享有直接支配和排他的权利，包括所有权、用益物权和担保物权。

物权数字化（Property Right Digitization）是建立在物权的基础上，将物权实体数据模型化，进行识别—选择—过滤—存储—使用。引导、实现物权资源的快速优化配置与交易，直接或间接利用数据引导物权资源发挥作用，推动生产力发展，归属于数字经济范畴。

物权、数字化、智能合约进行跨界组合，将打破"整买整卖、整租整赁"的传统思维定式，将颠覆"生产、生活、交易、投资"的传统思维逻辑。

物权数字化是基于"数字经济"的新概念、新业态、新动能，将释放海量级物权市值的流动性和跨时空交易。

物权数字化生态系统——"物权实物数字化、物权交易数字化、物权确权数字化、物权用益数字化"，将"激活企业物权资产、盘活企业流动资金"，将"助推企业数字营销、铸造企业数字资产"，将"多元民间投资渠道，降低大众投资门槛"。

大数据是物权数字化的基石；

5G互联网是物权数字化的通道；

区块链技术是物权数字化的保障。

基于物权数字化的数证经济生态系统——权益资产数字化、权益价值数字化、权益流通数字化、价值创造数字化。

第一节　物权数字化善假于碳金经济

2021年是中国"碳金"经济的元年，"碳金"一词将逐渐被国人所熟知，从现在起，

"碳金"一词也将与大众生活息息相关，就像汽油一样。国家"30—60"双碳战略规划：2030 年碳达峰、2060 年实现碳中和，"碳金"交易将成为趋势和未来。

黄金时代：1944 年 7 月，在美国新罕布什尔州的布雷顿森林，通过了《国际货币基金协定》，美元与黄金直接挂钩，各国主权货币与美元挂钩，对标黄金实物。史称"布雷顿森林体系"，黄金时代正式开始。

黑金时代：1971 年美国政府停止美元与黄金兑换后，时任美国总统尼克松同意向沙特提供军火和保护，条件是沙特所有的石油交易都需用美元结算。由于沙特是石油输出国组织中最大的产油国和全球最大的石油出口国，其他国家不得不使用美元结算石油交易。美元与石油交易挂钩，各国主权货币也不得不与美元挂钩，对标石油，因为石油是黑色的反差黄金的黄色，史称"黑金时代"，石油成为全球最大的交易商品，黑金时代持续至今。

碳金时代：据权威发布，中国人均年碳排放 2 吨，美国人均年碳排放 4.4 吨。中国 2030 年碳达峰，2060 年碳中和，美国、欧盟早已过了碳达峰，承诺在 2050 年实现碳中和。美国碳排放指标现在交易价格每吨 100 美元，欧盟碳排放指标期货价格每吨 50 欧元，2021 年 7 月 16 日，中国首次碳排放交易 14 万吨成交额 709 万元人民币。

从以上数据和态势分析及全球顶尖级专家预估，全球性节能减排，清洁能源的规模性入市，石油需求将逐步下降，2030 年中国碳达峰时，全球碳排放指标交易将超过石油交易，将成为全球最大的交易商品，世界范围内黑金时代将走向没落，碳金时代正大步走来。

碳金商机：从黄金到黑金，从黑金到碳金，每个时代的更迭都蕴含着巨大商机，都是经济业态的一场重大变革，正如人类"从传统思维转变为互联网思维，从互联网思维转变为物联网思维，从物联网思维转变为数字经济思维"一样，每一次转变都带来了经济格局重组和巨大的造富浪潮。

中国具有社会主义制度优势，具有新型举国体制优势，具有超大规模市场优势，中国一定会牢牢掌握碳金交易的主动权，在兑现"30—60"双碳承诺的同时，也势必促成碳金交易挂钩人民币。

面对碳金时代，行业和企业都可以善假于碳金，企业节能减排、升级改造等结余的碳排放指标、企业植树造林等生成的碳排放指标，都可以通过"碳交易所"交易。

物权数字化碳资产：共有物权相当于共有碳排放指标。换言之，按份共有的物权同时可以按份共有碳排放指标，总体碳指标交易可以对标物权按份分享。这将增多民间投资渠道，降低大众投资"门槛"，寻常百姓也可以分享碳金时代的红利。

第二节 林业碳权投资物权化构想

一、模糊的碳峰值数据

我国的碳排放量是欧盟的 5 倍，美国的 3 倍。我国净碳排放峰值在 100 亿吨左右。作为世界第一制造大国，如果将 10 年内碳达峰视为缓冲期，以期实现累计排放、人均排放向美国对标，那么后面 30 年我国的碳中和之路将会有巨大压力。

2021 年 3 月，中央财经委员会第九次会议研究实现碳达峰与碳中和的基本思路和主要举措，举国上下都在贯彻执行，各省（区、市）也都出台了相应的规划和措施。

但是，无论是中央财经委还是省市地方政府，基础数据模糊。如基本目标表述：到 2030 年碳排放强度要比 2005 年减少 65% 以上，但是全社会都不知道 2005 年的碳排放量到底是多少。基本目标表述：2030 年我国森林蓄积量要比 2005 年增加 60 亿立方米，可是全社会都不知道 2005 年中国森林蓄积量到底是多少，每立方米蓄积量平均能吸收多少二氧化碳。

这些数据都处于模糊状态，没有任何官方表态，都是专家预估。

这种状况的出现，可能是我国过去在碳排放方面基础工作不到位、不扎实，导致数据缺失，数据不一致，数据不准确。

二、碳权投资规模分析

国际可再生能源署 2021 年公布的报告中指出：2050 年之前，全球规划中的可再生能源投资需增加 30%，也就是说要增加 130 多亿美元。

根据中国发布的数据和国际发布的数据进行综合评估，中国约占全球碳排放量的 30%，2019 年，据中金公司发布，我国人均碳排放量为 7.1 吨，美国 16.1 吨，欧盟 6.6 吨，但是美国人口只是中国人口的零头。按照当下美元与人民币的汇率，专家预估到 2060 年我国绿色投资总额在 140 万亿元人民币左右，如果按照国际可再生能源署的规划，我国将投资 280 万亿元人民币左右。

面对如此庞大的投资额度，既是机遇也是挑战！

一方面，绿色投资不是靠各级政府行政文件能解决的，也不是靠大家喊喊口号就能实现的；另一方面，预期实现如此规模的绿色投资需要出台一系列回报政策，更需要全社会行动起来。

碳排放的大户，自然是减排的大户，也自然是绿色投资大户，可想而知，他们将面临更大的压力和挑战。但是面对全社会，这何尝又不是巨大的商机和动力。

绿色投资是基于全球更大力度地引入碳中和与可持续发展原则，这其实就是一场轰轰烈烈的"能源革命"，更是一场长期可持续的具有大范围影响力的"供给侧"革命，面对进入"买方"市场的中国商业现状，将波及所有行业，并波及所有企业的投资价值。

三、减排型碳权物权化

将减排型碳权转化为物权，这是本书首次向社会提出的新观点、新思路。所谓碳权物权化，就是转变减排型企业转型后的属性，在其产权、股权没有变动的前提下，将碳权的物权属性激活，从而解决减排型企业的系列问题。

没有不缺钱的实体企业：在笔者撰写到本章时，俄乌开战一个多月了，其显著恶果在经济界体现得淋漓尽致，欧洲能源价格暴涨，粮食价格暴涨，大宗工业原材料暴涨，电动二轮车、三轮车、四轮车价格三日一涨，中国 95 号汽油破 10 元大关。

基于此，除"国家队"以外，占比 75% 以上的民营中小微企业面临缺钱，他们的生存都已经出了问题，何谈转型？何谈节能减排再投入？

节能减排再投资破题：善假于新思路、新模式，破题减排型企业绿色改造、绿色投资。碳权物权化，就是将企业绿色投资后形成的碳权从企业资产中剥离，从企业股权中剥离，使其形成碳权的物权资产，释放其使用权即用益物权属性，虽然是一小步转变，但却能迎来企业减排转型的海阔天空。

企业节能减排的绿色投入如果依托银行信贷，需要纷繁复杂的手续核准、抵押物尽调等，以绿色投资产生的碳权作为抵押标的物也不现实，既无法评估也无法预测。

而将碳权转化为物权，未来对标碳汇指数，获得预期，同时可以进行物权交易，将吸引机构、群体、社会的长期投资，物权化后的碳权，可以频繁转让，这将破解减排型企业的绿色投资难题。

四、吸收性碳权物权化

吸收性碳权是一个笼统性说法，主要指的是森林蓄积，即根据森林树种等一系列评估，形成吸收二氧化碳的数量，从而计算出碳权。有数据显示，1 公顷阔叶林一天就能捕集 1 吨二氧化碳，若按照美国碳交易所价格的一般波动水平 100 元人民币 / 吨计算，经核定的 1000 公顷森林一年大概可以产生 3000 多万元市场价值的碳排放权，而且类似这种形式的森林碳汇每年都会产生碳排放权益，若使用一般的资产定价模型来进行评估，森林碳汇所对应的长期资产价值巨大。

民间难登碳交易所：中国庞大的人工林、次生林大多在村民或流转后的民营企业手里，烦琐的调查、认证、评估、申报等一系列手续和费用支付，使单一的农户和小规模林权企业无法进入碳交易所交易，也就无法实现碳权交易。

基于此，农户和民营企业手里的林权所形成的碳权无法变现，自然也无法调动"植树造林"的积极性，他们只能深耕林下经济。基于此，2030 年新增 60 亿立方米森林蓄储任重道远，如果政策配套不足，掌握庞大森林资源的省、市、县国有、集体林场也无法短时间将碳权在碳交易所进行交易。

第三节　林业碳权前置数字化构想

一、共有碳权法理依据探讨

《民法典·物权编》第二章第二百一十五条　当事人之间订立有关设立、变更、转让和消灭不动产物权合同，除法律另有规定或者合同另有约定外，自合同成立时生效；未办理物权登记的，不影响合同效力。

《民法典·物权编》第八章第二百九十七条　不动产或者动产可以由两个以上组织、个人共有。共有包括按份共有和共同共有。

《民法典·用益物权编》第十章第三百二十三条　用益物权人对他人所有的不动产或者动产，依法享有占有、使用和收益的权利。

（1）共同共有的含义

《民法典》第二百九十九条规定了共同共有："共同共有人对共有的不动产或者动产共同享有所有权。"根据《民法典》第二百九十九条，共同共有是指两个以上的民事主体根据某种共同关系而对某项财产不分份额地共同享有权利并承担义务。共同共有与按份共有的区别有以下两点：第一，共同共有是根据某种共同关系而产生的，以共同关系的存在为前提。最常见的产生共同共有的共同关系是夫妻关系、家庭关系、共同继承的关系。虽然在社会经济生活中，夫妻关系、家庭关系为最常见的共同关系，但并不意味着共同共有不能因约定而产生。一旦这种共同关系丧失，共同共有的前提便不复存在，共同共有人便可以主张对共有物的分割。第二，共同共有不分份额，所有共同共有人平等地享有权利、承担义务。需要注意的是，虽然共同共有不分份额，但是当共同共有关系结束时亦可确定各共同共有人的份额。

（2）共同共有人的权利与义务

与按份共有人相似，共同共有人也对共有财产享有占有、使用、收益的权利，享有按照约定管理或共同管理共有财产的权利，享有物权请求权，享有全体共有人处分共有财产、对共有物进行重大修缮、变更用途或性质的权利。但是，共同共有也与按份共有存在不同之处。第一，由于共同共有人并不按照份额享有权利、承担义务，而是共同享有权利、承担义务，因此《民法典》没有规定共同共有人处分其共有份额的权利和优先购买权。第二，共有人对共有物进行处分、重大修缮、变更用途或性质，且对此没有约定时，需经全体共同共有人同意方能做出最后决定，这考虑到了共同共有关系的特殊性，有利于维护共同共有关系，保护共同共有人的权益。

相应地，共同共有人也共同对共有财产承担义务。根据《民法典》第三百零二条的规定，没有约定或约定不明确时，共同共有人共同负担共有物的管理费用以及其他负担，所谓"共同负担"，是指不按照份额的负担。

综合以上共有物权的法律条款，碳权数字化交易将有法可依有据可查，碳权物权化后形成的"用益物权"可以共同拥有也可以按份共有，数字化交易打破了整买整卖的交易逻辑。

二、共有碳权前置机制探讨

前文阐述过，我国碳达峰的峰值在100亿吨左右，预估森林蓄积（吸收二氧化碳）在30亿—35亿吨。2060年碳中和，需要减排65亿—70亿吨。如何盘活海量森林蓄积？如何促进增加60亿立方米森林蓄积？如何调动全社会积极投入？将现有当量碳权物权化是最佳解决方案之一。

先谈谈森林碳权抢夺乱象，相信在本书撰写的过程中又会有无数家涉碳公司注册成立，相信绝大多数是正规机构，也不排除部分是讲故事的高手，大致执行以下套路。

套路一：部分涉碳公司与市、县政府洽谈签约，承诺免费评估、认证、免费申报等，进入碳交易所交易，彼此按照约定比例分配交易所得。涉碳企业奔赴全国各地公关、洽谈、签约，疯狂扩大所持资源份额，"囤积居奇"，坐等利好政策，并不进一步实施。

套路二：部分涉碳公司与县、市政府大量签约，形成一定碳权资产资源后，与基金洽谈合作，逐步对所"囤积"的碳权进行评估、认证、申报，以期进入交易所交易，他们充其量就是个奸商，利用国家战略漏洞，绿色投资几乎为零，掠夺了本属于国家、集体、个人的碳权红利。

　　套路三：部分涉碳公司与需要减排的公司合作，承诺出具减排方案、承诺减排后形成碳交易后分利，通过程序、数据造假谋取不当得利。2022 年 3 月 14 日，生态环境部对四家机构碳排放报告数据弄虚作假等典型问题案例进行了公开通报。这些机构有的篡改伪造检测报告、授意指导企业制作虚假煤样送检，有的工作程序不合规、核查履职不到位、核查结论失实，造成了恶劣的社会影响。

　　此次被通报的四家技术服务机构的注册地址分别位于北京、青岛和沈阳，从这些分散的区域位置不难看出，生态环境部前期做了大量工作。

　　第一项构想设计：碳权物权化后可以进行数字化确权，将其 20 年的用益物权进行前置交易。前置交易是一种碳权转化为物权的期权交易。主要是利用农户手里林权和小规模林场林权的碳权交易，使其能立即用碳权活化资金进行维护及进一步绿色投资，规避了上交易所的不确定性。

　　第二项构想设计：碳权物权化后，机构和个人可以进行规模性投资，并利于形成规模性集群赴交易所交易，与此同时，扩大了民间投资渠道，降低了大众投资"门槛"，让社会大众能够分享"碳金"时代的红利。

三、共有碳权民间机制探讨

　　碳权物权化后，可以形成共有碳权模型，共有碳权数字化交易将释放前置碳权的流动性和跨时空交易。"共有碳权 + 数字化 + 智能合约"跨界组合，将一揽子解决碳权前置后的交易难点。

　　前文也提到，2060 年碳中和目标实现，需要增加 60 亿立方米森林蓄储，中国总体绿色投资将超过 140 万亿元人民币，仅仅靠喊几句口号无法解决，仅仅依靠国家也无法全部实现，需要调动全社会的力量来完成。

　　针对现有当量森林碳权前置交易，探讨以下途径。

　　① 碳权进行物权数字化：在产权不变，所有权不变的前提下，将碳权物权化，也就是将碳权的用益物权剥离出来，进行前置化交易，机构和民间投资者可以投资碳权未来 20 年乃至 40 年的预期收益。

老李碳权资源假设：村民老李拥有 1 万亩林权，收益主要靠林下经济，因为不能砍伐，老李植树造林的可能性没有，主要是种树无法变现也没有闲钱种树。如果老李要进行碳汇交易，就必须委托机构进行评估、认证、申请、上所交易，老李还必须支付现金，机构收费市价每亩 100 元或更多，总数为 100 万元。老李靠林下经济年收入甚至无法过万元，100 万元是个天文数字，同时 1 万亩体量太小，上所交易可能性也不大。综述：村民老李无法享受碳金时代的红利，以后是否有政策出台惠及老李，未知数。

老李困境解决方案：将老李 1 万亩林权物权化，林权证还是老李的、林子树木还是老李的、林下经济产权和收益还是老李的，除了把碳权用益物权剥离出来，老李什么也没损失。把老李所拥有的碳权前置，把老李 20 年、30 年碳权的用益物权出售给第三方，可以一次性支付，也可以 10 年支付一次，老李提前预支了碳权收益，可以继续植树造林，也可以继续出售新增碳权。第三方形成规模性碳权后，可以再次整理出售，也可以打包去交易所交易。

② 前置碳权数字化交易：前置碳权交易就是碳权的期权交易，只不过进行的是物权实物交易，不受碳汇交易所条款限制。因为是全新理念，也没有政策支持，随着碳汇交易越来越成熟，政府一定会出台惠民政策。

碳汇升值是不确定性中确定事物，距离碳达峰仅有 8 年时间，距离碳中和也仅有 38 年时间，碳峰值的 100 亿吨，到碳中和任重道远。中国碳汇现货每吨 50 元以下，美国超过了 100 美元，欧盟碳汇期货也超过了 50 欧元，近 10 倍的升值空间。业内专家预估，碳达峰前后，中国每吨碳汇将突破 1500 元人民币，现在预测为时尚早。

现就投资碳权新思路探讨如下：购买上文举例的村民老李碳权，可以是机构也可以是个人，也可以按份共有和共同共有，现有政策下只能将老李碳权物权化，进而物权数字化，购买的是碳权用益物权。

四、共有碳权确权机制探讨

参照本章第三节物权确权数字化，不再赘述。

第四节 林业碳汇期权数证化构想

一、数字化权益凭证

数字化权益证明，可使用、可转让、可流通、可识别、防篡改、防伪造，基于智能合约和区块链底层技术生成，简称"数证"（Digital Proof of Interest，DPOI）。

"数证"与国家明令禁止的代币、虚拟币、空气币及被热点炒作的"通证""非同质化代币"（Non-Fungible Token，NFT）等完全不同，"数证"不具备金融属性，只对标和伴随"实物、物权、用益物权、产品"交易过程的增减值而进行波动，既不能进行人为投机炒作，也不可能暴涨暴跌。

实物、物权、用益物权、产品对标数证，通过数证的便捷确权属性、快速交易属性，带动企业产品销售和市场份额占有，形成企业流量性数字资产。数证将促进"权益资产数字化、权益价值数字化、权益流通数字化、价值创造数字化"，它是开启共识经济辉煌明天的金钥匙。

二、消费商变投资商

消费商变投资商，貌似与本章主题风马牛不相及，实则不然，只有理顺理通消费变投资与数证及数证对标物——碳权的逻辑关系，才能实现本章的构想。

在产品短缺时代，消费者处于被动地位，消费的价值仅在哲学家的眼里具有重要意义；而到了产品相对过剩时代，任何人都不能再忽视消费的力量。消费者成为市场经济的主人，消费已成为市场的主导力量。消费决定着生产的成败，决定着每一张货币的投向，关系到每一个企业、家庭和个人。每个社会细胞的经济行为的终极目标都可归结为消费，任何产品的最终指向也都是消费。

实际情况证明，消费资本真正发挥作用是在产品相对过剩之后，而其作用是随着商品供求格局的变化而变化的。

消费资本还将对国家、地区和企业的经济发展产生不可估量的作用。消费资本量化是测量和激活国家、地区和企业消费资本存量，并使之充分发挥作用的重要的前提和关键的条件。为国家、地区和企业经济成长从资本构成方面提供非常精确的量化说明，对于解决国家、地区和企业经济发展提速、优化资本结构、充分发挥资本的作用具有重大意义。

把市场经济中消费和消费资本的力量系统地揭示出来，从而深刻地论证了消费资本的载体——当今数十亿消费者在市场经济发展中的重要地位和巨大作用，消费者才是市场经济的真正主人。他们是经济发展的原动力，他们是社会财富和企业利润的创造者。但是，几个世纪以来，他们在市场经济中的重要地位和巨大作用，连同他们的权益一起，一直处于被淡化、被边缘化甚至处于缺失状态。这是当今世界广大消费者依然处于"相对贫困"状态的根本原因。

新商业模式的核心特征是消费者与商家共同分享利润。新商业模式在实际运作过程中，将形成一个长期的、深层次合作的，甚至是互为股东、利润共享的紧密型的利益共同体。企业在这一利益共同体中发挥核心作用。为各合作单位提供卓有成效的服务，给合作者带来显著的经济效益，同时也给本企业带来巨大的利润。

三、"产品＋数证"商城

基于"数证经济理论"，"产品＋数证"商城即将横空出世，它将彻底颠覆"互联网电商商业逻辑"，数字经济的共识属性也必将终结传统互联网电商的信息属性，企业和个人的"数字资产钱包"即将诞生。

"产品＋数证"商城的底层逻辑就是"消费变投资"，前文已说明不再赘述。其表现形式类似于购买产品送积分，但是数证与积分不在一个维度，积分是传统商业百年前的产物，而数证是数字经济的产物。简而言之，基于碳权物权化后，其用益物权就彰显出来了，碳权可以作为"产品＋数证"商业模式中数证的对标物。

假设说明：隔壁老王在商场买了一个电饭锅，价格 1000 元，使用三年后，电饭锅报废后丢弃了，电饭锅除了解决了做饭问题，没有其他属性。

同样,隔壁老张在"产品+数证"商城也买了一个同质电饭锅,我们姑且称之为"数证电饭锅",也花了 1000 元,获赠了一个数证。这个数证的对标物是半亩碳权,碳权是企业从村民老李那里买的,碳权用益物权期是 20 年。同样,使用 3 年后,电饭锅报废丢弃了。但是老张还剩下了对标半亩碳权的一个数证,数证所对标的碳权交易假设 3 年获得了 1000 元,老张相当于免费使用了电饭锅。而且,老张还有这个数证对标半亩碳权的收益 17 年,其间老张可以在商城转让半亩碳权,数证就变更在购买者的名下,收益权归购买者所有;老张也可以继续持有该数证,继续收益,变成个人数字资产。

假设结论:当隔壁老王知道了老张"数证电饭锅"的故事,就不会去商场买电饭锅了,甚至微波炉也到"产品+数证"商城买了,当然,也会得到微波炉企业的"微波炉数证",这个数证可能对标的是 10 斤山西尧田醋。电饭锅企业通过"产品+数证"商业模式,虽然利润低了,但是销量暴增,资金回流迅速,又去找村民老李继续购买碳权,老李继续种树。

老张从购买电饭锅的消费者变成了投资者,拥有了数字资产,假设老张年消费 10 万元,都在"产品+数证"商城消费,他的数字资产就会越来越多。这就是消费资本论的底层逻辑,也是数证经济的具体应用。

数字化权益凭证,简称数证。数证是一种记录在区块链里,不能被复制、更换、切分的,用于检验特定数字资产真实性或权利的唯一数据标识,数证可以用来表征某个资产,数证是依附于现有的区块链,使用智能合约来进行账本的记录。

由于数证是独一无二且具有稀缺性的数字产品,你可以将任何东西捆绑到数证上。数证有很多重要应用场景。因为数证不可替代的特性,这意味着它可以用来代表独一无二的东西,比如博物馆里的《蒙娜丽莎》原画,或者一坛山西尧田醋的所有权。

"产品+数证"商城用智能合约为基础的数字化构成,包括物联网的信息采集和区块链的溯源检索。整个交易以智能合约的形式进行国家法律承认的公证。未来有任何争议可以在互联网法院进行溯源。

在现实物理世界中，同质化资产遵循相同的同质化协议，具有可替代性、可交换性、可分割性等特征，与同质化资产不同，数证具有独特性、不可替代性等特征，如山西尧田醋、稀有植物、房屋、楼宇、艺术品、游戏装备、数据资产等，这类资产的价值往往不是固定不变的，并且由于其唯一性和稀缺性，其价值可能会出现较大的浮动。

基于区块链的数证是一种记录在区块链上的数字资产所有权，具有唯一性、不可替代性、不可分割性等特征。数证通过智能合约来实现其所有权的转移，并通过区块链来记录所有权转移的整个过程。由于区块链具有公开透明、可追溯、防伪造和难以篡改等特性，任何节点都可以查看一个数证的所有交易记录，这就保证了数证交易过程的透明性、难以篡改性和防复制性。

解决方案：通过物联网、位置定位、公证等技术，高效精准地实现对个体化的固定资产赋予唯一标识，以及对该个体的变化过程进行数字化记录。

通过引入电子存证和互联网公证技术，解决数证的"匿名非法授权上链"问题、难以溯源监管的问题。

随着实物资产的不断变化（如植物的不断生长），其实物资产价值也在不断增加，与之对应的数字资产价值也在增加，早期数字化资产的投资者可以将数字资产转卖给下一位新投资者，从而获得资产增益。

实施过程：通过物联网和位置定位技术，赋予固定实物资产（例如植物）中一个唯一的标识，以便于唯一确定该固定实物资产。

对实物资产的变化过程进行数字化采集记录（包括但不限于采集时间、经纬度位置信息、拍摄图片和视频、拍摄人身份信息等）。

物联网技术（包括拍照、摄像以及其他传感器）可以跟踪该固定资产随时间变化的过程，一方面准确记录实物资产的生长过程，另一方面可以避免该固定资产被"调包"，将数字采集记录结果存入区块链，构建不可篡改的数字记录。

将数字采集结果通过可信的传输通道，加上时间戳信息，存入公证服务器，后续可以根据实物资产所有者的请求，公证服务器调取记录，出具相应的公证书。

第五节　林业蓄积行动大众化构想

森林蓄积，即根据森林树种等一系列评估，形成吸收二氧化碳的数量，从而计算出碳权。有数据显示，1公顷阔叶林一天就能捕集1吨二氧化碳。我国碳达峰的峰值在100亿吨左右，预估森林蓄积（吸收二氧化碳）在30亿—35亿吨。2060年碳中和，需要减排65亿—70亿吨。如何盘活海量森林蓄积？如何促进2030年在2005年基础上增加60亿立方米森林蓄积？如何调动全社会积极投入？如何破解难题让全民行动？

一、降低碳权评估"门槛"构想

完成60亿立方米森林蓄积目标，现行的评估政策和方式严重制约了对林业碳权的大范围行动，无法调动全民化实现这个目标。下面将广东省率先发布的政策作为延伸阅读。

【延伸阅读】

近日，广东省生态环境厅印发《广东省碳普惠交易管理办法》（以下简称《办法》）。规范广东省碳普惠管理和交易，促进形成绿色低碳循环发展的生产生活方式，深化完善广东省碳普惠自愿减排机制。该办法自2022年5月6日起施行，有效期5年。碳普惠是指运用相关商业激励、政策鼓励和交易机制，带动社会广泛参与碳减排工作，促使控制温室气体排放及增加碳汇的行为。广州碳排放权交易中心是碳普惠核证减排量交易平台，负责碳普惠交易系统的运行和维护，制定碳普惠交易规则，组织碳普惠核证减排量交易。申报碳普惠核证减排量应承诺不重复申报国内外温室气体自愿减排机制和绿色电力交易、绿色电力证书项目。详情如下：

广东省碳普惠交易管理办法

粤环发〔2022〕4号各地级以上市生态环境局：为深入贯彻习近平生态文明思想，落实绿色发展理念，充分调动全社会节能降碳的积极性，深化完善广东省碳普惠自愿减排机制，推动碳达峰碳中和战略目标实现，我厅重新编制了《广东省碳普惠交易管理办法》，现印发给你们，请遵照执行。

第一章 总则

第一条 为深入贯彻近平生态文明思想，落实绿色发展理念，充分调动全社会节能降碳的积极性，促进形成绿色低碳循环发展的生产生活方式，深化完善广东省碳普惠自愿减排机制，规范碳普惠管理和交易，制定本办法。

第二条 碳普惠是指运用相关商业激励、政策鼓励和交易机制，带动社会广泛参与碳减排工作，促使控制温室气体排放及增加碳汇的行为。

第三条 碳普惠管理和交易应遵循公开、公平、公正和诚信的原则，碳普惠机制下开发的项目应具备普惠性、可量化性和额外性。

第四条 广东省生态环境厅负责我省碳普惠管理相关工作，包括碳普惠方法学、碳普惠项目及其经核证的减排量（以下简称"碳普惠核证减排量"），指导广东省碳普惠专家委员会开展专业技术支撑等工作。

省生态环境厅依托省碳普惠核证减排量登记簿系统对碳普惠核证减排量创建、分配、变更、注销等进行登记和管理。

第五条 各地级以上市生态环境部门配合做好碳普惠管理相关工作，可根据实际情况组织开展本市碳普惠创新发展工作。

第六条 广东省碳普惠专家委员会由省主管部门组织成立，由国内外低碳节能领域具有较高社会知名度和影响力的专家、学者和工作者组成，负责碳普惠方法学的技术评估工作。

第七条 广州碳排放权交易中心是碳普惠核证减排量交易平台，负责碳普惠交易系统的运行和维护，制定碳普惠交易规则，组织碳普惠核证减排量交易。

第二章 碳普惠管理

第八条 碳普惠方法学是指用于确定碳普惠基准线、额外性、计算减排量的方法指南。鼓励将具有广泛公众基础和数据支撑、充分体现生态公益价值的低碳领域行为开发形成碳普惠方法学，重点鼓励适用于广东省地理气候条件下林业和海洋碳汇、适应气候变化相关领域的碳普惠方法学进行申报。

第九条 自然人、法人或非法人组织开发的碳普惠方法学向各地级以上市生态环境部门进行申报。地级以上市生态环境部门将具有较好工作基础、具备推广条件的碳普惠方法学报送至省生态环境厅。碳普惠方法学申报材料包括方法学备案申请表、方法学设计文件等内容。

第十条 省生态环境厅在收到碳普惠行为方法学书面申请后，由广东省碳普惠专家委员会组织专家进行评估论证，依据专家委员会出具的评估意见，对条件完备、科学合理且具备复制推广性的碳普惠行为方法学予以备案，并及时向全社会发布。

第十一条 自然人、法人或非法人组织按照自愿原则参与碳普惠活动，作为碳普惠项目业主依据碳普惠方法学申报碳普惠核证减排量。委托有关法人组织申报碳普惠核证减排量的，应当签署委托协议，明确各方的责权利。碳普惠项目业主在申报前，应将项目咨询服务、利益分配等关键信息向利益相关方进行公示，公示期不少于 7 个工作日。

第十二条 申报碳普惠核证减排量应承诺不重复申报国内外温室气体自愿减排机制和绿色电力交易、绿色电力证书项目。

第十三条 申报碳普惠核证减排量须书面向地级以上市生态环境部门申请。地级以上市生态环境部门依据碳普惠方法学要求进行初步核算后，报送至省生态环境厅。

省生态环境厅在收到省级碳普惠核证减排量书面申请后，视需要可委托第三方核查机构进行核查，经核查无误的予以备案，并通过省级碳普惠核证减排量登记簿系统将省级碳普惠核证减排量发放至参与者账户中。

第三章 碳普惠交易

第十四条 碳普惠项目业主以及符合碳普惠交易规则的交易参与人，是碳普惠核证减排量的交易主体。

第十五条 碳普惠核证减排量应通过挂牌点选、竞价交易、协议转让等交易方式进行交易。

第十六条 碳普惠核证减排量可作为补充抵消机制进入广东省碳排放权交易市场。省生态环境厅确定并公布当年度可用于抵消的碳普惠核证减排量范围、总量和抵消规则。

第四章 监督管理

第十七条 省生态环境厅应及时向社会公布碳普惠方法学、碳普惠核证减排量备案和碳普惠专家委员会名单等信息。广州碳排放权交易中心应及时向社会公布碳普惠核证减排量交易相关信息。

第十八条 碳普惠项目业主或受委托的有关法人组织应主动向利益相关方披露碳普惠核证减排量备案和交易信息，接受社会公众监督。

第十九条 碳普惠管理和交易有关机构及其工作人员，违反本办法规定，依法由其上级主管部门或者监察机关责令改正并通报批评；情节严重的，对负有责任的主管人员和其他责任人员，依法由任免机关或者监察机关按照管理权限给予处分；涉嫌犯罪的，移送司法机关依法追究刑事责任。

第五章 附则

第二十条 鼓励碳普惠核证减排量用于抵消自然人、法人或非法人组织生活消费、生产经营、大型活动产生的碳排放。

第二十一条 积极推广碳普惠经验，推动建立粤港澳大湾区碳普惠合作机制。积极与国内外碳排放权交易机制、温室气体自愿减排机制等相关机制进行对接，推动跨区域及跨境碳普惠制合作，探索建立碳普惠共同机制。

第二十二条 本办法下列用语的含义：

（一）温室气体：指大气中吸收和重新放出红外辐射的自然和人为的气态成分，包括二氧化碳（CO_2）、甲烷（CH_4）、氧化亚氮（N_2O）、氢氟碳化物（HFC_S）、全氟化碳（PFC_S）、六氟化硫（SF_6）和三氟化氮（NF_3）。

（二）碳普惠核证减排量的单位：最小单位为 1 吨二氧化碳当量。

（三）林业碳汇：指通过实施造林、再造林、森林经营管理、森林保护等，吸收并固定大气中二氧化碳的过程。

（四）海洋碳汇：指易于管理的海洋系统所有生物碳通量和存量，包括但不限于红树林、海草床、滨海盐沼、海藻及贝类的固碳过程、活动和机理。

（五）碳普惠共同机制：秉持减源增汇、跨区域连接、相互认可的理念，通过链接多元碳普惠，带动全社会助力实现碳达峰碳中和目标的创新型普惠减排机制。

第二十三条 本办法由广东省生态环境厅负责解释。

第二十四条 本办法自 2022 年 5 月 6 日起施行。有效期 5 年。

二、林业碳权前置交易平台构想

林业碳权前置交易，将调动全民"植树造林"的积极性；也会调动企业、机构、资本等投资增林扩林的积极性；也会"拓宽多元民间投资渠道，降低大众投资门槛"。增强了全民化享受"碳金"时代红利的机会和机遇。

首先，林场或林农持有的林权衍生的碳权，可以通过"林业碳权前置交易平台"，依托"碳汇期权"价值大范围变现，将变现资金再次进行"植树造林"。

其次，自然人、投资机构投资新增的林权衍生的碳权，也可以像商品一样通过平台快速自由转让"碳汇期权"，"植树造林"的个人和机构可以迅速变现，不需要到"碳汇交易所"上市交易。

林业碳权前置交易平台，其实质是中介平台，类似于房地产的链家、我爱我家，如果把"碳权"作为"商品"，就类似于"京东""淘宝"，只不过买卖的是 10 年、20 年的碳权。因为没有金融属性，政府可以主导建立，民间也可以自由建立。

林业碳权前置交易平台，将使用区块链底层技术，依托智能合约进行跨时空频繁交易，形成林业碳权前置交易生态系统——林业碳权投资物权化、林业碳权前置数字化、林业碳汇期权数证化、林业蓄储行动大众化。

"碳权前置交易"的方式方法前文做了简单探讨，在此不再赘述。林业碳权前置交易平台顶层设计、架构模型、交易规则等正在设计中，法律法规风险、运营风险也在评估中，期待早日与读者见面。

【延伸阅读】

推动"碳票"变"钞票" 开辟农民增收新途径

（光明日报网 2022-04-12 10：06）刘华军、田震（山东省习近平新时代中国特色社会主义思想研究中心特约研究员）

碳达峰、碳中和是经济社会全面绿色转型的重大战略决策。农业具有碳源和碳汇双重属性，是实现碳达峰、碳中和的重要领域。发挥好农业对于"双碳"目标实现的重要作用，不仅有助于促进新时期农业绿色发展，而且有助于推动农业"碳票"变"钞票"，为新时期增加农民收入开辟新途径。

新时期农民增收不仅要数"钞票"，而且要数"碳票"，实际上"碳票"就是"钞票"。目前，我国多地已经开始积极探索"碳票"变"钞票"的生态产品价值实现机制。2021 年 5 月，福建省三明市将乐县、沙县区签发全国首批林业碳票，迈出了全国林业碳票交易的第一步。此外，安徽省的滁州市、陕西省的咸阳市也先后出台了林业碳票管理办法，为全国探索林业碳汇交易路径提供了有益经验。在碳达峰、碳中和的背景下，为了发挥好农业在实现"双碳"目标进程中的重要作用，迫切需要构建起农业"碳票"变"钞票"的实现机制，加快推进以农业"碳票"为抓手的农业碳汇交易，让农业碳汇交易成为飞架在"绿水青山"与"金山银山"之间的一座金桥，开辟新时期农民增收的新途径。

一、构建农业碳源碳汇监测核算体系

农业碳源碳汇的监测核算是农业碳汇交易的重要基础。《关于完整准确全面贯彻新发展理念做好碳达峰碳中和工作的意见》明确提出，要"建立健全碳达峰、碳中和标准计量体系"，"加强二氧化碳排放统计核算能力建设"，"建立生态系统碳汇监测核算体系"。农业既是温室气体排放源，又是巨大的碳汇系统。准确的监测核算数据不仅有助于摸清农业碳排放、碳吸收家底，制定更为科学的减排固碳措施，同时也是农业碳票发放的重要依据。

当前，农业领域碳排放、碳吸收的监测核算缺少专业的研究平台和系列化标准，需要加快构建农业碳源碳汇监测核算体系。

一是制定监测核算标准。农业农村部、国家发展改革委、生态环境部等相关部门应协同配合，组织有关机构和专家，从监测、核算、报告、核查等方面展开研究，提出科学合理、简明适用的农业碳排放、碳吸收监测核算标准，明确监测核算边界。

二是建立监测核算机构。集聚科研院校、涉农企业、行业组织等各类相关主体力量，根据已制定的监测核算标准，加快成立专门的监测核算机构，并鼓励大型农业企业自主开展监测核算平台建设。

三是完善监测核算方法。加快农业监测核算技术的难点攻关，加大低成本监测核算技术的研发力度。不断优化监测点位布局，结合地面监测和卫星遥感技术，建设农业碳排放、碳吸收监测信息平台。推广使用先进的自动监测、快速监测设备和成熟适用的核算方法。

四是克服分散监测核算困难。支持小农户开展联户经营、标准化生产，统一进行监测核算。支持监测核算人员进入家庭农场、合作社和农业企业，为小农户和大型农业经营主体提供全程化、精准化和个性化的监测核算技术服务。

二、规范农业碳票的制发流程

农业碳票是一种收益权凭证，规范农业碳票的制发流程有助于维护农业碳票的权威性。当前，我国多地市已出台了林业碳票管理办法，2021 年 5 月三明市印发《三明市林业碳票管理办法（试行）》，2021 年 9 月滁州市印发《滁州市林业碳票管理办法（试行）》，2021 年 10 月咸阳市印发《咸阳市林业碳票管理办法（试行）》。各地市已制发的碳票地域性较强，很难在全国范围内自由流动，极大地限制了农业碳票的价值实现。

为了加快建立健全全国生态产品价值实现机制，为农业碳汇价值实现提供有效途径，需要统一做好农业碳票制发的相关工作，规范农业碳票的制发流程。

一是明确各级部门职责分工。农业农村部、国家发展改革委、生态环境部等相关部门应统一农业碳票制发标准，明确碳票样式，进行统一设计，制定明确的碳票申请细则。地方各级农业部门、发展改革部门、生态环境部门等负责农业碳票申请、审查、审定以及备案签发工作，并及时公布农业碳票持有、流转、结算等相关信息。

二是强化审查程序。重点审查申请材料的真实性、一致性和合法性，必要时可以开展实地调查。组织生态环境等部门和有关专家对监测核算报告进行审查，加强审查部门和监测核算机构的协调配合，实现监测核算与审查工作的高效顺畅对接。

三是引导农业经营主体申请制发农业碳票。支持条件充分的农民合作社和农业企业先行先试，作为首批农业碳票的申请主体。鼓励分散的农户通过联合或依托集体经济组织申请制发农业碳票。

三、建设农业碳汇交易平台

建设农业碳汇交易平台是推动农业"碳票"变"钞票"的关键环节。2021 年 9 月，农业农村部等六部门联合印发了《"十四五"全国农业绿色发展规划》。作为我国首部农业绿色发展专项规划，《"十四五"全国农业绿色发展规划》确立了全国农业绿色发展目标，明确提出农业绿色发展要遵循"坚持政府引导、市场主导、社会参与"的原则。

碳交易是利用市场机制控制和减少温室气体排放的一种制度工具。2021 年 7 月16 日，全国碳市场正式开始上线交易，这为建设农业碳汇交易平台提供了借鉴和参考。要按照国家生态文明建设和控制温室气体排放的总体要求，分阶段、有步骤地建设农业碳汇交易平台。

一是要做好顶层设计。生态环境部和农业农村部应加快组织建设农业碳票注册登记系统和交易系统，会同其他部门制定交易规范和交易细则，对碳票交易及相关活动进行监督和指导。

二是要优化交易平台管理。不断丰富和完善交易方式，提供线上线下交易渠道，支持采取电子化资金的交易模式。简化交易流程，提供交易指南服务，降低交易成本。

三是逐步扩大农业碳汇交易平台规模。丰富交易品种，加强多领域交叉研究，打通行业间碳交易壁垒，加快推动农业碳汇交易平台覆盖生产生活各个方面。在条件充分时，可逐步将农业碳汇交易纳入全国碳排放权交易系统。

四、激活农业碳票的市场需求

党的十八大以来，随着生态文明建设进程的不断加快，"绿水青山就是金山银山"理念深入人心，绿色发展方式和生活方式逐渐形成，为碳达峰、碳中和被纳入生态文明建设整体布局奠定了良好基础。实现碳达峰、碳中和是一项极具挑战的系统性工程，需要全社会多主体积极参与。碳汇交易则大大降低了市场主体减污降碳的成本，为企业、单位、个人提供了实现碳达峰、碳中和的有效途径。因此，碳汇交易市场的潜在需求量巨大。

为了更好地实现农业"碳票"变"钞票"，需要激活农业碳票的市场需求，促进更多的市场主体购买农业碳票。

一是通过宏观上的政策支持和制度规范，来引导重耗能企业参与农业碳票交易。通过绿色低碳标识建设，推动企业自主购买农业碳票来抵消企业活动碳排放，从而承担企业责任、塑造低碳品牌形象。

二是政府机关、事业单位、社会团体要积极参与农业碳票交易，做好践行社会责任的表率。鼓励碳服务机构、国有企事业单位采取保底收购、溢价分成的方式收储农业碳票。

三是探索构建覆盖企业、社会组织和个人的生态积分体系，将农业碳票消费纳入生态积分体系，结合积分情况提供各类政策优惠。

四是鼓励金融机构积极开发基于碳票的绿色金融产品，参与农业碳票的存储、交易、融资，创新质押贷款产品，探索将农业碳票作为贷款的可质押物。

五是通过新闻媒体和互联网等渠道，加大对农业碳票的宣传推介力度，提升农业碳票的社会关注度和认可度。

中央经济工作会议指出，要正确认识和把握碳达峰、碳中和。实现碳达峰、碳中和是推动高质量发展的内在要求，要坚定不移推进，但不可能毕其功于一役。农业碳票是利用市场机制推进碳达峰、碳中和的重要工具，作为"双碳"愿景下的新生事物，需要分阶段、分步骤、有重点地开展实践。要稳中求进、先立后破，在不影响农业稳定发展的基础上，把"绿水青山"变成"金山银山"，为"双碳"时代下农民增收开辟一条新的途径。

（本文系国家社科基金〔21BGL003〕、山东省社科规划重大研究项目〔20AWTJ16〕的阶段性成果）

【延伸阅读】

走进中国"碳票"第一村 看空气如何变成"钱"

这是一张碳票，它诞生在福建省三明市的常口村，最初的持有者是村民张林顺。

不过，现在这张碳票归老张的女儿女婿所有了。前段时间，老张把它作为嫁妆，送给了女儿。

一般来说，嫁妆总得是些值钱的东西，比如金银首饰、车子房子什么的，但碳票是什么？怎么就能做了嫁妆？

还真就能。

碳票是以林木生长量为测算基础，并依据计量方法换算成的碳减排量，经过林业部门、生态环境部门核定后，以"票"的形式发给林木所有权人，从而将空气变成一种可升值、可交易、可质押的有价证券。

简单来说，就是空气能卖钱。

拿老张的这张碳票来说，他家有 387 亩山林，在过去 5 年里，吸收了 1577 吨二氧化碳，以每吨 15 元的价格计算，这张碳票的价值就是 2 万多元。

而常口村村集体拥有的 3197 亩山林，其碳票的价值在 14 万元左右。

因为这一张张碳票，闽西北大山深处的这个小村庄，有了"中国'碳票'第一村"的美誉。

守护山林　取之有度

而这一切，是常口村人世代守护自家山林的结果。

常口村是一个传统的客家村落，唐朝末年，为避战乱，常口人的先祖南迁至此，在这片大山里扎根。

山林给予他们庇护以及生存的保障，所以房前屋后栽植树木，也就成了常口村人的传统。村里至今流传着"多栽杉和松，子孙不会穷"的俗语。

在常口村人看来，只有多种树，田里才有水，田里有了水，粮食才会丰收，人们的生活才有保障。

不仅如此，为了保护好村庄周围的环境，常口人还把山林分为生态林、风水林和用材林，前两者禁止砍伐，后者也要取之有度，不能任意砍伐。

清光绪年间，村里族长的儿子因翻盖房屋，误砍了几棵风水林的树。

族长得知后十分愤怒，立刻召集族人齐聚祠堂，当众把儿子鞭打一顿，并自罚十桌酒席，宴请全村。

随后，他又在村里立下一块禁碑，对山间林木的砍伐与守护做了详细的赏罚条例，自此，再也没有人敢打山上树木的主意。

人们用几分敬自然，自然便会用几分回馈人们。如今的常口村，森林覆盖率高达92%，1.9万亩山林环绕着村庄，使这里成为一个巨大的天然氧吧，常口人就在这高质量的环境中，度过了数百年的时光。

拒绝诱惑 留下绿水青山

不过，常口村人也不是没对这片山林动过其他心思。

福建自古有着"八山一水一分田"的说法，而常口村人均仅有一亩多地。

林多地少，曾经并不是优势。那时候，有限的产出只能满足自家的温饱。到了20世纪90年代，村里都还没有一条像样的马路，村民住的房子也是破旧不堪。

村庄发展不起来，村民们都很发愁。

此时，一家木筷厂看上了村里的这片山林，他们想购买下来，作为生产筷子的原材料，一开价就是20万元。

这对于当时的常口村来说，是个巨大的诱惑。

有了这20万元，村里就能修一条水泥路，还能安上路灯，建学校、建卫生站，这些都有了指望。

但是常口村人也清楚，如果砍光林木，恢复原样至少需要上百年。

是解决一时的困境，还是为子孙后代留下绿水青山，常口村人最终选择了后者。

人不负青山，青山也定不会负人。

借着这片山林，人们在林间种植了红菇、竹笋、黄精等作物，发展起林下经济，随着乡村公路的开通，这些原生态、无污染的产品，越来越有市场。

县里的水上皮划艇训练基地也落户到了这里，每年都有来自全国各地的专业队在这里训练、比赛。

清新的空气，秀美的山水，吸引着八方的游客来到这里，常口村人便在家门口开办起"农家乐"，乡村旅游也给村民带来了不错的收入。

2020年，常口村人均纯收入2.6万元，相比十多年前增加了十几倍，村民们过上了舒心的日子，开上了小汽车，住进了小洋房，日子一天天好了起来。

有了绿水青山这个无价之宝，常口村发展的路子变得越来越宽，未来的日子里，常口村人将继续守护着这片山林大地，不负青山绿水，为子孙后代留下一个更加绿意盎然的家园。

（资料来源：《潇湘晨报》）

下篇　中国经济第四极

想出新办法的人在他的办法没有成功之前，人们总说他是异想天开。

——［美国］ 马克·吐温

人的智慧掌握着三把钥匙，一把开启数字，一把开启字母，一把开启音符。知识、思想、幻想就在其中。

——［法国］ 雨果

物权数字化是个全新的名词，百度百科词条及中文和英文词汇都是笔者创作发布的。物权数字化是个全新的概念、更是一个全新的业态、也将是中国经济领域全新的动能。

什么物权？物权是指权利人依法对特定的物享有直接支配和排他的权利，包括所有权、用益物权和担保物权。

物权数字化（Property Right Digitization）是建立在物权的基础上，将物权实体数据模型化，进行识别—选择—过滤—存蓄—使用。引导、实现物权资源的快速优化配置与交易，直接或间接利用数据引导物权资源发挥作用，推动生产力发展，归属于数字经济范畴。

物权数字化是基于"数字经济"的新概念、新思维、新业态、新动能；将释放海量级物权市值的流动性和跨时空交易；将"激活企业物权资产、盘活企业流动资金"；将"重构企业渠道客群、应对产品过剩危局"；将"多元民间投资渠道，降低大众投资门槛"。

大数据是物权数字化的基石；5G是物权数字化的通道；区块链技术是物权数字化的保障。本篇论述建构了"物权实物数字化、物权交易数字化、物权确权数字化、物权用益数字化"生态系统。物权数字化是继投资、消费、出口之后的第四驾马车，是中国经济第四极。

第一章

物权数字化演绎经济第四极

桐花万里关山路，雏凤清于老凤声。

——（唐） 李商隐

40 年前你会开车，那就有铁饭碗；30 年前你会电脑你就是高薪人才；20 年前短信过年一天就能收入 40 亿元；10 年前你有个门市躺着都能赚钱。

今天呢？会开车已经是必备生存技能，不会网购几乎就是现代文盲，免费微信把短信彻底变成了寂寞，门市真的可以罗雀。

时代的车轮滚滚向前，迭代速度越来越快，学习新概念，形成新思维是永恒的主题。你永远在路上，打个盹偷个懒，你就会被抛在孤独的站台。

互联网、大数据、人工智能、5G、区块链等科技炫名词，不仅被人们逐一通俗化解读，而且这些新技术也在加速接轨百姓的经济生活。当这些前沿技术进入现实后，它们不但改变了许多行业的赛道，而且让许多普通人扩大了社交圈层，重构了生活版图，丰富了活动内容，更重要的是，切切实实提升了生活品质。所有这一切，固然是技术进步的结果，更是人们借助新技术大胆创新的结果。

数字经济催生了一个新概念、新思维、新业态、新动能——物权数字化。

第一节　物权数字化蓄势时代风口

一个新鲜事物的出现，必然会带来观念的转变，形成一股更新的动力，加速相关业态的重组。比如支付宝的出现，银行面临着改变；美团的出现，方便面企业面临洗牌；今日头条的出现，新闻网站变成了"老媒体"，报纸更是没人看了。所以，要想实现经济高质量发展，关键是要培育形成发展新动能。而数字经济已成为推动高质量发展最重要的新动能，其中，就包含物权数字化。可以说，随着"物权数字化"概念的出现，物权变成商品了，小微企业增加了新供给，民间投资渠道更显多元化，新业态新动能将促成新格局新气象。

一、物权数字化·定义

物权是指权利人依法对特定的物享有直接支配和排他的权利，包括所有权、用益物权和担保物权。

物权数字化是建立在物权的基础上，将物权实体数据模型化，进行识别、选择、过滤、存蓄、使用。引导、实现物权资源的快速优化配置与交易，直接或间接利用数据引导物权资源发挥作用，推动生产力发展。从类别上看，它归属于数字经济范畴。

物权数字化，依据《民法典·物权编》第二章第二百一十五条、第八章第二百九十七条、《民法典·物权编·用益物权编》第十章第三百二十三条等系列法条。将物权、数字化、智能合约进行跨界组合。将打破"整买整卖、整租整赁"的传统思维定式，将颠覆"生产、生活、交易、投资"的传统思维逻辑。物权数字化是基于"数字经济"的新概念、新思维、新业态、新动能。

中文名称：物权数字化

英文名称：Property Right Digitization

内容：包括物权、数字化、智能合约

与物权数字化的相关法律引用：《中华人民共和国民法典·物权编》等相关条款

二、物权数字化·概述

"物权数字化"从学术界到商业界都是个陌生词汇。2020 年 8 月 16 日"物权数字化（经纪）平台"启动仪式召开，在百度搜索中第一次以词汇形式出现，自此包括新华网、人民网、今日头条等百余家互联网新闻网站，都渐次出现了"物权数字化"专有名词。

"物权数字化"新概念依托《中华人民共和国民法典》之"物权编第八章"横空出世。

《中华人民共和国民法典》被誉为"社会生活的百科全书""保障民事权利的宣言书"。回顾人类文明史，编纂法典是具有重要标志意义的法治建设工程，是一个国家、一个民族走向繁荣强盛的象征和标志。拥有一部护航实现中华民族伟大复兴中国梦的《民法典》，是新中国几代人的夙愿。

编纂《民法典》，不仅完善了社会主义市场经济基本的法律制度，而且有利于营造良好的营商环境，并充分调动民事主体的积极性和创造性、维护市场交易秩序和交易安全。有利于营造各种所有制主体依法平等使用资源要素、公开公平公正参与竞争、同等受到法律保护的市场环境，推动经济高质量发展。

2020 年 5 月 28 日下午，十三届全国人大三次会议表决通过了《中华人民共和国民法典》，2021 年 1 月 1 日正式实施。

物权数字化是《民法典》"共有物权"在经济领域的新概念新理念，是"数字经济大时代"的又一个经济新概念。

三、物权数字化·业态

信息技术革命、产业升级、消费者需求倒逼，是推动新业态产生和发展的三大重要因素。

数字经济时代来临、企业物权融资需求、民间多元化投资需求，促使"数字化物权"成为商品，"物权＋数字化＋智能合约"形成了新的业态。

新业态是指基于不同产业间的组合、企业内部价值链和外部产业链环节的分化、融合、行业跨界整合以及嫁接信息及互联网技术所形成的新型企业、商业以至产业的组织形态。

物权数字化将打破"整买整卖、整租整赁"传统思维定式，将颠覆"生产、生活、交易、投资"的传统思维逻辑。物权增加了数字化属性，增加了商品属性，增加了类股票类证券属性。未来，买卖数字物权，就像在菜市场买菜一样便捷，就像在二手车市场一样海量随选。

物权数字化势必在经济领域催生出一个崭新的业态，必将拉动和促进"经济内循环为主"的实施。

除了受到技术变革的推动之外，消费者需求产生的倒逼机制在业态更新中也发挥着重要作用。回溯中国经济的发展，经历了从"产品为王"到"渠道为王"再到"终端为王"的阶段。"终端为王"的实质，其实是灵魂深处的欲望革命，如何捕捉到碎片式的欲望，是当今企业经营最大的难题。

随着移动互联网的出现，"点对点"推荐和"端对端"精准营销，已经成为不可回避的商业现实。由于不同细分市场，甚至是单一个体，作为顾客，他们的需求有所不同，因此，企业所提供的产品和服务，其价值主张和满足程度也有所不同，一旦需求发生变化，就会成为企业拓展新业态的重要机会。

四、物权数字化·动能

新动能是指通过结构性改革等新举措以及新一代信息技术革命，来培育经济社会发展的新动力。

时任国务院总理李克强在多个会议上指出：新动能呈快速增长态势，尽管目前在规模上还难以和传统的动能等量齐观，但它在保障就业、增加收入、促进转型升级方面，乃至在推动发展方面，正在发挥着越来越大的作用。

数字经济催动新产业集群快速成长。当前，互联网、物联网、云计算、大数据等新兴产业已步入快速增长期，云计算服务、数字安防等产业集群已形成全球影响力。

数字经济催动制造业形态加速重构。从各地来看，制造业数字化是数字经济融合的主战场，从"机器换人""工厂物联网"到"企业上云""ET工业大脑"，从数字化车间到智能工厂，数字技术对制造业的融合改造和提升向更深层次推进。随着工业互联网的广泛部署，传统制造迎来数字化、智能化驱动的转型升级热潮，不断催生出智能化生产、网络化协同、个性化定制、服务化延伸等新制造模式。

数字经济催动新商业模式、新型业态快速迭代升级。"互联网＋"环境下新技术的突破性应用、全方位渗透正在不断驱动商业、支付、物流与服务的全面变革，线上线下相融合已进入加速发展阶段，传统商业模式正在发生历史性变革。以消费者为中心，网络购物、移动支付等新消费模式不断成长和壮大。随着物流配送、在线金融服务、数据资源支撑等配套体系不断完善，电子商务进一步重构了商业生态，催生了线上线下相融合的新零售等全新产业形态，掀开了新型超市、生鲜市场、无人零售等风口，形成了全新的商业格局，带动了新兴消费的不断扩张和消费品质提档升级。

数字经济催生新生态、汇聚新要素。创新生态是数字经济蓬勃发展的核心密码，伴随着政府数字化转型和创新驱动的全面开启。以浙江省为例，浙江的数字经济创新生态持续优化，特别是之江实验室、阿里达摩院等一批聚焦前沿技术的重大创新研发机构相继成立，杭州城西科创大走廊建设提速，G60科创走廊规划建设高质量推进，物联网、云计算、人工智能等科创小镇不断涌现，各类创新空间、创新平台、创新载体串点成线、以线带面，各层级数字经济生态圈初成雏形，不断放大平台的集聚和辐射效应，不断集聚创新资源与要素。

物权数字化作为数字化经济的重要组成部分，作为异军突起的新动能，假以时日，必将撑起未来中国经济的新天地。

要想推进创新成果转化应用，就要依靠创新驱动打造发展新引擎，培育新的经济增长点，实现经济保持中高速增长和产业迈向中高端水平"双目标"。

物权数字化将激活企业优质物权、盘活企业流动资金，搞活市场资源配置；将促进民间投资渠道多元化、日常投资门槛大众化、经济资源交换高效化。势必释放中国民营企业海量优质物权资产、盘活海量流动资金，由此将汇成经济发展不可或缺的新动能。

第二节　物权数字化生态系统

物权实物、交易、确权、用益数字化，构成了一套完整的生态系统，依托此生态系统生成的企业专属数证，将一揽子解决企业发展的诸多难题。

一、物权实物数字化

实物泛指现实生活中具体的东西，也泛指实际应用的东西，一般来说实物就是在你面前的东西。"实物＋主人"就形成了物权，把实物的物权进行数字化，是现代计算机语言，通过计算机程序将实物分成百份、千份、万份，使其对标的实物也分为非物理性的若干份。物权实物数字化就是将实物及权益的物理属性数字化。

这是认知和理念的重大突破，在现实实践中，实物间的交换交易方式出现了重大变革，可以看作以前是牛车走在乡间小路上，现在则是汽车在高速公路上飞驰。

二、物权交易数字化

《易经·系辞下》中提到，"日中为市，致天下之民，聚天下之货，交易而退，各得其所"。交易原指以物易物，后泛指买卖商品。交易是指双方以货币及服务为媒介的价值交换。交易，又称贸易、交换，是买卖双方对有价物品及服务进行互通有无的行为。它可以是以货币为交易媒介的一种过程，也可以是以物易物。

物权交易数字化是基于物权实物数字化后的交易，它打破了几千年来"整买整卖、整租整赁"的传统思维定式，颠覆了几千年来"生产、生活、投资、贸易"的传统思维逻辑。

物权实物数字化交易将释放海量级物权市值的流动性和跨时空交易，"助推企业数字转型，助力企业顶层设计"，将"激活企业物权资产，盘活企业流动资金"，"多元民间投资渠道，降低大众投资门槛"。

我们仿佛听到了商业模式变革的滚滚雷声，即将来临的"产品+DPOI"的狂风暴雨，必将颠覆传统经济和互联网经济的商业模式。

三、物权确权数字化

确权是依照法律、政策的规定，经过申报、权属调查、实物勘测、审核批准、登记注册、发放证书等登记程序，确认实物所有权、使用权的隶属关系和他项权利。

物权确认请求权指的是因物权的归属、内容发生争议的，利害关系人要求国家司法机关确认其物权的请求权。物权确认请求权的内容是请求确认物权的归属。所谓确认物权的归属，就是确认物权的权利主体，即确认对特定的物权享有直接支配和排他权利的权利人，如所有权人、用益物权人、担保物权人。至于请求确认物权的内容，则不属于物权确认请求权的内容，而属于物权请求权的范畴。

确权是公共权力机关或机构以证书形式的法律确认，现实生活中，部分物权无法通过公共权力机关或机构通过证书进行确权，而是通过公序良俗、约定俗成进行确认，这导致了物权实物交易的过程中产生很多变数，交易过程复杂烦琐。

物权确权数字化基于区块链底层技术，以"物权实物 + 数字化 + 智能合约"对物权实物进行确权，对物权实物数字化交易后再度确权，保障了交易前后权属的明确，因其以数字化形式出现，可以根据交易结果数据进行溯源确权。

这是确权方式方法的一场革命，弥补了以前确权制度的空白，同时在司法实践中将便捷解决证据的采信，现实生活中将加速物权资产的流动。众所周知，流动才会产生价值。那些沉睡的物权，通过数字化确权就可以实现快速流动和交易。

四、物权用益数字化

用益物权是指非所有人对他人所有之物享有的占有、使用和收益的权利。用益物权的基本内容，是对用益物权标的物享有占有、使用和收益的权利，是通过直接支配他人之物而占有、使用和收益。这是所有权权能分离出来的权能，表现的是对资产的利用关系。用益物权人享有用益物权，就可以占有用益物、使用用益物，对用益物直接支配并进行收益。

【延伸阅读】

《中华人民共和国民法典》（以下简称《民法典》）

第二百九十七条　不动产或者动产可以由两个以上组织、个人共有。共有包括按份共有和共同共有。

第二百一十五条　当事人之间订立有关设立、变更、转让和消灭不动产物权的合同，除法律另有规定或者当事人另有约定外，自合同成立时生效；未办理物权登记的，不影响合同效力。

物权用益数字化、实物交易数字化、确权数字化后，用益物权既可以按份共有也可以共同共有，将用益即收益进行数字化管理和分配，就形成了全新的分配支付收益规则和方式，使依托物权实物数字化后的收益更明确、分配更透明、支付更便捷。

第三节　物权数字化打破思维定式

1978 年 5 月，一篇名为《实践是检验真理的唯一标准》的特约评论员文章，在《光明日报》一版刊发。它掀起了席卷中国的真理标准大讨论，成为那支撬动改革开放的哲学杠杆。短短 6000 字，开启了改革开放的序幕，确立了中国改革进程中的理论原则和思维模式，打破了"文革"的"思维定式"，迎来了"春天的故事"。

同样，物权数字化也是事关民生物权的一场轰轰烈烈的突破，即终结了几千年来"整买整卖和整租整赁"的传统思维定式，颠覆了"生产、生活、交易、投资"的传统思维逻辑。因此，打破思维定式，是迎接新赛道的前提。

思维定式（Thinking Set），也称"惯性思维"，是由先前的活动而造成的一种对活动的特殊的心理准备状态，或活动的倾向性。在环境不变的条件下，定式使人能够应用已掌握的方法迅速解决问题。而在情境发生变化时，它则会妨碍人采用新的方法。消极的思维定式是束缚创造性思维的枷锁。

举个简单的例子。如果给你看两张照片，一张照片上的人英俊、文雅；另一张照片上的人丑陋、粗俗。然后对你说，这两个人中有一个是全国通缉的罪犯，要指出谁是罪犯，你大概不会犹豫吧？

习惯思维定式："久会而成习，久合而成惯，久应而成习惯思维。""久"者，持续不断的。"会、合、应"运用操作的时机，内在根源。"会"者，同步相观；"合"者同性相斥、异性相吸；"应"者，同气相求，同声相应。前两者为观察、学习阶段，后者为分析运用阶段。习惯，按惯而习，"惯"者，引起本能的兴趣，内在规律，"习"者，反复操作或运用，即由于重复或练习而巩固下来的并变成需要的行为方式。

经常按这种行为方式进行问题思考，就会逐渐形成牢固的思维定式，深入到潜意识中并反过来支配自己的言行。

习惯思维定式，一般与个人的世界观的形成，存在着内在的必然联系。由于它具有社会性、阶段性以及知识经验的局限性，在一定的历史时期，成为指导人们个人行为方式的固有模式。当时代需要新旧交替时习惯思维定式又成为抑制发展的主要障碍。

"整买整卖和整租整赁"是几千年来形成的传统思维定式，从古至今从未改变，也无法改变。如果有人和你说，"我可以把房间一平方米卖给你"，他一定会被认为脑子有问题；如果有人告诉你，他想把一棵树的10%卖给你，你是否也觉得此人有病。

"整买整卖和整租整赁"就是对物权的固化认识，是几千年来的传统思维定式和交易逻辑。在"数字产业化、产业数字化"的今天，在"共有物权"法律锚定的今天，"整买整卖和整租整赁"传统思维定式被彻底打破，基于此"生产、生活、交易、投资"的传统思维逻辑也被彻底颠覆。

所以，将物权进行数字化管理，将资源按份额数共享的"大时代"来了。以"特色小镇"的业态为例。

一、特色小镇·兴起

据公开数据显示：特色小镇的数目已经升至3000多个，其中既有住房城乡建设部、国家林业和草原局等部门批准的小镇，也有各省政府自行批准的省级特色小镇，还有大量由企业主导操作的小镇。短时间内，小镇数量如此急剧增长，反映出部分地区的小镇建设已经呈现出"运动化"的苗头。

二、特色小镇·发展

目前已经有众多知名房地产企业纷纷与小镇签约，签约数目达数百个。这将使特色小镇趋向于"房地产化"。房地产企业做特色小镇，可能在小镇的硬件基础设施建设上有既往经验的支撑，但未必能够透彻地理解和把握住当地小镇的"特色内涵"。而且特色小镇的健康存续需要持重长久的运营能力，对运营者在生态环境和社会发展层面提出了更高的认知要求。部分房地产企业未必具有平衡企业逐利和生态健康两者关系的能力，更何况长期运营的耐心。

一些房地产企业如此青睐特色小镇的原因在于特殊的土地获得方式。特色小镇的土地获取不需要经过"招拍挂"，这大大减少了地产商获得土地的成本，因此不排除个别房地产企业把签约特色小镇当成了新增土地储备的新途径。一旦这种地产企业开发特色小镇的趋势形成，就会造成地价上涨、租金哄抬，最终会把特色小镇里的真正特色产业排挤出去。

三、特色小镇·结果

"前些年的风口理论"席卷了"特色小镇"，殊不知处于风口的猪飞起来了，风停了，猪呢? 死相很难看。

至此，一哄而起的特色小镇，现在是这个样子:

1. 大量烂尾堆积: 特色粗放式的推广，尤其是企业主导和房地产企业开发主导的特色小镇，已经产生了一系列问题，带来大量特色小镇建设的烂尾现象，浪费了各种不必要的生产要素。

2. 特色小镇变"鬼镇": 很多特色小镇建成后成了"鬼镇"，一方面是地产型开发模式，忽悠业主投资却没有长期经营的想法，赚了就跑;另一方面不是地产型的，以长期经营获利，资金链断裂，无法维持。无论以上哪一种模式小镇，一个最大的现实是: 特色小镇无特色、无吸引力、无资金、无经营、无服务。"五无"最终导致"无客流"，无客流又反过来加重了"五无"现象，走入绝境，形成了"鬼镇"。

四、特色小镇·病理成因

特色小镇陷入以上困境，其根本原因在于没有"顶层设计、价值塑造、资源嫁接"，形成了"拍脑门决策、拍胸脯担保、拍屁股走人"的"三拍小镇";缺少逆向思维,比如没有弄清楚"先解决什么人会来?为什么会来?再解决如何销售?销售给谁?最后解决如何建设?"等问题。

五、特色小镇·解困方案

面对数以千计陷入困境的特色小镇,数以千亿计的物权资产,如何助推昔日的特色小镇走出现实的发展困境?如何盘活小镇物权资产?我们依托物权数字化所具有的动能,能很好地为其分析症结并提供解决方法之一二。

援引"特色小镇"的案例,说明"物权数字化"能为相关问题提供解决之道,反过来说,数字化形成的生产力,在即将实施的"乡村振兴战略"中将大有用武之地。请看有关数字化促进乡村振兴的相关报道。

(一)"数字化生产力"促进乡村振兴

"数字经济"已经不仅仅是一个简单的经济概念,而是渗透在社会生活与经济发展的每一个环节中,数字化、网络化、智能化的信息通信技术使现代城市和乡村的经济活动更加灵活、敏捷、高效和智慧。而数字乡村是伴随着网络化、信息化、数字化和智能化在农业农村经济社会发展中的应用,以及农民现代信息技能的提高,而内生的农业农村现代化发展和转型进程,既是乡村振兴的战略方向,也是建设数字中国的重要内容。

(二)乡村振兴的"五维空间"与"数字乡村"的本质

如今城里人提到乡村,往往意味着一种绿色休闲的生活方式,它是田园的、自然的,带着温情,以至让人向往的美好地方。它可能是一幅美丽的画卷,无论是山水画述是水彩画,始终诱人。所以,我国实施的是"乡村振兴战略"而不是"农村振兴战略",这反映了中央提出这个战略的真实意图。

数字乡村的本质是乡村,乡村数字化的特征必须反映乡村的本质。乡村本质是由"五维空间"即地理空间、能力空间、有序空间、人文空间、梯度空间组成的多维集合体，是人、物、信息集中和交换的地方。党的十九大首次提出实施"乡村振兴战略"，并将其总要求明确为"产业兴旺、生态宜居、乡风文明、治理有效、生活富裕"。笔者认为，乡村振兴就是全面振兴乡村的"五维空间"，数字乡村就是让乡村的"五维空间"更智慧、更便捷、更高效、更安全。

"数字乡村"要充分展示乡村"五维空间"数字化应用水平，其本质是具有综合性、整体性、安全性的"五维空间"区域信息化发展的过程，在这个发展过程中要综合体现五大融合体系：一是建设广泛覆盖的信息通信网络；二是具备深度互联的信息体系；三是构建协同的信息共享机制；四是实现信息的智能处理；五是拓展数据信息的开放应用。

（三）解放和发展乡村"数字化生产力"的内涵

"数字化生产力"意味着在乡村的"五维空间"全方位采用数字信息处理技术，整体带动和提升农业农村现代化发展水平。在这个过程中，需要重构三大要素：一是具有一定数字技术知识和生产运营的劳动者，这需要培养一大批具有数字化知识和应用的劳动者；二是与数字技术相结合，以数字化生产工具为主的劳动资料；三是引入生产过程的劳动对象的数字化应用水平。

在数字乡村的推进过程中，首要的任务是利用数字技术对农田土壤生态环境的保护，国家应当建立全国一体化的乡村农田土壤生态的数字化监测与保护平台，通过卫星遥感技术、无人机、高清远程视频监控系统与"5G+物联网传感技术"的融合，统筹山水林田湖草系统治理数据，通过大数据管理工具和方法，采用大数据分析、数据挖掘、物联网以及人工智能等手段，强化农田土壤生态环境监测与保护。

发展乡村数字化应当系统研究和发展"数字化生产力"，重点实施"四个注重"：一是注重构建以知识更新、技术创新、数据驱动为一体的乡村经济发展政策体系；二是注重建立层级更高、结构更优、可持续性更好的乡村数字化经济体系；三是注重建立灵敏高效的数字乡村社会治理体系，开启城乡融合发展和数字化建设新局面；四是注重乡村劳动者数字化知识和应用技能的提升，积极培养乡村数字经济与技术应用人才，实施新型职业技术农民培养工程计划。

（四）弥补城乡"数字经济鸿沟"的建议

"数字鸿沟"主要指信息鸿沟，即信息富有者和信息贫困者之间的鸿沟。笔者认为，数字经济时代的"数字鸿沟"已经表现为一种运用数字技术创造财富能力的差距。因此，数字经济时代的"数字鸿沟"已经不仅仅是信息和通信技术的不同地域发展与应用的差距，而是基于"数字鸿沟"导致或拉大的城乡之间以及城乡内部群体之间的"数字经济鸿沟"。

"数字乡村"建设是"数字中国"的重要组成部分，数字中国是新时代国家信息化发展的顶层战略，是驱动引领经济高质量发展的新动力，涵盖了经济、政治、文化、社会、生态等领域。"数字乡村"战略是推动乡村振兴的质量变革、效率变革、动力变革的重要驱动力，也是促进乡村振兴、加快乡村转型升级的新动能。为此，笔者提出以下建议：

首先，总体布局"数字经济＋产业布局"，这是"数字乡村"在产业空间上的分布。科学的产业布局要充分利用大数据的分析工具，通过对地理位置、资源环境、社会经济、政策规划等各种因素的数据分析，实现产业的最优组合与最优配置，并利用"数字乡村"的产业集聚平台，实现产业在空间梯度上的产业集群效应。

其次，"数字乡村"建设应当与"智慧城市"建设并行，实现公共数据的共享，以数据链驱动和提升农业产业链、供应链和价值链，支撑农业数字化转型升级和乡村的高质量发展。乡村经济的繁荣能否长期持续下去，关键看"数字经济鸿沟"是在不断填平还是在不断扩大。弥补"数字经济鸿沟"，不仅仅是强化乡村信息基础设施建设，关键还在于提升乡村广大农民的数字知识水平与应用数字技术技能，弥补农民数字技术应用和技能的鸿沟。笔者建议，实施"数字乡村"新型农民职业技术能力提升计划，培养一大批乡村数字经济与技术应用人才。这是解放和发展乡村数字化生产力的基础，也是数字乡村驱动乡村振兴的重大战略问题。

最后，建议地方政府设立"数字乡村"专项引导基金，以"数字产业＋绿色金融"双轮驱动的产融互动模式推进"数字乡村"专项引导基金的运行。基金通过股权投资、农业保险金融、供应链金融等系列金融产品，促进一系列适应乡村数字经济产业的发展。（原题《发展乡村"数字化生产力"弥补城乡"数字经济鸿沟"》，作者：王春晖）

第四节　物权数字化激活优质物权

中小微企业融资渠道主要分为两条路径，一条是面向银行贷款；另一条是向民间借款。这两条路径的共同特点是：需要归还本金、需要支付利息、需要规定准确归还日期。有的企业为了按时还本付息不得不再次向高利贷个人拆借"过桥资金"。银行收到本金一旦拒绝再次贷款，会使企业资金链马上断裂，导致企业轻则破产，重则老板坐牢或跑路。

有没有第三条融资路径：不需要还本金、不需要付利息、没有时间要求？答案是肯定的，就是具备新概念、新业态、新动能三重属性的"物权数字化"。

依托物权数字化"激活企业优质物权，盘活企业流动资金"。

一、企业融资困境

小微企业融资难、融资贵问题，是一个世界性难题。即使在部分国家或地区出现一些针对小微企业融资的先进模式，也存在难以被普遍复制和推广等问题。在我国，开展小微金融业务存在着"雷声大，雨点小"的尴尬局面。

（一）企业在银行融资难

融资问题是企业经营发展过程中面临的重要问题，对商业银行而言，企业融资也是其主要的业务组成部分。融资工作的顺利进行需要商业银行、企业与第三方机构等的高效合作。

第一，垄断性银行组织体系和垄断性利差保护生存的制度性缺陷，制约了小微企业贷款的可获得性。在垄断条件下，国有商业银行单纯向有国家信用做担保、短期风险较小、综合收益高的大企业、大项目"规模化批发"贷款，长期贷款就有足够的利润空间，便不愿向融资"期限短、频率高、需求急、金额小"的小微企业发放 "零售"贷款，从而导致信贷结构失衡。

第二，商业银行的"重大轻小"纵容了其放贷的惰性，加剧了金融信贷资源对小微企业的"挤出效应"。国有商业银行出于集约经营和防范风险等考虑，不断收缩县域经营网点，在企业年产量、销售额、资本金等方面不断提高贷款准入门槛，并进一步上收信贷审批权限，导致国有商业银行信贷决策权大多集中在总行和省分行，很多县（市）支行只能开办存单抵押贷款和金额很小的个人经营性贷款业务。以湖南省益阳市为例，该市 2011 年贷款净增 500 万元以上的客户有 95 户，贷款净增额 46.1 亿元，占新增贷款的 83.6%，前 10 户贷款增额达到 26.2 亿元，占新增贷款的 47.5%，贷款主要集中在核电和基础设施建设项目，两个项目占新增贷款的 35.6%。

第三，商业银行贷款审批程序烦琐，中间收费环节过多和收费标准过高，导致企业融资成本高并抑制了贷款需求。国有商业银行新增贷款、转贷基本要经过基层行、二级分行、一级分行层层审批，有些项目还需总行审批，审批程序和环节较多，贷款决策链长，且贷款中间环节多、费率高。

第四，信贷激励约束机制不健全，有效抵质押物难以落实和担保难制约企业融资。一是信贷激励约束机制不健全。一方面，商业银行对信贷人员实行严厉的贷款终身责任制，为了规避风险和责任，信贷人员对小微企业产生了"多贷不如少贷、少贷不如不贷"的惧贷心理；另一方面，信贷正向激励机制存在偏差，如不少地方政府对金融机构支持地方经济发展发放的信贷奖金中，要求把奖金总额的 50% 奖给金融机构的"一把手"，50% 奖给班子其他成员，鲜有或没有奖给直接办理信贷业务而承担"无限"风险的信贷人员，影响了其营销小微企业贷款的积极性和主动性。二是有效抵质押物难以落实和担保难制约企业融资。

（二）企业民间融资难

民间融资是相对于国家依法批准设立的金融机构融资而言的，泛指非金融机构的自然人，企业及其他经济主体（财政除外）之间以货币资金为标的的价值转移及本息支付。

改革开放以来，随着我国经济的飞速发展，资本市场和创业投资的不断增长，培育了大批的小微型企业。特别是近十年来，小微型企业对我国经济及就业做出了巨大贡献，已经成为我国经济市场中不可忽视的中坚力量，但是这大批小微型企业当中能够健康成长并发展壮大的微乎其微，大部分小微企业的倒闭，其罪魁祸首就是融资失败。

因此，小微型企业在发展过程中普遍遇到的最大瓶颈就是融资的问题。融资困难和融资风险巨大，是阻碍小微企业发展的重要原因之一。

二、激活物权盘活资金

贯彻落实党中央、国务院关于生态文明建设决策部署，建立和实施自然资源统一确权登记制度，推进自然资源确权登记法治化，推动建立归属清晰、权责明确、保护严格、流转顺畅、监管有效的自然资源资产产权制度，实现山水林田湖草整体保护、系统修复、综合治理。

对水流、森林、山岭、草原、荒地、滩涂、海域、无居民海岛以及探明储量的矿产资源等自然资源的所有权和所有自然生态空间统一进行确权登记。

2019年，自然资源部、财政部、生态环境部、水利部、国家林业和草原局联合印发《自然资源统一确权登记暂行办法》，这也将意味着自然资源确权离我们越来越近了。

除了自然资源确权，包括地产及不动产早已进行了物权登记，至此企业、个人物权越来越明晰了。物权数字化就是对企业、单位、个人物权进行数字化，激活企业优质物权，盘活企业流动资金。

（一）银川："放活"经营权农村土地迸发生命力

近日，中央农村工作领导小组办公室、农业农村部对一批在农村土地承包经营权确权登记颁证工作中积极先行先试、工作扎实、成效显著、资金使用规范、档案齐全、信息化水平高的典型地区进行了通报表扬。包括银川在内，全国共有 27 个地级市、200 个县（市、区）获此殊荣。

近年来，银川市紧紧围绕土地制度改革主线，以稳定和完善农村基本经营制度、实现和维护农民群众财产权益、促进农村社会稳定、提升适度规模经营水平为目标，扎实推进农村土地承包确权颁证，不断强化承包农户的市场主体地位和家庭承包经营的基础地位，切实赋予农民长期、稳定的土地权利，有序推动农村土地经营权流转交易市场的健康发展，为维护农民土地承包的各项合法权益提供有力保障。

（二）盘活土地资源投入再生产

2020 年 11 月 9 日上午，灵武市梧桐树乡陶家圈村村民马占强一早就来到灵武农村商业银行了解贷款发放情况，上周五他拿着农村土地承包经营权证向银行贷款 10 万元，当天是放款的日子。

马占强一共有 20 亩地，按照 1 亩地 5000 元的贷款额度核算，他总共获得 10 万元贷款。自 2017 年通过农村土地承包经营权确权登记颁证工作拿到农村土地承包经营权证后，每一年他都凭此向银行贷款，贷款的金额再投入农业生产，他说"这个不用抵押，不用担保，拿着证就可以申请，以前想扩大规模没有资金，这下可解决了我一大难题"。

2019 年，马占强拿到了 8 万元贷款资金开始种植西红柿，当年收获颇丰，于是他想扩大规模，将西红柿种植实现标准化，"去年种了 6 亩西红柿，今年想扩大到 10 亩地，这样收入就更多了"。在听到银行职员向他介绍贷款申请通过的时候，马占强立马喜上眉梢，"没想到这么快，加周末才三天时间就拿到贷款了，太方便了"。

当天梧桐树乡还有好几位村民拿着自己的农村土地承包经营权证前来咨询、申请贷款，各项手续齐备后，灵武农村商业银行授信审批部副总经理李涛再带上各位村民的申请资料来到灵武市农村产权流转服务中心递交审核。

灵武市农村合作经济经营管理站副站长刘长青介绍，银行递交审核资料后，相关信息会录入信息管理系统中，审核结束后服务中心出具加盖公章的农村土地承包经营权证抵押贷款登记书和他项权证，之后银行便可以向农户发放贷款。

"从这两年的贷款情况来看，农户基本都能及时还款，信用良好。"李涛表示。

（三）明确土地权属减少矛盾纠纷

农村土地承包经营权确权登记是一种物权登记，依法赋予农民对承包地的占有、使用、收益、流转及承包经营权抵押、担保权能，进一步明确农民对承包土地的各项权益。

对于贺兰县立岗镇通义村的种植大户谢金伟来说，农村土地承包经营权确权登记颁证最大的好处就是明确土地权属，减少邻里之间的纠纷矛盾。他回忆道："以前大家为了争地块，经常发生矛盾，土地边界闹不清楚，企业也不来流转，农户自己种收益又不高。"

通义村党支部书记马瑞宁介绍，通过农村土地承包经营权确权，目前全村有11350亩地，全部流转给种植企业，村民在获取流转费、打工增收的同时，还可以租赁企业搭建的温棚开展农业种植，"租种企业的温棚，省钱省力，种植全程一条龙服务，不用操心销售问题"。

谢金伟是村里第一批拿到土地承包经营权证的村民，每年他都凭此向银行贷款投入农业再生产，这几年收入节节攀升。

（四）确权获得了"国字号"表彰

记者获悉，银川市农村土地承包经营权确权登记颁证工作于2013年试点开展，2014年全面铺开，2016年完成并顺利通过宁夏回族自治区总体成果验收。

近年来，银川市出台了《银川市关于强化现代农业风险防范机制的指导意见》，规范农村土地经营权流转行为，建立形成目标考核、统计报告、定期通报、会商研究、纠纷调处等各项制度，细化工作措施把好调查摸底关、外调测绘关、公示审核关和矛盾调处关，并通过设立现代农业产业发展投资基金、建立农业重大风险防范储备金、实行工商资本租赁农村土地风险保障金制度、探索开展土地流转履约保证保险等方式，构建支持现代农业发展与风险防控相结合的风险防范机制，稳健推进农村土地确权工作。

同时按照"六统一"模式，银川市高标准构建了市、县、乡、村四级农村产权流转交易服务平台，积极探索政企合作模式，引入第三方服务机构，为农村产权流转提供拍卖、评估、招标、测绘、法律咨询等专业服务，推进农村产权流转顺利开展，为优化城乡资源配置、激活农村产权要素创造有利条件。

2020年银川市农村产权流转中心组织进场项目64宗，成交42宗（其中土地6宗31518.4亩），总成交金额达到3311.18万元。

银川市农业农村局相关负责人介绍，目前我市还以县级为单位，规范开展确权登记数据库建设，在全区率先顺利完成了数据库成果汇交，让数据跑路、使信息增效，为做好信息应用平台的应用与连接、建立土地承包数据动态管理机制、实现以图管地创造必要条件。

截至目前，全市已确权面积126.33万亩，确权率92.06%；已颁发承包经营权证书139277本，发证率超过98%；全市农村土地承包经营权流转累计达73.26万亩，流转率超过58%。农业适度规模经营水平稳步提升，银川现代都市农业发展基础不断夯实。（选自银川新闻网 ycen.com.cn，作者：梁小雨）

第五节　物权数字化多元投资渠道

普通大众投资渠道狭窄，几乎没有选择空间，与此同时，诸多高收益项目投资门槛过高，把普通大众挡在了门外。普通大众只好选择风险高回报高门槛低的项目，诸如P2P、非法集资项目等。造成了诸多群体事件，埋下了社会不安定隐患。

因普通大众投资渠道窄投资门槛高，使他们无法分享"改革开放"形成的更多红利，贫富两极化趋势有严重化的可能。诸如，10年前在北京、上海、广州、深圳四大一线城市投资1000万元房地产，5年后轻松赚取3000万元，而普通大众把自己的10万元存到银行，5年最高利息收入也不会超过2万元，去除物价上涨因素，可能低于10万元本金的价值。

物权数字化，就是要把成千上万的优质物权进行数字化，多元化民间投资渠道；

降低大众投资门槛，让清洁工都能分享改革开放的红利。然而，当前无论是投资渠道，还是融资渠道，梗阻问题都不容小觑。下面的这则新闻述评，就真实再现了这一痛点。

百姓投资为渠道所困

动辄几十万元刷卡买黄金，短期内豪掷千亿元的"中国大妈"们，支撑起了不断走低的金价，一度创造了完胜华尔街大鳄的中国式神话。然而，大妈们并未能阻止大鳄，黄金跌价仍在继续，让大妈们没有占到便宜，反而被牢牢地套住。

从股市、楼市到如今的金市，中国人总是离不开一种近似疯狂的群体性买卖行为，"抢"这个字在很多场合被国人表现得淋漓尽致，抢盐、抢油、抢理财产品、抢黄金。这种行为并非基于理性的分析与思考，而是在于一种从众的心理。这种非理性的从众心理，一方面折射出百姓已经具备了一定的投资意识，但另一方面也反映出百姓在投资知识上的缺乏。

"抢"字背后，表现出来的是盲目，正是这种盲目导致很多人习惯蜂拥而上，"中国大妈"近乎疯狂地抢入黄金，这无疑也是一种不理智的行为。

"中国大妈"抢金潮的出现在一定程度上反映了国内目前的理财困境。

"中国大妈"此番上演的欢乐与哀愁所折射出的，是汹涌的民间资本无处安放的尴尬，是普通百姓投资渠道匮乏的现实。现在的国内理财市场低迷，缺乏可靠又有效的资产增值渠道，想要找到稳定高回报的投资方向并不容易。楼市门槛太高进不去，股市问题太多不敢进，银行利息太低不愿进……这么多年积累下来，如何把民间财富合理健康地释放出去，这里面大有文章可做。

我们认为，作为当代经济的核心，金融与人们经济活动甚至日常生活的联系也越来越密切，与此同时，因金融知识欠缺和风险意识缺失而引发的纠纷与损失也在日益增加。因此，大众投资理财教育刻不容缓，而需承担起这一社会责任的，不仅应该是金融机构的自发行为，更是需要政府相关部门的重视、引导和规范。

只有形成规范的资本市场，进而为投资者创造更好的机会，并且拓宽投资渠道，建立多元化、多层次、多品种的金融体系，短期、中期、长期的产品相结合，为包括普通百姓在内的投资者提供多种可靠的投资产品，民间的投资才会归于理性。

中国天量级优质物权的数字化入市，其成千上万个物权数字化项目将是一块巨大的蛋糕。

而随着农村城镇化的推进，农村居民的金融知识匮乏和风险意识缺失，或将成为关系到千家万户切身利益的一个现实问题。强化农村居民的金融知识与风险教育，显然很有必要。据一项对 7100 户农民投资意向的问卷调查结果显示，未来两三年内选择银行储蓄理财的被调查者比 2001 年降低了 23%，同期购买保险、国债、集资入股的则分别增长 22.5%、19.2% 和 10.1%，农民金融投资意识明显增强，但投资渠道与产品明显匮乏。金融机构有责任提供适合农民的投资产品，帮助他们创造更多金融资产。只有更好地让农民了解金融、运用金融、享受金融，有效防范风险，才能让农民更放心、更积极地参与各种合法金融活动，推动农村金融业的理性发展。
（选自《生活日报》，作者：魏传强、丁文奇）

上面的这则新闻，以下几点是需要我们重点思考的。

（一）疯抢国债现象

在炎炎夏日之下，四期凭证式国债刚一上市，就尽显"金边债券"的魅力，济南市几乎所有银行都出现了三年期国债"不售而罄"的场面，为数不多的五年期国债也在半个小时内销售一空。金融专家普遍认为，国债的异常抢手反映了市民理财投资渠道的缺乏。

（二）普通市民缺乏投资渠道

中国银行济南分行的理财专家认为，国债如此热销，既反映了国债的公信力，也是普通市民对于当前银行利息以及理财渠道狭窄的无奈反应。根据人民银行公布的 CPI 指数，如果去年年初存进银行 1 万元，到年底实际只值 9000 多元了，就这样还得缴一笔利息所得税。可以说，低利率甚至负利率却在天天消耗着普通百姓的资产。

山东经济学院区域经济研究院副院长董彦岭教授认为，股市一直飘忽不定，基金市场也是在低迷中跌宕起伏，两个投资领域已经让不少散户遇难而退；投资型保险往往期限过长，市民也不太认可；而在 2000 年曾经红红火火的人民币理财产品也从 2001 年 3 月跌入低谷。在老百姓投资理财别无选择的情况下，形成了凭证式国债再次受宠的场面。

（三）理财产品同质化严重

数据显示，截至 2001 年 6 月末，山东省金融机构人民币各项存款余额已达 16359.6 亿元，同比多增 350.3 亿元。为了争得更多的存款，各家银行的个人理财产品也层出不穷，理财市场表面一片"繁荣"。但现实情况则是，一家银行刚刚开发出新产品，其他商业银行就立刻跟进，尽管名目各异，但功能特点雷同、投资收益相当，相互复制金融产品已经成为公开的秘密。在产品同质化的同时，各家银行只有将卖点突出在收益率方面，这样银行的个人理财产品又陷入了攀高收益率的恶性竞争中，不但提高了银行的资金运营成本，而且使投资者的投资风险加大。当市民发现，理财产品到期后而银行的承诺无法兑现时，自然会对这些理财产品丧失信心。

（四）"高门槛"挡住市民理财路

普通市民难以找到理财方式还有一个原因不容忽视，那就是银行将一些好渠道优先提供给了自己的"理财客户"。但由于理财客户的"门槛"偏高，不少中低收入人群被挡在了"门外"。

据了解，工商银行济南分行对其理财客户的要求是：个人账户中的资产折合人民币总额达到 30 万元；山东省建行对其个人理财服务品牌"乐当家"的要求是省级客户 10 万元，全国级客户甚至要达到 30 万元。一旦成为银行的理财客户，银行将会提供给各种方便，比如提前预订国债等。

（五）市民呼唤多样理财渠道

"其实我并不想投机赚钱，只要能够让我辛辛苦苦挣来的钱保值就行。"在昨天国债发售现场，不少市民向记者说出了排队买国债的初衷，他们希望银行能推出更多的稳健型理财产品，而且各家银行的产品最好有所差别，以适合不同的群体。

山东经济学院的董彦岭教授介绍，由于方方面面的原因，很多在外地的理财产品在济南一直没有"落地"，省城的理财产品在深度和专业化上都不足。随着金融市场竞争的充分展开，省城各银行应逐步引入市场细分理念，确立以客户为中心的经营模式，根据客户需求开发新的服务产品。

不少金融专家提醒说，虽然中小客户的存款量不是很大，但从总体来看，由于这部分群体人数众多，其潜在价值是非常大的。所以银行在将理财业务的目光转向高端客户的同时，也不要忽视中小客户。

投资门槛高，理财渠道窄，困住了许多"手有闲钱"的人，也让许多企业、项目错过了融资、融智的机会。现在，回过头来看，有没有一种渠道，来连接资金的供需两端，满足项目（资金）的投资期许？如果引入"物权数字化"的模式，这个问题就可以迎刃而解。

第六节　物权数字化唤醒天量资源

当下的中国经济，无论是官方还是民间，都有发展的巨大愿望，都具备了发展的巨大潜力，但不可否认的是，由于管道嫁接问题、模式设计问题、信息对称问题、资源盘活问题，共同导致了发展所需的毛细血管，广泛存在着"梗"或者"堵"的问题，因此，需要我们从宏观着眼，从数字技术着手，抓住问题痛点，引进一种新机制、设计一种新模式，立足天量的优质物权，尽早构建出"中国经济第四极"，让经济社会迸发出巨大的活力。

应该说，我们对活力迸发的未来做出乐观的预期，在于我们的技术积累，在于我们的制度设计，更在于我们有无与伦比的资源优势。

中国发展到今天，几百年来我们头一次，能够在新一轮科技革命中，有足够的底气引领世界发展的潮流；反过来说，如果中国不能产生自己的话语权、理论体系以及执行路径，而是一味地从别人那里援引一些理论、经验，那么就无法创造灿烂辉煌的明天！经过数十年的发展，中国目前积累了自己独特的优势，这就要求我们，首先要识别这种优势，其次还要把它提升到理论高度，否则别人就无法理解和跟进，因为技术不完全是抽象化的人工智能、物联网、大数据，技术其实早就强势进入了每一个人的生活，接入了每个人拥有的资源。

有专家说，当前制造业就处于一个没有标准答案的时代，从技术角度来看，真正变革的序幕可能刚刚拉开，但数字化、智能化对制造业能量的激发已成潮涌之势，对生产要素的整合无时不在。可以肯定，只要真正认识并接入新技术，中国完全有希望尽早迎来经济发展的"第四极"。以下个案，可见一斑。

制造变"智造"资源变效益

2020年，一场突如其来的新冠疫情打乱了我们的发展节奏。疫情让不少制造企业面临来自成本、供应链、订单等压力，但在制造业一线，许多企业以工业互联网、人工智能为支撑的数字化智能制造，优化供应链，赶进度抓生产，硬生生地把耽误的"时间"抢回来，成功地经受住了疫情冲击。

"我们利用智能技术积极化解影响，最大限度地提高交付能力和产品可靠性。一方面，通过对生产过程中的数据进行分析，实时监控及时发现异常和隐患，从而降低操作失误率和生产风险。另一方面，健全的供应链保障体系，柔性、集约化的自动生产线，可实现全车系订单式生产，有效地为工厂排产，进而节约成本，提高效率，减少整车、零部件库存。"东风本田汽车有限公司第三工厂厂长曾幼明说。

向数字化要动力，企业在"云"上寻机。目前，东风本田通过开展数字化营销打通看车、试驾、购车等线上环节，"线上展厅""直播购车"等新销售模式备受消费者欢迎。疫情倒逼车企提升 AR/VR 等虚实交融的视频技术，使消费者在看清车辆布局的同时，提升试乘试驾的沉浸式模拟体验感。

由"制造"向"智造"的转变，是数字技术赋能制造企业复工复产的生动写照。不仅是汽车制造业，关乎国计民生的食品加工业等大批传统产业工厂都在悄然蜕变，面对疫情冲击，"韧性"调整运营。

传统行业的数字化、智能化转型能够增强企业的抗风险能力，化解外部环境变化带来的影响，增强中国经济的"免疫力"。

"在疫情冲击之下，率先实现数字化、智能化转型的制造企业能够增强自身业务的抗风险能力，有利于快速实现复工复产，提高生产效率，迅速恢复产能。"中国工程院院士、天津大学校长金东寒说。

走进蒙牛智慧牧场，人工智能技术赋能传统奶牛场精准饲喂、疾病监测、育种管理等各项环节。智能监测生长周期，自动投喂营养搭配的饲料，摄像头结合 AI 算法进行体况评分，智能项圈分析奶牛运动步数……800 多个牧场的 100 万头奶牛都有了"云管家""云医生"，准确预测牧场的产量，为奶源的安全提供了更加科学健康的保障。

"一盒牛奶背后有 170 兆字节的数据。"蒙牛集团总裁卢敏放说，从奶牛饲养到牛奶生产全流程采取智能制造模式，摆脱传统人力手工对产能和效率的束缚，确保企业生产运营不会轻易受到疫情、事故、人员变动的影响，并最大限度地保证灵活性和准确率。

在大数据技术助力下，不但企业的内部资源被充分整合，还能精准地以消费需求指导生产，从而以消费升级带动供给升级、制造升级，从而使人的价值和物的价值都得到充分发挥。

一、新经济释放新动能

相关数据显示，疫情期间，京东生鲜从除夕至初九销售同比增长 215%；企业组织在钉钉上发起在线会议的数量，单日突破 2000 万场、超 1 亿人次；青岛通过 5G 网络和云视讯系统，完成 12 个重点项目"网上签约"……足不出户，生产者和消费者各得其所、各受其益。

国家统计局数据显示，2020 年第一季度，网上会议、线上交易、在线教育等促进信息传输、软件和信息技术服务业增加值同比增长 13.2%；实物商品网上零售额同比增长 5.9%。3 月，高技术制造业增加值同比增长 8.9%；智能手表、3D 打印设备、服务器、半导体分立器件等电子类产品继续保持高速增长态势。

从系列数据可看出，在疫情挑战下，以新业态新模式为代表的新动能呈现逆势而上、激流勇进的韧劲。正是这种韧劲，为中国经济注入更强动力。

"数字经济发挥其网络化、平台化、智能化的优势，以其强大的协调能力和通达能力，打破了经济活动的空间限制，推动了疫情期间消费持续保有增长的态势。"中国信息通信研究院数字经济研究部工程师郑安琪说。

疫情带动了多家生鲜电商顺势突围。美菜网是一家餐饮企业供应链服务商，1月底，美菜网把客户从餐饮企业拓展到个人消费者。创始人兼CEO刘传军说，2月初，一周时间内新用户增长了4倍，订单"爆单"近5倍。

"我们将大数据、物联网等技术同食品供应链深度融合，需求端通过电商平台定制化订单采购农产品，农民根据订单需求生产规模化，提高效率的同时降低采买成本和决策风险。同时，大数据分析出消费者需求、口味、趋势，及时预订相应食材。"刘传军说。

互联网新技术实现了上游农业和下游餐饮业改造，为农民增收、为餐厅增效，让数字经济新动能充分释放。

二、新业态创造新福祉

疫情之下，互联网数字平台发展开启了"加速键"。在实现线上销量翻倍增长的同时，也在吸纳就业等民生工作中发挥积极作用。

随着无接触服务需求增加，阿里巴巴集团合伙人、阿里本地生活服务公司总裁王磊说，疫情期间，仅武汉地区饿了么商超的订单量增长近十倍。商超订单呈现爆发式增长，一边是巨大的消费需求，另一边是人手运力不足的难题凸显。

饿了么相关负责人表示，平台招募了数十万名骑手，同时推出共享平台创造灵活就业，因疫情期间赋闲在家的员工可"共享"到人员紧缺的外送行业，这种"共享"模式促使企业在用工思维上进行根本性转变。此外，也催生出人工智能训练师、菜品流程构架师、网约配送员等新职业。

在线购物的蓬勃发展，促使数字化生活服务平台创造更多的就业增量，成为带动就业的新引擎。"数字经济领域已成为吸纳就业的重要渠道之一，同时数字化'新基建'也成为促消费、强民生的新通路。"饿了么相关负责人说。

就业是民生之本。4月17日，中共中央政治局会议在宏观政策"六稳"的基础上首提"六保"目标，保居民就业居于"六保"首位，这也是六稳与六保的唯一交集，更加凸显了在疫情冲击下做好保就业工作的重要性。

"此次疫情凸显了互联网平台的作用，不但加速了中国服务业的全面数字化，也用新业态创造了大量的灵活就业岗位，成为中国稳就业、灵活就业的新引擎。"中国社会科学院社会学研究所研究员吕鹏说。

三、新机遇期待新作为

蓬勃发展的消费新业态、新模式，强烈地释放出了"必须加快构建数字经济新业态"的信号，催生了新型基础设施建设需求。

过去两个多月，网络会议平台卡顿、部分贫穷地区网络基础设施落后导致学生无法正常上网课、一些居民无法在线就医问诊等情况，对数字行业进行了一次前所未有的压力测试。着眼于当前疫情防控和经济社会发展形势的不确定性和复杂性，加快新基建发展越发重要紧迫。

新发展面临新挑战，新机遇期待新作为。

从中央到地方，频频出台支持打造数字经济新引擎举措，加快5G网络、数据中心等新型基础设施建设成为中国经济发展中的热词。

研究表明，数字化程度每提高10%，人均GDP（Gross Domestic Product，国内生产总值）增长0.5%—0.62%。作为新基建之首的5G网络建设，中国信息通讯研究院预测，预计到2025年我国5G网络建设投资累计将达到1.2万亿元。2020年至2025年，我国5G商用直接带动的经济总产出达10.6万亿元。

新基建与数字技术发展紧密相连，是发展信息化、智能化、数字化的基础设施。"新基建"的政策驱动将刺激数字经济规模的增长，而数字经济会进一步衍生新的市场需求。中国人民大学商学院副教授王强认为，5G网络、人工智能等新型基础设施，未来将成为经济动能转换的重要动力。

一端连着巨大的投资与需求，另一端连着不断升级的消费市场。从短期来看，数字技术在医疗服务、科研攻关、在线教育等领域发挥了积极作用，在这个过程中培养的消费习惯会延续下去，形成对新基建的强烈需求。从长远来看，新基建将驱动更多新需求、创造更多新业态，为经济发展注入"数字动力"，推动中国经济转型升级，助力经济高质量发展。（以上部分根据《数字经济将开启哪些"新赛道"？》一文整理，作者：李函林）

在社会转型、新业态频出的当下，有个专业词汇叫"范式转移"。要想理解技术对人类生产生活的影响，人的思维方式就必须改变。以前的中国人，特别善于在有答案的时候，依靠别人的答案实现飞速增长。现在，国人正逐渐改变固有思维定式，开始自觉进入"无人区"，正如以上案例所示，他们不是一个人在战斗，而是以己之力，引领着更多的人一起往前走，由此看，社会发展的巨大能量正在积蓄形成。

第二章

数字经济催生物权数字化

坐地日行八万里，巡天遥看一千河。

——毛泽东

一边是全球经济发展的不确定性增多，一边在积极寻找中国经济的确定性。在这个交汇点上，中美贸易摩擦持续，单边主义和贸易保护主义抬头，全球化进程暗含的阻力加剧，中美经济面临脱钩风险，民粹主义和种族主义盛行，新冠疫情带来的深层次挑战等，给包括中国在内的世界各国都带来深远的影响。基于此，拉动中国经济快速发展的投资、消费、出口"三驾马车"不同程度地在放缓，并按照"新发展格局"在做深度调整。

调整是适应新状态，也是为了积蓄新动能、形成新优势。在调整的过程中，能否打造出拉动经济发展的"第四驾马车"？能否再造中国经济发展"第四极"？为未来中国经济发展再续第二个"四十年奇迹"？

在此，我们不做简单的"能"或"不能"的回答。

根据本书第一章的论述，我们分析认为，在《中华人民共和国民法典·物权编》的加持下，在国家"数字产业化产业数字化"发展动能里，在"国内国际双循环发展，内循环为主"的新发展格局中，尤其是根据《民法典》对"共有物权"的法律界定，使"物权+数字化+智能合约"完全有可能成为全要素、新模式、大平台、可收放的新业态，由此演进来的"物权数字化"，也完全有可能成为拉动经济发展的"第四驾马车"，演绎出中国经济发展"第四极"。

毫无疑问，"物权数字化"一旦促成中国经济发展"第四极"，将释放中国天量级物权市值流动性和跨时空交易；将打破几千年来"整买整卖和整租整赁"的传统思维定式；将颠覆生产、生活、交易、投资"两张皮"的传统思维逻辑；将激活企业优质物权、盘活企业流动资金，搞活市场资源配置；将促进民间投资渠道多元化、日常投资门槛大众化、经济资源交换高效化。

阿里巴巴前首席执行官张勇主张："社会经济和生活全面走向数字化的大趋势，是在不确定性中的高度确定性。"所以，我们有理由相信，基于物权数字化的新业态和新动能，它具备构建"中国经济第四极"的内生动力。

第一节　数字产业化产业数字化大时代

常有人问，我们目前处在什么时代，这个时代最大的特点是什么？

在经历过农业革命、工业革命后，我们迎来了信息革命。在新一轮革命中，信息的数字化越来越受到重视，新技术的改进，数据价值的掘进，使得我们进入了数字化经济时代。

数字化可以说是信息化高阶阶段，在这一过程中，信息化是为数字化做支撑，而数字化又将支撑经济社会的方方面面。

根据《中国互联网络发展状况统计报告》数据显示，截至 2020 年 3 月，我国网民规模达 9.04 亿，互联网普及率达 64.5%，较 2018 年底新增网民 7508 万人，提升 4.9%。

全国超一半人群活跃在互联网，说明大家正在自觉自发地通过互联网获取信息，并试图从信息中做深度猎获。

数字化技术同样也改变了中国"90 后"的生活方式。

中国网民从年龄分层来看，趋于年轻化，而"90 后"更是伴随着互联网和数字媒体中成长起来，因此众多"90 后"的生活方式更倾向数字化，他们更想通过数字改变生活。

正如，"90 后"对手机和 PC 机的占用，娱乐内容的偏好、社交生活的多维度等等，处处体现着新时期的数字化生活。

一切都在变化，一切都在数字化。尤其是近 30 年来，人们获取财富和支配财富的方式在不断地演变进化，逐渐数字化。可以说，随着数字化时代的全面来临，我们每个人的经济活动，也必将随着数字化发生变化。

这种变化，如果往前推 10 年，我们只要走在变化的前端或者因势而变就基本没问题；5 年前，人们只要跟进互联网的转型就能赢得机会；最近 4 年，准确地说，在特朗普执政美国的这 4 年，因为不确定性、"黑天鹅"等事件频出。时至今天，我们要用另外一个词——数字化时代，或者叫数字化生存时代。

数字化生存时代最重要的改变是什么呢？我们比较几组数据，社交工具 QQ，聚集起 5 亿用户用了 10 年时间，而微信聚集起 5 亿用户用 3.5 年。淘宝电商超过线下实体店用了 10 年，摩拜单车只用了一年多的时间覆盖了 180 个城市、7 个国家，颠覆或者调整一个行业的时间还不到两年。最近三四年来，又有一件事情我们不得不接受，那就是智能机器加速改变我们的生活。

这就意味着，在数字技术日新月异的背景下，人们对社会生活的反应和适应，其变化速度之快、速率之高超过想象。我们所拥有东西的生命周期都在以前所未有的速度缩短。我们要问问自己，在这些变化的背后，我们看到了多少挑战，发现到什么机会，我们能否适应、理解、利用这些变化吗？

这些自我发问，答案也许各有不同，但是，从商业角度上看，当逻辑变了，我们的思路就要变。

从商业的角度看，我们最关心的实际上就是产品、市场、客户、行业。如果我们比较工业化时代和数字化生存时代，就会发现差距，除了上述商业资源，我们还应该关心哪些资源？比如，我们手头的资产，我们的智慧成果，我们节省出来的商业成本等等。

回答是肯定的。问题的关键是，组织的绩效、个人的价值以及财富的效应如何实现。

今天，当数字化时代来临，针对上述问题的回答，我们认为，对组织最大的挑战不再完全是完成绩效，存在于个人的价值创造也不仅仅是劳动，财富的显现也不是刻板的账面数字，而是能不能驾驭不确定性。因为如果你无法驾驭不确定性，所谓绩效的创造和财富的倍增也无从说起。海尔集团创造的"人单合一"模式，就是管理增效、财富增值的成功案例。

海尔的人单合一

大家都知道海尔，这个企业非常棒，不仅因为创造了世界的知名品牌，还在于适应数字化时代，做足做好管理创新。它让6万人变成2万个经营单元，任何一个人都可以根据自身的生产和设计能力，通过数字化手段，将人跟相应的订单"绑"在一起，将能力资源化、资源权属化、权属价值化。也就是说，他们每个人都是一个管理链上相互支持又彼此独立的价值创造者，它通过将个人劳动权与价值再造权融合，最后实现了团队和个体价值的"双提升"。

海尔的这一创新，使得它把美国通用电气的白电部分收购，当时，引起许多人担心，海尔能否完成收购，后来的结果，海尔很自豪地告诉世人，海尔实施的"人单合一"的模式，有机实现了权力置换，及时盘活了各类经营要素，结果让美国通用电气的白电部分、亏损的部分恢复到盈利。

海尔的人单合一、权力置换，是一个非常有意思的和令人振奋的现象。为什么能够这么快做出调整、取得成绩？因为这个模式最核心的就是借助数字化技术，让每个人都成为 CEO，让每个成员拥有自己的决定权和支配权，能形成持续的资源整合力和价值创造力。

海尔的例子说明，在数字化生存的时代，组织的功能必须变，个人的观念必须变。无论是组织还是个人，影响变革真正的难题在哪里？痛点如何切准？路径如何疏通……

（一）"变"的视角——以未来决定现在

有人问我最近最关心什么？我说最关心跟年轻人在一起。为什么要最关心跟年轻人在一起？因为年轻人是未来。我们中国的传统文化是向经验学习，对于中国人最大的挑战是要学会向未来学习。我只是告诉各位，我们在思维方式上最大的挑战是我们可不可以真的去面向未来。有一帮"90 后"的学生跟我聊天，说他们现在已经疯狂地老去了，然后他们就看着我。我说没关系，我们正在认真地逆生长。

（二）"变"的核心——向自我挑战

因为思维方式决定一切，我们最大的挑战实际上是自己的思维。我自己是做组织研究之后延展到企业文化的。我发现组织在发展中，遇到的最大挑战不是你怎样接受新观点，而是你怎么放弃原有的旧观点。我们放弃原有的旧观点实在是太难，你们接受新的东西不难，尤其在今天的背景下，我们都喜欢接受新的观点，可是你旧的观念不放弃，怎么能真正接受新的呢？

我不认为接受新东西难，真正难的在于你旧的东西愿不愿意放下？在变革当中，最难的是我们自己的改变，就像我给我的员工写信，我说你只需要向自己挑战，你不需要向任何人挑战。

（三）改变才是最大的资产

人们最大的资产不是钱、甚至不是人，改变才是组织最大的资产。如果你的人（观念）不改，那就是负资产；如果你所有东西都不变，那都是负资产；真正的资产一定就是变，如果你拥有这样的一个改变，我相信，无论是对个体或是团队，对组织或是家庭，对资产的增值是不必特别担心的。

那么，对"变"的能力要求是什么？在变当中最需要做的是什么？也就是说，怎么从分工、分利、分权，转向系统性的协同，如果不能做更大的协同，我们在今天实际上是没有办法实现目标的。毫无疑问，数字化背景下，包括分工、分利、分权在内的各种价值再造，呼唤着一个全新的视角和思维，期待着一个全新的操作系统和平台。

第二节　物权数字化善假于"经济内循环"

加快构建以国内大循环为主体、国内国际双循环相互促进的新发展格局，立足实现第二个百年奋斗目标，统筹发展和安全做出的战略决策，是把握未来发展主动权的战略部署。

一、经济内循环战略

习近平总书记强调："面向未来，我们要把满足国内需求作为发展的出发点和落脚点，加快构建完整的内需体系，逐步形成以国内大循环为主体、国内国际双循环相互促进的新发展格局，培育新形势下我国参与国际合作和竞争新优势。"

2020 年 7 月 21 日，在主持召开企业家座谈会时，习近平总书记再次强调，在当前保护主义上升、世界经济低迷、全球市场萎缩的外部环境下，我们必须集中力量办好自己的事，充分发挥国内超大规模市场优势，逐步形成以国内大循环为主体、国内国际双循环相互促进的新发展格局。习近平总书记的重要讲话，是关系我国国家安危和发展前途的重大谋划、战略布局，具有强烈的现实价值和长远意义。我们"对国之大者要心中有数"，要反复掂量、强化担当、精准布局、务实推动。

我国自改革开放以来逐步建立起了以投资、外贸和消费"三驾马车"拉动经济发展的增长模式，国内消费市场长期落后于投资和外贸增长。

面对新冠疫情的严重冲击，我们要把主动权掌握在自己手里，就必须发挥我国作为世界最大市场的潜力和作用，靠自己的强大内需，增强我国经济的韧性和弹性，加快形成世界最大的消费市场，这是个系统工程，需要两条腿走路。

国内循环是基础，要体现以我为主，自强自立。继续推动国内产业链提质、供应链升级，上下游协同发展，产供销紧密连接，不断完善国内循环。但这个内需体系绝不是闭门造车，而是与国际市场开放联系的，通过国内国际这两个循环相互促进，实现做大做强。

国际循环是重要辅助，要提升国际循环的控制力和稳定性，争取国际区域循环有新突破。统筹利用国内国外两个市场，两种资源，实现优势互补。要坚定实施扩大内需战略，着力打通生产、分配、流通、消费各个环节。

一要紧紧依靠、牢牢把握供给侧结构性改革这条主线不动摇，明确改革的战略方向，善于运用改革的办法推动科技创新及其他各方面的创新，增强供给的精准性、灵活性、有效性。

二要实施好宏观经济政策，挖掘好财政货币和投资消费政策的潜力，完善要素市场化配置体制机制，用消费需求带动投资需求，激发民间投资特别是中小企业发展活力。

三要统筹城乡发展和区域经济一体化，深入推进新型城镇化，加快农民工市民化的进程，发挥城市群和中心城市的带动作用，加快落实区域发展战略，形成更多的经济增长点、增长极。

四要发挥有效投资，加快推进数字经济、智能制造、生命健康、新材料等战略性新兴产业。

五要完善收入分配制度，保护市场主体和公民的财产权、产权，巩固降低宏观税负的制度性成果，积极稳妥推进农村"三块地"改革，激励培育更多的中等收入群体，实施中等收入群体倍增计划，建立扶贫脱贫的长效机制。要加快推动由中国制造向中国消费转变，由制造大国向消费大国转变，由制造强国向消费强国转变，形成"中国制造＋中国消费"的超大规模市场的新棋局。

二、"经济内循环"具象了物权数字化的使命

物权数字化，一方面将规模性企业优质物权进行"数字化顶层设计、数字化价值塑造、数字化资源嫁接"。另一方面通过数字化盘活企业物权，促使部分优质物权转化为企业流动资金，促进企业加快发展"核心产业链"，带动内需消费，践行"经济内循环"。

"经济内循环为主"是中小微企业健康发展、普通大众投资收入消费可持续增长的重要途径之一。"经济内循环为主"具象了"物权数字化"的使命和担当。为什么有这样的判断，因为统计数字和经济活动的实践都在不断提供佐证。

"物权数字化"作为数字化转型的重要组成，将为实体经济注入强大新动能。据有关机构测算，数字化转型使相关制造企业成本降低 17.6%，营收增加 22.6%，物流企业成本降低 34.2%，营收增加 33.6%。

"物权数字化"，将包罗万象，大到物产田舍，小到鸡蛋果蔬。我们以鸡蛋为例。

三、鸡蛋也能数字化

我们曾经走访过宁夏固原市西吉县的震湖珍珠鸡养殖基地，作为当地有名的农产品加工企业，不说珍珠鸡养殖产业链所体现的物权关系，珍珠鸡蛋产业也通过数字化编码，实现协同化作业、产业化加工和数字化分配。

国内类似的产业很多，比如光阳蛋业，每一颗鸡蛋都可自动调整大小，自动精

确称重，经过 50℃ 左右的热水喷淋"洗澡"，还能享受紫外线杀菌等"服务"。这个企业自主研发了我国首条集透光、分拣、消毒、清洗、烘干、涂膜、喷码、重量分级于一体的自动化清洁蛋生产线，这让数字化印记留在每颗鸡蛋里。光阳蛋业还通过与京东全球（元洪）食品展示交易公共服务平台合作，实现食品行业数字化，让食品生产、交易、消费得到快速、高效运转，月营业额增长达 300%。小小的鸡蛋，从原鸡养殖，到鸡蛋收检、到市场营销，到价值分配，流水化的生产过程，让价值增值通过数字化的标注，得到了较好的体现。

其实，不只是鸡蛋，一大批企业，在新冠疫情的影响下，在外需不振的情况下，今年陆续晒出亮眼"战绩"：2 月，云端 Office 办公软件石墨文档宣布完成 B+ 轮数千万美元融资；5 月，拼多多发布第一季度财报，第一季度活跃买家数已达到 6.28 亿，跃升国内第二大电商；6 月，社区生鲜电商同程生活宣布完成 2 亿美元 C 轮融资。

中国电子技术标准化研究院《中小企业数字化转型分析报告（2020）》显示，在纺织业、电气制造业、金属制造业等 18 个行业 2608 家企业中，89% 的企业处于数字化转型探索阶段，8% 处于数字化转型践行阶段，仅有 3% 处于数字化转型深度应用阶段。

为进一步引导和帮助企业加快数字化转型步伐，国家多部委纷纷出台相关政策，鼓励中小企业，加快推进产业链线上线下一体化，做足做强"国内国际双循环"。

今年 3 月，工信部出台《中小企业数字化赋能专项行动方案》，并先后印发两期《中小企业数字化赋能服务产品及活动推荐目录》，集聚一批优秀服务商与服务产品，鼓励中小企业自主选择使用，进一步加快数字化转型步伐。

5 月，国家发展改革委联合 17 个部门与 128 家企事业单位共同发起"数字化转型伙伴行动（2020）"，提出要通过普惠性"上云用数赋智"服务，提升转型服务供给能力，加快打造数字化企业，构建数字化产业链，培育数字化生态。

7 月，国家发展改革委等 13 个部门联合发布《关于支持新业态新模式健康发展激活消费市场带动扩大就业的意见》，从 4 大方面 15 项重点支持数字经济新业态新模式发展……

各地积极响应，北京、上海、广州、杭州、成都、深圳等纷纷发布各具特色的发展政策。这些，有力助推了新业态融入内循环，也为物权数字化拓深了发展空间。

四、一物一码，让每个物件都有身份证

给物件配发"身份证"，根据身份证设计权益分享机制。这是对"物权数字化"的又一直观解释。

大家还记得纪录片《舌尖上的中国 3》吧，那一集纪录片让"章丘铁锅"一炮而红，但层出不穷的仿冒者让"章丘铁锅"声誉受损，也令传统匠人着急上火。为此，山东省济南市章丘区依托浪潮云洲工业互联网 QID 平台独有的"一物一码"，实现了对制造业每一个生产环节的追溯，赋予每一个零部件独一无二的"身份证"。通过与浪潮云洲工业互联网合作，章丘铁锅从匠人工艺中总结经验，以数据形式建立了有关品牌标准，实现了规模化、产业化发展，也实现了物品可追溯，价值可现结的"直查直算"体系。

目前，浪潮云洲工业互联网 QID 平台已服务 3000 家企业上平台，累计赋码产品 1.1 万种、赋码 11.43 亿个，为装备制造、机械制造、制药、化工、服装、快消品、粮食、煤炭、造纸、农用机械十大行业赋能。

浪潮可以做，其他的企业当然也可以做，只不过许多企业的数字化转型之路并不顺利。尤其是在目前实施"国内国际双循环"新发展格局中，企业中有许多沉睡的数据，如设备的运行效率，采购与库存成本，设备检修与养护等正亟待激活。这些体现为"物权"的软硬件，假如借助工业互联网，将企业生产经营管理流程"上云"，就能有效整合和提升企业各方面效率，大幅降低人工管理成本。

福建中海创科技有限责任公司与紫金矿业集团的合作就是一个典型案例。通过构建工业互联网生态型平台"海创云"，直击采矿行业痛点问题，制订设备管理解决方案，企业设备故障发生率降低 15%，设备故障解决时间提升 50%，有效降低了企业在生产经营过程中由于设备故障引起的停产经济损失。

先进的平台系统，宛如智慧大脑，能帮助企业进一步集成生产制造、研发设计、

管理营销、物流仓储等各环节数据，实时获取"产、供、销、人、财、物"数据，拉动产业链上下游发展，实现不同环节上的价值分配与共享。

据中国信通院测算，2018 年、2019 年我国工业互联网产业经济增加值规模分别为 1.42 万亿元、2.13 万亿元，同比实际增长为 55.7%、47.3%，占 GDP 比重为 1.5%、2.2%，对经济增长的贡献为 6.7%、9.9%。预计 2020 年，随着"内循环"的全面推进，我国工业互联网产业经济增加值规模约为 3.1 万亿元，占 GDP 比重为 2.9%，对经济增长的贡献将超过 11%。

五、践行经济内循环的技术实践

改革开放 40 多年来，经济"外循环"功不可没，2019 年中国对外贸易已经占到全球的 12%、中国 GDP 对全球贡献率超过 30%，足见外贸的重要性和价值。面对国际风云变幻，地缘政治经济和军事摩擦不断，以内循环为主，内外双循环相互促进，成为中国经济的最强音。

发展核心产业链，拉动内需消费，培育拓展新型就业岗位，进一步撬动 14 亿人口的庞大市场潜力，将是"经济内循环"的主攻方向。

如何推进"经济内循环"发展？促进"经济内循环"发展有哪些路径？如何有序践行"经济内循环"？是各级政府、民营企业及经济学者需面对的重要课题。

"拉动内需消费"的前提是"百姓钱包鼓鼓的"，如何才能让百姓钱包鼓鼓的？"发展核心产业链"的前提是盘活中小企业，而"流动资金"又是中小企业发展的命门，如何盘活企业流动资金？"物权数字化"新概念的提出，将解决以上问题，也将助推"经济内循环"的发展。

"物权数字化平台"就是将"物权、数字化、智能合约"进行跨界组合，形成的全新"交易逻辑"和"交换方式"。

一方面，"物权数字化"将规模性企业优质物权进行"数字化顶层设计，数字化价值塑造、数字化资源嫁接"。通过数字化盘活企业物权，促使"部分优质物权"转化为企业流动资金，促进企业加快发展核心产业"，带动内需消费，践行经济"国内国际双循环"相互促进的新发展格局。

另一方面，"物权数字化"将扩大普通大众人群投资渠道，降低投资门槛，购买优质数字化物权的升值和收益预期。共有物权人"进出有据、买卖便捷、价格自定、数量自主"。普通大众投资渠道多元化，其钱包鼓鼓的，既是投资者也是消费者，拉动内需，践行"国内国际双循环"相互促进的新发展格局。

"物权数字化"依托《中华人民共和国民法典·物权编》第八章"共有法典条文"，"共有物权"的合法化，使"物权数字化"成为可能，也非常契合"数字产业化、产业数字化"的大时代背景。

"物权数字化"新概念将打破几千年来"整买整卖和整租整赁"的传统思维定式；将颠覆"生产、生活、交易、投资"等传统思维逻辑，将促进"国内国际双循环"新发展格局的快速发展。

"物权数字化"是践行"经济内循环"国家战略的务实之举，将促进经济发展的"脱虚向实"。

"物权数字化"使得目标物的流动更加方便和频繁，适应日趋复杂的价值创造过程。对有形物进行创造性的拆解、流动和新组合，创造出能够满足不断涌现出的新需求的供给，实现价值创造。

在未来的柔性供应链中，价值创造将是以数字智能为驱动，个人、公司、平台在社会化协作中完成的。"物权数字化"将带来经济活动的一系列深刻变革，引领经济发展走深走实，引领企业发展核心供应链，引领普通大众投资消费，助推"国内国际双循环"新发展格局快速发展。

第三节　物权数字化善假于"智能合约"

智能合约（Smart Contract）是指一份能自动执行本需要手动才能完成任务的协议。智能合约就是任何能自行执行部分功能的协议。例如，一份能自动计算合同当事人待付金额，并安排支付这笔金额的合约。

　　智能合约力图以"数字操作系统"作为数字化服务切入口，为政府、企业打通从数据获取到数据增值的全流程，减少协议执行过程中的人工干预，助力数字化转型。

　　智能合约这个术语至少可以追溯到 1995 年，是由多产的跨领域法律学者尼克·萨博（Nick Szabo）提出来的。他在发表于自己网站的几篇文章中提到了智能合约的理念。他的定义如下："一个智能合约是一套以数字形式定义的承诺（Promises），包括合约参与方可以在上面执行这些承诺的协议。"

　　承诺：一套承诺指的是合约参与方同意的（经常是相互的）权利和义务。这些承诺定义了合约的本质和目的。以一个销售合约为典型例子。卖家承诺发送货物，买家承诺支付合理的货款。

　　数字形式：数字形式意味着合约不得不写入计算机可读的代码中。这是必需的，因为只要参与方达成协定，智能合约建立的权利和义务，是由一台计算机或者计算机网络执行的。更进一步说明如下。

　　（1）达成协定

　　智能合约的参与方什么时候达成协定呢？答案取决于特定智能合约的实施。一般而言，当参与方通过在合约宿主平台上安装合约，致力于合约的执行时，合约就被发现了。

　　（2）合约执行

　　"执行"的真正意思也依赖于实施。一般而言，执行意味着通过技术手段积极实施。

　　（3）计算机可读的代码

　　合约需要的特定"数字形式"非常依赖于参与方同意使用的协议。

　　协议：协议是技术实现（Technical Implementation），在这个基础上，合约承诺被实现，或者合约承诺实现被记录下来。选择哪个协议取决于许多因素，最重要的因素是在合约履行期间，被交易资产的本质。

　　随着工业 4.0 时代的到来，网络化、数字化、智能化的发展打破产业链数据孤岛，引领企业加速完成数字化转型。咨询服务、运营维护、数字化服务等多样化服务的市场需求在不断扩大。

富士康的"灯塔工厂"

富士康的工业富联科技服务，在一定意义上说，就是通过"智能合约"，为制造业企业提供了打造"灯塔工厂"的数字化转型新的可能。

富士康为制造业企业提供"灯塔工厂"解决方案和全面科技服务整体解决方案，不仅能打破各个研发模块的信息孤岛，使所有数据都在一个平台运行，每个系统都可以互相搭接，信息快速获取，生产有效进行。而且，它们智能制造的生产模式，能让员工的生产效率提升30%，库存周期降低15%，生产人力减少92%。

除了优化生产流程，如何唤醒"数据资产"，实现"降本增效"，减少"人为干预"，通过智能合约及数据分析，就能挖掘信息化系统背后的数据财富价值，是许多企业实现转型的重要课题。

数字化技术与企业生产系统、决策系统的深度融合，让高品质服务呼之欲出，由此而涌现出一批又一批新兴数字服务品牌，力求在产业数字化、数字产业化的双轮驱动道路上出谋划策。

知识产权融资存在什么风险？企业上下游产业链分布如何？企业数据如何进行定性和价值挖掘？在今年的数字中国建设峰会上，国信优易数据有限公司就展示了全新升级的数字操作系统（DataOS），力图以"数字操作系统"作为数字化服务切入口，为政府、企业打通从数据获取到数据增值的全流程，无疑，这一操作系统也将助力物权数字化的实施。

除此之外，国内的一些企业，包括国久大数据、泰一指尚、飞企互联等一批新秀企业，也看到数字化转型所蕴藏的契机，这些企业都将大数据、"互联网＋"等创新技术融合，助力企业成功实现数字化转型。

党的十九大报告提出，要推动互联网、大数据、人工智能和实体经济深度融合。

这为"智能合约"的实施创造了政策空间。显然,数字化转型的集结号已然吹响,让我们期待更多中国的市场主体,乘着数字化浪潮奔涌向前,在数字中国的版图上绽放光芒。

第四节 物权数字化善假于"数字快车"

《民法典》之于物权的重大意义,必将在今后的经济生活中得到充分体现,而"数字经济"快车,既然在搭载着经济社会的方方面面,物权当然也概莫能外。也就是说,数字经济时代打开的全球化新篇章,在全球共同进入数字经济时代的时候,一定会出现新型物权交换关系和合作关系。

在今天所有巨大的不确定性中,有一点是肯定的,那就是数字化的趋势没有改变。数字化曾经让一些企业活得更好,但今天是企业生存的关键。而物权将是所有行业产业中最需要进行数字化的新业态,更需要激活流动体系,盘活流动资金。

在人类面临的所有不确定性中,数字化是现在最确定的巨大机遇,而巨大机遇的风口确定性之一是物权数字化。物权数字化是"数字产业化,产业数字化",是不可或缺的新理念、新产业、新业态。这是从数字经济发展的基本规律中得到的判断。

一、数字经济趋势

信息网络技术加速创新,以数字化的知识和信息作为关键生产要素的数字经济蓬勃发展,新技术、新业态、新模式层出不穷,成为"后国际金融危机"时代全球经济复苏的新引擎。将进一步推动数字经济取得的创新成果融合于实体经济各个领域,围绕新一轮科技和产业制高点展开积极竞合。"物权数字化"就是典型的新概念、新业态,以"数字经济"属性推动"物权"流动性的海量释放,进而拉动新产业的发展,促进"经济内循环"。

麦肯锡公司全球研究院发布的题为《中国数字经济如何引领全球新趋势》的研究报告认为，中国拥有全球最大的电子商务市场，中国已成为塑造全球数字化格局的重要力量，其数字全球化进程方兴未艾，将从产业投资、商业模式和全球治理等多个领域引领全球新趋势。

麦肯锡公司全球资深董事合伙人、麦肯锡全球研究院院长华强森指出："中国已经成为世界公认的数字化大国。作为数字技术的主要投资国以及应用此类技术的先行国家，中国正在改写全球数字化的格局。"

《中国数字经济如何引领全球新趋势》指出以下三个驱动力和前景：

第一，中国市场体量庞大，拥有数量可观的年轻网民，为数字商业模式迅速投入商用创造了条件。中国庞大的互联网用户群有利于数字企业不断试水，更有助于其快速实现规模经济。2016 年，中国的互联网用户达到 7.31 亿，超过了欧盟和美国的网民总和。

第二，中国互联网三巨头（百度、阿里巴巴和腾讯）建立的丰富数字化生态圈如今正在不断拓展延伸。2016 年，三巨头提供的风险投资占中国风投总额的 42%，同年由 Facebook、亚马逊、谷歌和网飞公司组成的美国互联网四巨头在美国风投市场贡献率为 5%。相比之下，中国三巨头在推动本国数字产业发展方面的贡献尤为显著。

第三，中国政府对数字化企业和机构的开放态度使之成为数字化发展的积极推动者。政策制定者过去对数字化企业的监管往往"放缓一步"，使这些企业得以大胆试水并扩大规模。

随着市场渐渐成熟，政府越发主动加强监管，力图营造更加健康的数字化发展环境，同时还以投资者、开发者及消费者的角色积极提供支持。

二、产业数字化

产业数字化是指在新一代数字科技的支撑和引领下，以数据为关键要素，以价值释放为核心，以数据赋能为主线，对产业链上下游的全要素数字化升级、转型和再造的过程。

微观——数字化助力传统企业蜕变,再造企业质量效率新优势。传统企业迫切需要新的增长机会与发展模式;快速迭代及进阶的数字科技为传统企业转型升级带来新希望;传统产业成为数字科技应用创新的重要场景。

中观——数字化促进产业提质增效,重塑产业分工协作新格局。提升产品生产制造过程的自动化和智能化水平;降低产品研发和制造成本,实现精准化营销、个性化服务;重塑产业流程和决策机制。

宏观——孕育新业态新模式,加速新旧动能转换新引擎。数字科技广泛应用和消费需求变革催生出共享经济、平台经济等新业态新模式;促进形成新一代信息技术、高端装备、机器人等新兴产业,加速数字产业化形成。

三、五大着力点

1. 数据要素驱动——数据资源成为现代企业价值创造的生命线及数字科技发力的新引擎,基于数据要素驱动精准触达客户需求、数据要素加速催生全新商业模式。越来越多的国家或企业寄希望于通过数字化实现能力提升或弯道超车。

2. 科技平台支撑——平台模式是数字化转型和落地的主要实现方式,在产业数字化进程中发挥着产业要素资源连接器、企业由自转向共转加速器、新型虚拟组织形式孵化器的积极作用,是产业数字化转型的"工具箱"。

3. 品牌价值赋能——品牌价值作为企业的一种隐性资产在终端消费者引流方面有着独特价值作用。通过加速推动品牌价值线上线下转移相融合,利用不断更新换代的数字科技让传统产业品牌价值释放新能量、新价值,将品牌价值赋能打造成为产业数字化转型的新"亮点"。

4. 生态融合共生——融合是产业数字化的核心本质,产业数字化推进未来将更多依托生态共建形式落地。传统企业与数字科技企业加速跨界融合实现共生共赢,探索构建线上线下融合共生的,以自由流动的数据资源为基础,以数字科技族群为连接,以多元数字科技平台为依托,以共同价值主张为导向的全新产业生态体系。

5. 政府精准施策——政府精准施策是破解当前企业数字化转型能力不足、转型改造成本高、数字化人才储备不足等问题的助推力。政府通过创新数字化发展政策环境，为产业数字化营造良好环境；搭建线上线下于一体的新型撮合平台，为企业数字化转型提供全天候无忧撮合服务；精准把脉产业数字化转型痛点，为企业数字化转型提供精准靶向政策措施。

四、五大趋势

1. 数字科技赋能产业数字化转型提档加速。数字科技新生态体系驱动产业数字化转型升级加速；数字科技成为传统实体经济与数字化虚拟经济的重要"连接器"，数字化基础较好的传统产业由原来小范围探索阶段步入规模化应用阶段，数字化基础较薄弱的传统产业将利用数字科技重塑产业格局实现弯道超车。

2. 产业价值创造突出终端消费者需求导向。终端消费者正在由商业价值链的 C 端向"C 位"转变，拥有较高数字技能与素养的数字化消费者广泛参与到研发、设计、生产、销售等各个环节并成为连接产业链诸多环节的关键"节点"，在商品生产创新及商业模式变革中的话语权不断增强。

3. 产业组织关系从线性竞争向生态共赢转变。以用户价值为出发点建立合作关系而形成的数字化生态及平台取代企业成为未来产业生产的基本单位；要素资源流动自由化，产业分工精细化、协同化和平台化，最终实现向生态共赢关系的转变。

4. 场景化应用引领产业数字化发展新方向。未来场景化应用将呈现出标志化、深度化等特点。"标志化"场景定制成为产业数字化加速落地的"试验器"；"深度化"场景应用是引领产业数字化发展的"助推器"。

5. 共建共享共生成为产业数字化转型关键。产业数字化转型是一项以"融合共赢"为关键的耐力赛，只有通过共建共享共生构建起广泛联盟、合作共赢的跨界多边融合生态模式，才能真正实现产业数字化成功转型。其中，传统产业是转型的主力基础，以"信息化、SaaS 化、移动化、AI 化"为主要特征的数字化企业服务是转型的技术动力。

五、数字产业化政策

2018年8月23日，国家主席习近平向首届中国国际智能产业博览会致贺信。习近平指出，我们正处在新一轮科技革命和产业变革蓄势待发的时期，以互联网、大数据、人工智能为代表的新一代信息技术日新月异。促进数字经济和实体经济融合发展，加快新旧发展动能接续转换，打造新产业新业态，是各国面临的共同任务。

习近平强调，中国高度重视创新驱动发展，坚定贯彻新发展理念，加快推进数字产业化、产业数字化，努力推动高质量发展、创造高品质生活。中国愿积极参与数字经济国际合作，同各国携手推动数字经济健康发展，为世界经济增长培育新动力、开辟新空间。

2020年4月，国家发展改革委、中央网信办印发《关于推进"上云用数赋智"行动培育新经济发展实施方案》的通知。要求各地发展改革、网信办部门要高度重视，国家数字经济创新发展试验区要积极行动，大胆探索，结合推进疫情防控和经济社会发展工作，拿出硬招、实招、新招，积极推进传统产业数字化转型，培育以数字经济为代表的新经济发展，及时总结和宣传推广一批好经验好做法；后续，国家发展改革委将进一步协商相关部门，统筹组织实施试点示范、专项工程等工作。

由此可见，数字经济的发展，无论是其技术本身还是其扶持的政策，都具有天然的开放性和包容性，这对包括物权在内的一切经济资源和社会资源，都具有兼容性、促进性和引导性。

第五节　物权数字化善假于"恒产金融"

如果按照老的《物权法》去解读物权，那么物权给我们最大的感受就是附着在土地、房屋等沉睡资产的所有权，随着《民法典》的实行，原来的《物权法》随即废止。进入《民法典》的物权，不再是"不动产"的代名词，而是具备了"活起来"的新因子。

根据本书以上章节所介绍的物权分类，"入典"后的物权，将以自身的"可流动性"，为融资、担保、入股、产权介入等提供可操作性。对此，中央财经大学法学院院长尹飞等多个专家有过专题论述。在此，本书梳理出相关专家的核心观点。

一、土地经营物权化　助力土地流转与融资

家庭联产承包责任制，开启了我国全面改革的先声，农村土地承包经营权也随着实践中认识的深化，其效力被日益强化并被《物权法》作为物权所认可，农民对其经营的土地由此享有了长期而稳定的权利。但是，承包经营权毕竟建立在农民作为集体成员身份的基础上，实践中，在集体成员脱离集体成员身份，例如全家迁入设区的市、转为非农业户口的，就应当交回或者被强制收回承包地。

正是因为承包经营权具有的身份性质，这就决定了它不可能如纯粹的财产权那样任意流转。这种限制势必导致承包经营权由于无法通过折价、拍卖等方式而变现，从而使得抵押担保无从下手、承包经营权的交换价值无法利用。对于土地流转的受让人来说，其更是无法获得担保融资。

《民法典·物权编》则创设了"土地经营权"。从相关条文来看，明确承认了土地经营权的物权效力。这一规定也就意味着，这种土地经营权是一项完全脱离了身份色彩的、纯粹的财产权。

承包经营权人可以将其承包期内的土地使用权通过设立经营权的方式以转让、出资入股等方式给他人。相应地，通过订立流转合同取得土地经营权的一方，自然也有权对自己的权利进行处分，其有权依法另行转让，也可以以自己的土地经营权设立抵押权。

尤其是要看到，《民法典·物权编》将过去在"四荒"土地上以招标、拍卖、公开协商方式设立的承包经营权调整为土地经营权，并规定了经依法登记后全面的流转权能，这就更加清晰地区别了土地承包经营权的身份色彩和土地经营权的物权属性和纯粹的财产性质。

土地经营权的自由转让也就意味着，其可以通过拍卖变卖实现其交换价值，从

而成为抵押权的客体。相应地，土地承包经营权人可以在自己的土地上设立土地经营权抵押从而获得融资。通过订立流转合同取得土地经营权的一方，自然也可以以自己的土地经营权设立抵押权。

剥离了身份色彩的土地经营权"入典"，充分顺应了广大农民保留土地承包权、流转土地经营权的意愿，为作为重要生产要素的农村土地全面进入市场，进行流转或者设立抵押进行融资，提供了坚实的权利基础和制度供给。

二、完善担保物权 促进资金融通

《民法典·物权编》在担保物权上的创新主要体现在"一扩、一放、一收"上。法律文本上虽然只是细微的变化，但对促进资金融通、改善营商环境带来了极大便利。

"扩"是指扩大了担保物的范围。海域使用权被纳入抵押物的范围，为蓝色国土开发提供资金上的助力。结合"三权分置"改革，删去禁止耕地使用权抵押的规定，为土地经营权抵押预留了制度空间。

此外，《民法典·物权编》将禁止抵押的公益设施，仅限于"学校、幼儿园、医疗机构等为公益目的成立的非营利法人的教育设施、医疗卫生设施和其他公益设施"。法无禁止皆自由，这些非营利法人所有的公益设施以外的财产，都可设立担保。这对于吸引社会资本能发挥重要作用。

"放"就是放开对抵押物转让的限制。出于对不动产统一登记尚未实现的背景下，抵押物转让可能带来的道德风险的担心，以前的《物权法》对抵押物转让采取否定态度。这就是说，在抵押物没有消灭的情况下，抵押物是不能转让的。而实践中，存在大量受让人乐于接受带抵押转让的情形。例如，个人按揭贷款购买的商品房再次转让时，存在转按揭的迫切需要。受让人自愿承受转让人的债务并继续以受让的房产进行抵押，这种做法也并不影响作为债权人的银行的利益。而对抵押物转让的禁止性规定，迫使当事人增加了提前还贷、解押、申请贷款、评估、放款、抵押等一系列环节，大大增加了交易成本，影响了交易效率。

新的《民法典·物权编》明确规定，"抵押期间，抵押人可以转让抵押财产"。这就放开了抵押物转让的限制，从而在交易中就略过前述为了消灭抵押权所为的一系列环节，不但节约了交易成本，还提高了融资便利度。

"收"则体现在《民法典·物权编》限制了动产抵押权的效力。小微企业融资担保主要通过动产抵押来进行。动产抵押自抵押合同生效时设立，登记发生对抗善意第三人的效力。但从物权公示方式来看，动产物权变动是通过交付来公示的；很难想象买受人去查阅登记簿、了解抵押登记的情况，而且动产不同于不动产，即便查阅也很难发现抵押信息。这种制度规定与实践之间的紧张关系，在存在交易安全问题的同时，事实上也影响了债权人接受动产抵押的积极性。

《民法典·物权编》则对动产抵押权的效力进行了限制，"以动产抵押的，不得对抗正常经营活动中已经支付合理价款并取得抵押财产的买受人"。这就将原本仅限于浮动抵押的效力限制扩展到了所有动产抵押。这一规定看似限制了动产抵押权的效力，但其切实贯彻了物权公信原则和善意取得制度的精神，有力保障了正常的交易安全。在正常经营活动中，只要支付了合理价款并受领了交付，就不会因为抵押权的存在而导致自己的财产被追夺。相应地，这一规定也对金融机构接受动产抵押形成了清晰的指引。

"正常的经营活动"意味着对于企业来说，其以不会轻易投入市场出售的动产设置抵押才能更容易为债权人所接受。这实际上将动产抵押的抵押物主要限制在机器设备等轻易不会进入普通市场流转的动产上，使得通过动产抵押融得的资金，更多地进入小微企业中，有利于资本"脱虚向实"。

三、新增添附制度　做到物尽其用

所谓添附，是指不同所有人的物结合在一起或者劳务施加于他人的物而形成不可分离的物或新的物，包括复合、混合和加工三种情形。

在复合的情况下，不同所有人的物在外观上仍然能够识别，但强行分离将严重毁损物的价值，例如在地面上铺设了木地板、在土地上建起了房屋。而混合的情况下，不同所有人的动产互相结合在一起，难以分开或者分开成本过高，例如，一吨东北大米与一吨泰国香米混在一起。

加工是指在他人动产上施加劳务，从而极大提升物的价值的情形，例如将树根做成根雕。

添附制度作为取得所有权的方法，是自罗马法以来各国法律公认的规则。

长期以来，我国法律中没有对添附的规定，只是在《担保法司法解释》等个别条款中提及了添附的问题。尤其是在司法实践中，通常是按照侵权法来处理相关纠纷，严格判令侵权人承担损害赔偿责任，甚至不考虑物的毁损和财富的浪费，强制要求恢复原状。

《民法典·物权编》则从善如流，大胆打破传统窠臼，将添附制度作为所有权的取得方式规定下来。尤其是在物的归属上，《民法典·物权编》明确，在当事人没有约定且没有法律规定的情况下，应当"按照充分发挥物的效用以及保护无过错当事人的原则确定"。这就明确，将"物尽其用"作为添附的情况下，标的物所有权归属的确定标准。在发生添附且没有当事人特别约定和法律特别规定的情况下，首先应当考虑如何能够充分发挥物的效用。

而在物的归属上，基于充分发挥物的效用的考虑，原则上在不动产与动产添附的情况下，由不动产权利人取得所有权；在发生添附的物都是动产或者都是不动产的情况下，要考虑价值较大的一方取得所有权。

在双方的物或者劳务价值大致相同的情况下，则要适用保护无过错当事人的原则，也就是要考虑当事人的主观过错，由无过错一方取得所有权。

这样，就有效区分了物权制度中的所有权取得规则和债权制度中权利受到侵害之后的救济规则。这种做法在有效实现利益平衡的同时，避免了财富的损失和浪费，维护了添附之后的物的价值，充分发挥了其效用。

第三章

数字经济赋能物权数字化

满眼生机转化钧，天工人巧日争新；

预知五百年新意，到了千年又觉陈。

——（清） 赵翼

我们已经进入数字变革时代，人工智能、物联网、大数据、云计算和5G等深度融合，企业通过对数据资产的赋能，企业算力的提升，让传统经济走向新的辉煌。数据会变成全新的生产要素，对于传统的生产要素会起到赋能的作用，会产生对传统经济的乘数倍增的效应。新的劳动力可以看成智能的机器人，新的土地，实际上是数字孪生会多出一块新的生产要素。新资本是金融科技，新技术是人工智能，新的思想就是区块链，数据将重构生产要素体系，新经济将会高速增长。

当下全球经济发展遇到瓶颈，贸易摩擦愈演愈烈，以美国为首的一些西方国家对我国企业采取了各种限制措施。例如，美国联邦通信委员会（FCC）对华为和中兴的设备发文禁用——禁止华为和中兴的设备出现在FCC的通用服务基金（USF）资助项目中，该文已于2019年11月22日刊发并生效。虽然我国经济仍然保持了较好的发展态势，但面对这些复杂的情况，迫切需要我国经济发展能够实现转型，走高质量内涵式发展的道路。

包括物联网、大数据、云计算、人工智能和5G等在内的一系列新技术开启了一个全新的科技发展时代，为全球和中国的经济发展注入了新的活力。近几年，快速发展的区块链技术更是其中的后起之秀，为实体产业带来了大量有效赋能的成功经验，并将为我国社会经济的融合发展带来全新的机遇。中共中央政治局第十八次集体学习以区块链技术为主题，充分表明了党中央对新技术发展的重视。

因此，如何领悟区块链思想的精髓，把握区块链产业赋能的方向，顺应时代的大潮，对于我国的很多企业家来讲，确实是一个新的挑战。了解和掌握区块链产业应用的发展脉络和背景知识，加快企业创新和产业模式的升级换代，是新时代企业家们的当务之急。

第一节 数字经济浪潮汹涌澎湃

一、"数字经济"背景下经济社会发展的新趋势

所谓"数字经济"，是指大数据、人工智能、移动互联网、云计算、区块链等一系列数字经济技术组成的"数字综合体"，"数字经济"背景下的人类经济社会

发展呈现出新的趋势。

（一）云计算

云计算可以被理解成一个系统硬件，一个具有巨大的计算能力、网络通信能力和存储能力的数据处理中心（Internet Data Center，IDC）。数据处理中心本质上是大量服务器的集合，数据处理中心的功能、规模是以服务器的数量来衡量的。

比如，2015 年北京市有 2000 多万部手机、2000 多万部座机、七八百万台各种各样上网的笔记本电脑和台式电脑，以及七八百万台家庭的电视机机顶盒。中国移动、中国电信等电信公司处理所有北京市的上述信息的后台服务系统和数据处理中心拥有的服务器计 25 万台。上海差不多也是 20 多万台。谷歌处理全世界的互联网大数据且需要进行智能化处理，谷歌有 150 万台服务器分布在全世界七八个地方，现在正在建设的服务器有 100 万台。

云计算有三个特点。第一，在数据信息的存储能力方面，服务器中能存储大量数据。第二，在计算能力方面，每个服务器实质上是一台计算机。与 20 世纪六七十年代世界最大的计算机相比，当代计算机的运算能力更强、占用空间更小。第三，在通信能力方面，服务器连接着千家万户的手机、笔记本电脑等移动终端，是互联网、物联网的通信枢纽，是网络通信能力的具体体现。

由此可见，数据处理中心、云计算的硬件功能，具有超大规模化的通信能力、计算能力、存储能力，赋予其虚拟化、灵活性、伸缩性的特点。服务商以 IDC 为硬件，以私有云、公共云作为客户服务的接口，向客户提供数据服务。就像居民通过水龙头管道向自来水厂买水一样，各类客户以按需购买的方式，利用 IDC 资源购买所需的计算量、存储量、通信量，并按量结算费用。资源闲置时也可供其他客户使用，这样就能够有效、全面、有弹性地利用云计算架构中的资源，既能同时为千家万户服务，又能使大量服务器不发生闲置。

（二）大数据

大数据之大，有静态之大、动态之大和运算之后叠加之大。数据量之大有三个要点。第一是数据量大，例如大英博物馆的藏书能全部以数字化的形式存储。第二是实时动态变量大。每一秒钟、每一分钟、每一小时、每一天，数据都在产生变化。全球 70 亿人有六七十亿部手机，这些手机每天都在打电话，每天都在计算，每天都在付款，每天都在搜索。所有的动态数据每天不断叠加、不断丰富、不断增长。"量变会引起质变"，就像累积 60 张静态照片可以形成一秒钟的实时电影，大量静态数据的存放也会不断更新、累积，形成新的信息。第三是数据叠加处理后的变量之大。人们根据自身的主观需求，对动态的、静态的数据进行处理分析、综合挖掘，在挖掘计算的过程中，又会产生复核计算以后的新数据。这种计算数据也是数据库不断累计的数据。

总之，所谓大数据之大，一是静态数据；二是动态数据；三是经过人类大脑和计算机处理、计算后产生的数据，这三者共同构成大数据的数据来源。

大数据若要转化为有用的信息、知识，则需要消除各种随机性和不确定性。数据在计算机中只是一串英语字母、字符或者阿拉伯数字，可能是混乱的、无序的。数据应用一般有三个步骤：数据—信息，信息—知识，知识—智慧。

第一步，数据变信息。任何结构化、半结构化或非结构化的数据本身是无用的、杂乱无章的，但数据经过分析去除随机性干扰以后，就变成了有指向的信息。数据变信息的处理过程用的工具有滤波器、关键词，滤波以后提炼出相关的信息。第二步，信息中包含的规律，需要归纳总结成知识。知识改变命运，但知识不简单地等于信息。如果不能从信息中提取知识，每天在手机、电脑上看再多的信息也没用。第三步，有知识后要运用，善于应用知识解决问题才是智慧。综合信息得出规律是将信息转化为知识的过程。有的人掌握了知识，对已发生的事讲得头头是道，但是一到实干就傻眼，这是没智慧的表现。所谓智能，实际上就是在信息中抓取决策的意图、决策的背景等相关信息，最后在"临门一脚"时能够做出决策。信息和知识是辅助决策系统，它们帮助人做出决策，人根据机器做出的决策实施，这就是智能化的过程。

所谓大数据蕴含着人工智能，就在于把杂乱无章的数据提取为信息，把信息归纳出知识，通过知识的综合做出判断，这就是大数据智能化所包含的三个环节。

(三)人工智能

第一，人工智能如何让数据产生智慧？大数据之所以能够智能化、能够决策，能够辅助决策，是因为在人工智能或计算机操作过程中有四个步骤：一是采集、抓取、推送；二是传输；三是存储；四是分析、处理、检索和挖掘。第一步，在大数据中不断地过滤出有一定目的意义的信息，也就是采集、抓取、推送。第二步、第三步是传输和存储，内涵不言自明。大数据之大，不是在抽屉里静态地闲置大数据，而是在云里存储、动态传输的大数据。第四步是分析、处理、检索和挖掘，关键技术在于算法。算法是辅助人类在非常繁杂、非常巨大的海量数据空间中，快速找到目标、路径和方法的工具。

第二，人工智能依靠大数据在分析、处理、检索和挖掘中产生智能的关键在于大数据、算法以及高速度的计算处理能力。没有数据和大数据的长期积累、重复验证，有智能管理也没有用；有了算法和大数据，没有高速度的计算能力也没有用。算法是人工智能的灵魂，它变得"有灵气"需要用大数据不断地"喂养"，不断地重复和训练。在这个意义上，大数据如果没有算法，就没有灵魂，就没有大数据处理的真正意义。

但是如果算法没有大数据来"喂养"，即使数学家想出好的算法，智能也未必有效。以柯洁与阿尔法围棋的人机大战为例，阿尔法围棋中的算法是来源于人类各种各样的棋谱、高明棋手的下棋步骤。人工智能工程师将这些数据全部放入谷歌的算法中运行，运行了几万次、几十万次。因为有网络深度学习的模块，每运行一次就聪明一点。这个过程是一个不断反复、不断学习的过程。

总而言之，人工智能、大数据和这些要素有关，转化为真正的人工智能的时候，一靠大数据；二靠算法；三还要靠高速度工具使用的发展，本质上是一个计算能力不断提高的过程。

在农业社会，中国人曾用自己的聪明智慧发明了算盘。算盘一秒钟两三个珠子拨动，每秒计算两三下。到了工业社会初期，电被广泛运用。20世纪20年代，以继电器作为基本器件的计算机问世。继电器计算机振动频率非常高，每秒振动几十次，比算盘快 10—20 倍。到了 20 世纪 40 年代，第二次世界大战期间，电子管问世。电子管计算机每秒可计算几万次，是继电器计算机的 1000 倍，运算速度非常快。到了 20 世纪 60 年代，半导体问世，以三极管、二极管为元器件的电脑，一秒钟能运算几十万次到几百万次。到了 20 世纪 80 年代，半导体芯片问世，集成电路计算机的运算速度达到每秒几千万次甚至几亿次。中国的超算在 10 年前达到了亿次，2015 年前后到了 10 亿亿次，最新推出的一个超算系统已经超过 100 亿亿次。但是超级计算机不是一个芯片、一个电脑的运算速度，而是几千个电脑、几千个服务器组合而成的一个矩阵和一个算法。超级计算机能够做到一秒钟 10 亿亿次、100 亿亿次，但单个芯片难以达到每秒运算 10 亿亿次。

我们为什么非常重视一个芯片每秒能计算 10 亿亿次呢？在 2012 年出版的《奇点临近》一书中提到，二三十年后，人造机器的计算速度将超过人脑。作者提出，人脑的运算速度是每秒计算 10 亿亿次。当计算机到了每秒计算 10 亿亿次以上时，其运算速度将超过人脑，拐点就会到来。大家讨论人工智能最终能不能超过人类智能，人是不是会被人工智能圈养，各有各的说法。从科学的角度讲，人工智能的计算能力不断增强，是人对工具使用的智慧不断发展的结果。强大的计算能力、大数据、算法连在一起，超越了几千小时、几万小时、几十万小时，人无法等待的时间，使得大智慧逐步发展。

第三，云计算、大数据、人工智能的软件植入在云计算厂商提供的数据处理中心硬件中，对客户形成三种在线服务。云计算的云是一个硬件，是一个具有通信能力、计算能力、存储能力的基础设施。云中除了存放大数据之外，同时提供各种各样的算法作为一种服务软件处理。大数据公司往往在搜集、组织管理了大量数据的基础上，使用人工智能算法后为客户提供有效的数据服务，形成一个大数据的服务平台。所谓的人工智能公司，往往是依靠大数据平台支撑提供算法服务，算法软件也是一种服务。它们共同形成了"数字经济"的三大功能：第一个是 IaaS，是基础设施作为使用的服务；第二个是 PaaS，是大数据的平台作为使用的服务；第三个是 SaaS，算法软件也是一种服务。这三个词组代表了"数字经济"三兄弟，三种功能不同的软件。

当然，"数字经济"也离不开互联网、移动互联网和物联网。一句话解释就是，互联网的时代是PC(个人电脑)时代，移动互联网的时代是手机加笔记本电脑的时代，物联网时代就是万物互联的时代。

(四)区块链

区块链本质上是一个去中心化的分布式存储数据库，它打破了中心化机构授信，通过数据协议、加密算法、共识机制，点对点地传输到这个区块中的所有其他节点，从而构建一种去中心化、不可篡改、安全可验证的数据库，建立一种新的信任体系，这种信任体系表现为五个特征。一是开放性。区块链技术基础是开源的，除了交易各方的私有信息被加密外，区块链数据对所有人开放，任何人都可以通过公开接口查询区块链上的数据和开发相关应用，整个系统信息高度透明。二是防篡改性。任何人要改变区块链里面的信息，必须要攻击或篡改51%链上节点的数据库才能把数据更改掉，难度非常大。三是匿名性。由于区块链各节点之间的数据交换必须遵循固定的、预知的算法，因此区块链上节点之间不需要彼此认知，也不需要实名认证，而只基于地址、算法的正确性进行彼此识别和数据交换。四是去中心化。正因为区块链里所有节点都在记账，无须有一个中心再去记账，所以它可以不需要中心。五是可追溯性。区块链是一个分散数据库，每个节点数据(或行为)都被其他人记录，所以区块链上的每个人的数据(或行为)都可以被追踪和还原。

按照目前的应用场景，区块链可以分成三大类。

一是公有链。主要指全世界任何人都可以读取、发送信息(或交易)且信息(或交易)都能获得有效确认的，也可以参与其中的"共识过程的区块链"。

二是私有链，也称专有链。它是一条非公开的链，通常情况下，未经授权不得加入(成为节点)。而且，私有链中各个节点的写入权限皆被严格控制，读取权限则可视需求有选择性地对外开放。

三是联盟链。联盟链是指由多个机构共同参与管理的区块链，每个组织或机构管理一个或多个节点，其数据只允许系统内不同的机构进行读写和发送。

就当下而言，区块链涉及四大技术领域。

一是分布式账本技术。人类社会发明的记账技术先后有四种。早在原始社会时，人类发明了"结绳记账"，农业社会时发明了"记流水账"，工业社会时发明了"复式记账"。复式记账的平衡表使账目一目了然，适应了工业社会的企业管理，但它避免不了经理人与会计可能从原始数据源头造假。分布式账本是一种在网络成员之间共享、复制和同步的数据库。分布式账本一起记录参与者间的数据行为（如交易、资产交换行为等），这种技术所内含的防篡改、可追溯特性从源头上杜绝了造假的可能，而共享机制降低了"因调解不同账本"所产生的时间和成本。

二是非对称加密技术。存储在区块链上的交易信息是公开的，但每个账户的身份信息是高度加密的。单个账户只有在拥有者授权的情况下才能访问到，从而保证数据的安全和个人隐私。

三是共识机制技术。开发者必须首先考虑用怎样的技术可以使多人对一种规则达成共识，同时还要考虑通过多少个特殊节点的确认，才能在很短的时间内实现对数据行为的验证，从而完成一笔交易。一般而言，区块链技术需要若干利益不相干的节点对一笔交易进行确认，如果确认就认为达成共识，认为全网对此也能达成共识，这样才算完成一笔交易。

四是智能合约技术。基于大量可信的、不可篡改的数据，可以自动化地执行一些预先定义好的规则和条款，比如彼此间定期、定息、定额的借贷行为。

区块链技术属于信息技术、记账技术。从应用视角来看，基于区块链能够解决信息不对称问题，实现多个主体之间的协作信任与一致行动，无论是公有链、私有链，还是联盟链，其首要目标都是确保信息数据的安全、有效、无法篡改。目前，区块链技术在社会中的应用场景主要有以下几个方面。

一是金融。金融已经数字化了，所以这是区块链应用最为得心应手的领域。目前，在国际汇兑、信用证、股权登记和证券交易所等领域已经开始尝试使用区块链技术，区块链在金融领域有着巨大的潜在应用价值。人们的探索是，将区块链技术应用在金融领域是否可以"省去中介环节"，实现点对点对接，在降低交易成本的同时，更加快速地完成交易。例如，利用区块链分布式架构和信任机制，可以简化金融机构电汇流程，尤其是涉及多个金融机构间的复杂交易。

二是供应链和物流。区块链在物联网以及物流单据管理领域也有得天独厚的优势，企业通过区块链可以降低物流单据管理成本，可以监控和追溯物品的生产、仓储、运送、到达等全过程，提高物流链管理的效率。另外，区块链在供应链管理领域也被认为具有丰富的应用场景，比如上下游之间的直接交易可以加大透明度，提高信任和效率，如果区块链中包含供应链金融，那将大大提高金融的效率，同时降低金融机构和企业的信用成本。

三是公共服务。区块链在公共服务、能源、交通等与民众生活息息相关的信息领域也有较为丰富的应用场景。比如，目前由于信任缺失，中心管理者有时无法确定民众反映的需要解决的问题是个性问题还是共性问题，但使用区块链技术之后，这个问题可能瞬间就可以找到正确答案。

四是认证和公证。区块链具有不可篡改的特性，可以为经济社会发展中的"存证"难题提供解决方案，为实现社会征信提供全新思路，存在很大的市场空间。比如，最近，腾讯推出了"区块链电子发票"，成为区块链技术应用的"爆款"。

五是公益和慈善。区块链上分布存储的数据的不可篡改性，天然适合用于社会公益场景。公益流程中的相关信息，如捐赠项目、募集明细、资金流向、受助人反馈等信息，均可以存放在一个特定的区块链上，透明、公开，并通过公示达成社会监督的目的。

六是数字版权开发。通过区块链技术可以对作品进行鉴权，证明文字、视频、音频等作品的存在，保证权属的真实性和唯一性。作品在区块链上被确权后，后续交易都会进行实时的分布式记录，实现数字版权的全生命周期管理，也可为侵权行为的司法取证提供技术保障。

七是保险。在保险方面，保险机构负责资金归集、投资、理赔等过程，往往管理和运营成本较高，但区块链技术有可能提高效率、降低成本；尤其是在理赔方面，通过区块链实现"智能合约"，则无须投保人申请，也无须保险公司批准，只要投保人行为触发符合规定的理赔条件，即可实现当即自动赔付。

八是信息和数据共享。目前，全国各级政府公共信息资源平台在大力整合，目的是使各个信息系统之间的信息有效共享，节约存储空间和提升使用效率。在实现技术上，如果能够利用区块链分布式的特点，既可以打通监管部门间的"数据壁垒"，破除"数据孤岛"，实现信息和数据共享，还能提升公众调取政府公开资源的效率，减少资金浪费。

总体而言，区块链通过创造信任来创造价值，使离散程度高、管理链条长、涉及环节多的多方主体能够有效合作，从而提高协同效率、降低沟通成本。

二、"数字经济"的颠覆性作用

"数字经济"主要包含大数据、人工智能、移动互联网、云计算、区块链等技术。关于这几者之间的关系，如果将"数字经济"平台用人体来类比，互联网、移动互联网以及物联网就像人类的神经系统，大数据就像人体内的五脏六腑、皮肤以及器官，云计算相当于人体的脊梁。没有网络，五脏六腑与脊梁就无法相互协同；没有云计算，五脏六腑就无法挂架，成了孤魂野鬼；没有大数据，云计算就是行尸走肉、空心骷髅。有了神经系统、脊梁、五脏六腑、皮肤和器官之后，加上相当于灵魂的人工智能——人的大脑和神经末梢系统，基础的"数字经济"平台就成形了。而区块链技术既具有人体中几万年遗传的不可篡改、可追溯的基因特性，又具有人体基因的去中心、分布式特性。就像更先进的"基因改造技术"，从基础层面大幅度提升大脑反应速度、骨骼健壮程度、四肢操控灵活性。"数字经济"平台在区块链技术的帮助下，基础功能和应用将得到颠覆性改造，从而对经济社会产生更强大的推动力。

为什么"数字经济"基础平台会有如此强大的颠覆性？研究表明，"数字经济"基础平台实际存在"五全特征"：全空域、全流程、全场景、全解析和全价值。所谓"全空域"是指：打破区域和空间障碍，从天上到地上、从地上到水下、从国内到国际可以泛在地连成一体。所谓"全流程"是指：关系到人类所有生产、生活流程中的每一个点，每天 24 小时不停地积累信息。所谓"全场景"是指：跨越行业界别，把人类所有生活、工作中的行为场景全部打通。所谓"全解析"是指：通过人工智能的搜集、分析和判断，预测人类所有行为信息，产生异于传统的全新认知、全新行为和全新价值。所谓"全价值"是指：打破单个价值体系的封闭性，穿透所有价值体系，并整合与创建出前所未有的、巨大的价值链。现代信息化的产业链是通过数据存储、数据计算、数据通信跟全世界发生各种各样的联系，正是这种"五全"特征的基因，当它们跟产业链结合时形成了产业链的信息、全流程的信息、全价值链的信息、全场景的信息，成为十分具有价值的数据资源。可以说，任何一个传统产业链与这五大信息科技结合，就会立即形成新的经济组织方式，从而对传统产业构成颠覆性的冲击。

总之，大数据、云计算、人工智能下的现代互联网体系，具有颠覆性作用。现在的互联网数字平台，下一步在5G（第五代移动通信技术）时代还会进一步形成万物互联体系，其终端连接数是现在人类的手机、平板、笔记本电脑连接数的百倍、千倍。人类的互联网产业也因此将从 toC（面向用户）型的消费类互联网发展为toB（面向企业）型的产业类互联网。而在产业互联网时代，这种颠覆性功能将更为突出。我们常常说的颠覆性产业，主要是指具有以上五全信息的网络数据平台产业，这五全的信息在与工业制造相结合时，就形成工业制造4.0；与物流行业相结合，就形成智能物流体系；与城市管理相结合，就形成智慧城市；与金融结合，就形成金融科技或科技金融。在与金融相结合的时候，无论是金融业务展开的价值链也好，产业链也好，把这五全信息掌握在手里再开展金融服务，金融安全度将比没有五全信息的人工配置的金融服务系统安全信息要高，坏账率要低，各方面的系统性风险的平衡要更好，这是一个基本原理，这也就是我们为什么要非常睿智地、前瞻性地看到科技金融、数据金融平台具有重大的里程碑意义的经济前景。

三、数字经济发展

（一）数字新业态

数字经济推动新模式、新业态的不断发展，集中起来主要表现为平台经济、共享经济、生态经济和社群经济等，其共性体现了经济服务化的大趋势。

第一是平台经济。平台是数字经济的基本载体，它包括以供应链为主导的企业平台和以产业为主导的行业平台，通过整合资源与能力进行全方位服务。

第二是共享经济。从独占到共享是资源革命，其服务方式主要有生活共享、生产共享和知识共享等。

第三是生态经济。产业生态组织是产业发展的新方向，企业在产业生态体系中实现共生共创共担共享，成为自主发展的新型组织。

第四是社群经济。社群是具有共同价值观人群的自由联合体，网红和微商成为社群的主体，充分发挥社群的组织作用将创造出全新的价值。所有新模式、新业态都要成为数字经济能力的中心。

（二）数字红利

数字经济是先进生产力，具有巨大的数字红利。根据联合国专家的数字模型，当一个国家、地区、城市的数字经济水平超过75%，在不增加投资的情况下，其GDP将是原来的3.5倍。根据智能制造示范企业的实践，实施企业全面数字经济，3年后价值创造能力将提高3—5倍。

传统经济中广泛存在"四不"现象，即不连接、不匹配、不协同、不及时，致使价值大大流失。数字经济由于网络协同和数据智能，使系统获得最优解，从而达到"精准、高效、即时、预判"的优化状态，从而大大提升了经济效率，这便是数字红利的机制所在。

（三）数字经济"三化"

数字经济包括数字产业化、产业数字化、货币数字化。首先是数字产业化，发展数字产业主要有数字硬件业、数字软件业及数字服务业。其次是产业数字化，所有产业包括农业、工业、服务业都要数字化。实施"产业区块链"和"人工智能+"，数字技术与实体产业相融合，将重组产业组织，重构产业生态，大幅度提升价值创造能力。最后是货币数字化，货币数字化有两大类，即货币电子化和"数字货币"，发展"数字货币"势在必行。整个金融产业都要率先实现数字化。

（四）数字新技术

新的数字技术层出不穷，已形成体系。现有数字技术主要由五大新技术组成，包括大数据技术、云计算技术、物联网技术（特别是结合 5G)、区块链技术及人工智能技术。

其中，大数据为数字资源，云计算为数字平台，物联网为数字传输，区块链为数字信任，人工智能为数字智能，五大新技术相互融合实现万物互联、在线和智能。数字技术是新的数字基础设施。同时，数字经济需要数字安全技术，共同保障数字经济的持续发展。

第二节　物权数字化呼之欲出

一、物权数字化定义

物权数字化这个概念，与最近流行的"数字物权"容易发生混淆。数字物权，指的是以数字化形式存在的、具有独立价值和可以独占性的数字物品，享有直接支配和排他的权利，包括所有权、用益物权和担保物权。数字物权，最初指的仅仅是以 QQ 为代表的各类账号、各种游戏装备和点券，但是随着互联网的高速发展，数字财产包含的范围变得越来越宽泛，不仅包括游戏账号、武器装备、经验值、宠物、金币等，也包括社交账号、音乐、电影、应用程序和在线订购服务等。

物权数字化，则主要指实体物理世界有体物的物权进行数字化处理，使其在虚拟的数字世界中具有对应物，从而实现方便快捷的处置和交易。

现阶段看，数字物权和物权数字化完全是风马牛不相及的两个概念，但如果随着整个社会经济的数字化的不断普及和深入，两者会逐渐相互融合，成为同一事物的不同方面。比如，随着虚拟现实技术的逐渐成熟，人们可能在拥有实体房产的同时，也会在虚拟世界中拥有数字化房产，两者可能具有对应关系，也同样具备资产属性。

二、物权的定义, 物权数字化的重要意义

物权数字化意义重大, 不仅关系到国计民生, 而且与每个人的切身利益息息相关。首先, 我们要先搞清楚物权的前世今生。物权是一个法律上的概念, 是指权利人依法对特定的物享有直接支配和排他的权利, 包括所有权和他物权。顾名思义, 所有权就是对自己占有物的权力, 他物权是在他人所有物上设定或享有的权利, 包括用益物权和担保物权。

法律界公认, "物权"的概念在立法形式上的起源, 是1811年的《奥地利民法典》, 该法第307条规定: "物权, 是属于个人财产上的权力, 可以对抗任何人。"但是, 《奥地利民法典》依然未抽象出现代意义上的物权概念, 物权的概念依然包括有体物和债权等无体物, 直到1900年1月1日实施的《德国民法典》, 在法典中设立了"物权"编, 对物权制度做了系统、完整的规定, 物权这一概念才得到目前学理上公认的意义, 独立的物权体系才得到完整的确立。

物权具有如下基本特征:

1. 物权的核心性。物权关系是最基本的民事法律关系, 是所有其他民事法律关系的出发点和归属。在宪法、民法、刑法中, 都会涉及所有权、物权制度, 所以所有权具有核心性, 是整个经济制度和社会制度的基础。

2. 物权的支配性。物权是权利人直接支配物且无须借助他人行为就能行使自己权利或实现自己权利的一种民事权利。

3. 物权的独立性。物权是直接支配特定的、独立的物的权利, 是不依赖于义务人义务的履行而实现的权利。

4. 物权的利益性。物权是一种人与人之间因物的占有、使用、收益、处分而发生的利益关系, 这种利益得到了国家强制力的保护, 所以物权是一种受法律保护的合法利益。

5. 物权的弹力性。作为物权权能的占有、使用、收益、处分权能与最终的支配权及抽象的所有权是可以进行分离的。例如, 农村承包经营权即是将所有权与所有权的权能相分离, 让集体享有所有权, 让农民享有占有、使用、收益、处分的权利,

解决了农民生产积极性的问题。

6.物权的排他性。其客体必须是个别的、单独的、客观的存在,且物权具有排他性、独立性。

7.物权是对世权。即世界上除了物权人以外的任何第三人都承担了一种法律上的义务,即必须尊重物权人对其物直接支配并排除他人非法干涉的权利。

8.物权是绝对权。物权人可以绝对地按照自己的意愿,在不违反法律和他人合法权益的前提下来支配自己所有的物。形式的物权概念诞生于19世纪,并不是说在此之前人们没有"物权"的概念。

实质的物权概念源远流长,伴随着私有制的诞生而诞生,也可以说是人类文明诞生的重要标志之一。物权的本质,是人们基于物的所有权进行生产活动以及利益分配的规则。人类的经济活动,是其他一切社会活动的基础。经济活动主要包括两个方面,即价值创造和利益分配,而且这两个方面形成相互推动的正反馈循环,推动生产力的不断进步以及人类社会的不断发展。价值创造不可能仅通过人的劳动凭空完成,必然会使用生产资料,并作用于特定目的物之上,因此价值创造的前提,是对相应有体物的所有权。价值创造之后,需要对获得的利益回报进行分配,既然特定有体物是价值创造过程中必不可少的条件,那么对于这些有体物拥有所有权的人也要参与利益分配,这样才会有动力维护以及改进这些有体物,以推动更好的价值创造,并期待获得更多的利益回报。

围绕物权的概念,形成了价值创造和利益分配相互推动的正反馈循环,推动人类社会不断向前发展。如此就可以理解,为什么物权在法律体系中占据核心地位,其原因在于,物权本身在人类经济活动中扮演着核心角色。物权只是推动价值创造和利益分配正反馈循环的手段,这一正反馈循环才是目的。也就是说,为了推动这一正反馈循环更好地运转,需要对物权进行与时俱进的改进。反观物权的发展历史,也印证了上述观点。

物权的背后是利益,利益是人类一切活动以及斗争的总根源。物权概念的诞生以及每一次重大演进,无不伴随着人类社会的重大革命。人类的价值创造,归根结底是土地、资本和劳动相结合的过程，这三者在价值创造和利益分配中次第占据核心地位，依次对应着农业社会、工业社会以及信息社会。

最初人们对物权的理解，就是对目标物的直接占有，并以此获得相应处分和收益的权利，这与农业社会价值创造的基本特征相适应。在农业社会中，最主要的生产活动是农业耕作，最重要的生产资料是土地。土地不会发生空间上的转移，也不会灭失，一切生产活动都附着于土地之上，离开了土地农业生产也就无从谈起。因此在农业时代，土地的所有者在价值创造和利益分配中具有核心支配地位，一切利益的争夺，最终也会体现在对土地所有权的争夺上。

随着人类逐步从农业社会过渡到工业社会，人们逐渐发现，仅仅是对物的直接占有，并不能很好地实现价值创造，物品需要有效流动，才能最大限度地发挥其价值，于是，所有权和经营权出现分离，担保物权和用益物权就出现了。我们也可以理解，为什么立法形式上的物权概念出现在 19 世纪的德国。早期的物权概念十分简单，对物的占有是可以清晰界定的，无须制定专门的法律加以规定。到了工业革命之后，物权形式变得复杂，权属和收益界定变得模糊起来。作为具有迫切发展目标的后发工业国，德国各种新旧矛盾冲突十分尖锐，在这种情况下，立法规定符合资本主义生产方式的物权概念，有利于理顺利益分配关系，推动生产力的进一步发展。

在工商业生产中，价值创造的过程比农业生产要复杂得多，其中涉及多种目标物的流动、支配和处分，其中单独任何一个目标物的物权，都不能像农业生产中的土地所有权那样，对于价值创造以及随后的利益分配具有绝对的话语权，但是人们可以把包括土地在内的所有目标物转换成一定数额的货币，通过货币资本一揽子掌握所有相关目标物的物权，进而支配价值创造和利益分配。因此，货币取代土地，占据了工业社会中最核心的角色。

货币资本化，实现了以货币为纽带的物权流转，也意味着人类历史上的第一类物权数字化，或称初级物权数字化。东西方在这里存在显著差异。中世纪的欧洲，土地仍然只能根据爵位继承，不能通过买卖流转；而在中国，早在战国后期土地就可以通过买卖流转，但由于生产方式依然停留在农业时代，绝大部分价值创造依然附着在土地之上，物权概念过于超前，导致土地兼并矛盾尖锐，社会甚至因此周期性崩溃解体。从这里可以得到关于物权数字化的几点启示：

1. 物权数字化，使得目标物的流动变得更加方便和频繁，适应日趋复杂的价值创造过程。

2. 物权数字化的进程，需要与当前的价值创造特征相适应，超前或滞后都会起到反效果。

随着人类社会进入后工业化时代以至信息时代，价值创造的特点又发生了显著变化。阿里巴巴集团的 CEO 张勇说："社会经济和生活全面走向数字化的大趋势，是在不确定性中的高度确定性。"物权数字化也是适应价值创造数字化这一确定性发展趋势的必然。由于生产力的提升以及物质财富的积累，资本从稀缺逐渐转向过剩，可以通过商品交换获得的各种有形物在价值创造中的地位也不断下降，价值创造越来越依赖人富有创造性的智力活动，人类劳动（主要指脑力劳动）逐渐从过去的从属地位上升到主导地位。

华为创始人任正非说："过去是资本雇用劳动，资本在价值创造要素中占有支配地位。而知识经济时代是知识雇用资本。知识产权和技术诀窍的价值和支配力超过了资本，资本只有依附于知识，才能保值和增值。"在知识经济环境下，有形物的存在本身，并不能带来多少价值，甚至由于生产过剩，它反而可能成为一种资源的浪费，再加上持有有形物往往需要付出一定的成本，它甚至可能不再是一种资产，而变成了负债。只有基于创造性知识的认知，对有形物进行创造性的拆解、流动和重新组合，创造出能够满足不断涌现出的新需求的供给，才能够实现价值创造。这就要求对物权进行进一步的数字化改造，实现适合数字化生产方式的价值创造和利益分配，必将会对整个国民经济的发展和每个人的切身利益造成深刻影响。

第三节　区块链赋能物权数字化

一、区块链概述

"信任、信用，是一切金融交易最基本的前提和基础，一旦失去人和人之间的基本信任，很有可能不会发生任何金融交易信任"，这是人类社会普遍认可的，甚至可以说，是在物质资本与人力资本之外，被认为是能够用于决定一个国家经济增长和社会进步的主要社会资本。近年来，我国场外交易市场结构层次不够明晰的现状，相应暴露出信息披露制度标准和要求层次不明的问题，现行的场外交易市场信息披露制度规则还暴露出立法层级较低和混乱零散的缺陷，我国目前场外市场信息披露的自律监管不够规范，信息披露规则混乱零散、信息披露行为监管不力是大部分场外交易市场的共同问题。与此同时，区块链因其非中心化、透明的匿名性、记录的不可逆性，以及缜密的计算逻辑，能够帮助人们在互相协作中建立起信任。

1993 年，罗伯特·帕特南 (Robert Putnam) 在其研究中指出，社交网络这样的热门研究，是依据人与人之间的信任、规范建立的，在社交网络基础上构成相应的社会资本，将有较大可能对协调和合作起到加速促进的作用，通过互惠互利，助力提升人力资本的投资效益和物质资本，从此之后，社会资本的概念开始正式涵盖信任，且呈现自我增强的特性，即一个人的信用会随着时间增长而增长的累积特性。如若我们不对其加以应用，反而有一定可能使其呈现相对减少的特性。1999 年，三位长期从事社会资本理论研究的学者雷威奇（Luigi Guiso）、萨皮恩扎（Paola Sapienza）和路易吉·津加莱斯（Luigi Zingales）通过运用现代经济学实证方法对意大利宏观数据进行研究和检验，并总结出了信任与金融发展的关系，即从一个人，或一组受托人提取履约特性的行为，进行评估时，发现信任可以是主观上对该研究结论认可的一种可能性水平，也可以代表受试的人本身，若其所做出的一切事均有利于他人，或者其所具备的无害行为的概率非常之高，我们可以得出此人值得合作的结论。

信任的形式主要包括 4 种：社交信任、声誉信任、市场信任和中心化信任。与之相对应的金融交易则可以归纳为：民间借贷（基于社交）、商业信用交易（基于声誉）、资本市场交易（基于市场）和银行借贷（基于中心化行为）。

中心化信任，这个词相对信任而言比较陌生，但却可以说是全世界最常见，也是规模最大的一种金融的信任形式，它一般是以高度可信的大银行作为中心机构，同时，中心化信任在政府机构等权威性交易中，以及国际相关信用中能充当主要的信任形式。银行凭借其较为完善的法律制度，各国不同但有效的监管体系，逐渐完善形成的行业规范，以及最核心的国家担保制度，多年积累，成为高度可信的机构。但是，银行的实际功能可能更主动倾向于能为企业相应提供信贷的资金，而不只是能够满足普罗大众的些许理财需求。此外，银行传统职责最重要的仍然是对用户的储蓄资金安全提供保障，以及对国家乃至世界金融体系的稳定进行维护，因此，难以避免地将大部分的储蓄资金使用于较低风险行业的投资，常见的还有同业拆借和购买国债等，那些信用不足的群体和高风险的创新型小企业几乎不能体验信贷服务。

在市场信任中，其表现形式多为投资人对上市公司未来价值的信任预期，但由于市场大幅的震荡，即使单个企业运行稳定且前景良好，可能仅仅因为上市公司股价受到整体市场行情的波动影响，也会在这样大震荡的环境下失去信任。因此，市场信任实质上是对市场的信任，而非对某家企业的信任。声誉信任可以理解为在长期经营的过程中，企业逐步积累了良好的商业声誉，然而此违约行为也可以对其造成极为巨大的损失。商品的赊购、分期付款和票据等，这些商业信用能得以高效率完成，充分说明声誉信任的确能增加企业互相之间合作的可能性，增加商品的流动性，但这种信任更多地存在于工商行业，具有相对较为严格的指向性，也就是说，声誉信用通常是上游企业提供的，而往往对下游企业难以形成相应支持。社交信任一般以成本较高的民间借贷为主，较为主要的形式是通过人与人的社交网络产生连接，呈现出一种中介性质基于社交信任的弊端。

场外交易的范围往往集中于同一个社交网络内部，配资及利率等均由双方商议决定，不受监管，没有规范可循，交易风险完全由社交信任度的高低决定。

在中心化信任、市场信任、声誉信任，以及社交信任都未能满足场外交易参与者及监管要求的情况下，信任出现了第五种形式，即我们常说的直接信任。直接信任是指，双方并不经过中介或社交，而以信息技术作为基础建立起直接信任，将金融资源直接在供需两端进行配置。直接信任在历史上任何时期都是存在的，但仅限于非常小的规模。最开始是在计算机领域中出现这个概念，继而得以被提出，并逐渐得到社会更广泛的使用。计算机术语中有"对等网络"的概念，Peer-to-Peer（P2P）中，各个节点相互之间通过直接的连接来交换数据与服务，从而使交易不断具备更为开放与稳定等的特性，但由此也会带来巨大的网络安全隐患，例如如何防止线上欺诈交易，如何保证基于对等的网络交易可信度等。总的来说，区块链技术解决了拜占庭将军问题——它提供了一种无须信任单个节点，还能创建信任的方法。

大约十年前，比特币背后的未知人士中本聪（Satoshi Nakamoto）描述了区块链技术，分布式对等连接结构，可用于解决在事务顺序的维护问题和事务所产生的一系列相关问题的双重支出问题（Nakamoto，2008）比特币能将交易定制化，并将其分组到一个名为"块共享时间戳"的大小受限的结构中去。网络的节点负责将块相互连接，并按时间顺序排列，每个块包含前一个块的哈希值用于创建区块链（Crosbyetal，2016），这样设计出的区块链结构具有设法包含所有交易以及可审计注册表的强大能力。

区块链引入自应用程序和事务，因为传统业务流程的严重破坏需要集中式的架构或可信赖的第三方来验证它们，以便保障程序以相同级别的分散方式运行。区块链架构和设计的固有特性提供了透明度、稳健性、可审计性和安全性等属性(Greenspan，2015；Christidis 和 Devetsikiotis，2016)。区块链可以被视为分布式的，且被组织为有序块的数据库，其中提交的块是不可变的。区块链技术使其参与者能够建立共享和公开展示的关系。通过该技术的固有特征，也可以促进信任，确保数据的完整性，直接存储在数据库技术上；通过公钥、密码学和其进行的事实，保证了交互透明的性质，每个用户都能够根据预定义的规则验证广播的交易。另一个有助于建立信任的因素是交易的不可改变性，它能促进所谓的共识机制的形成。如果对区域链进行更改，区块链会产生不同的解决方案，并提示例如误用以及其相对应的操作。信任和权力的下放和区块链技术的发展都是密切相关的。一方面，用于建立信任的机制，因此需要创建数据透明、完整性和数据不变性的分散式网络，此网络可以在没有值得信赖的第三方情况下进行可靠的交易。另一方面，权力下放提供了平均值用户参与网络的平台，建立了共识的基础机制，因此使得受信任的第三方不再是必要条件。可以看出在银行业中，理想的银行可以在同一区块链下进行合作，推动客户交易。这样清晰的透明度使得区块链有助于交易审计。公司投资这项技术，因为他们看到了将架构分散化并最大限度地降低交易成本的潜力，此外，它们本身更安全、更透明，在某些情况下交易更快。

加密货币的数量说明了区块链的重要性，目前的数量已超过 1900，并且还在增长 (Coin Market Cap，2017)。由于加密货币应用程序的异构性，这种增长速度很快就会产生互操作性问题 (Tschorsch 和 Scheuermann，2016；Haferkorn 和 Quintana Diaz，2015)。此外，区块链被用在除加密货币以外的其他领域，并且形势正在迅速扩张，智能合约 (SC) 发挥着核心作用。S 的定义在 1994 年被 Szabo 定义为："执行合同条款的计算机化交易协议" (Szabo，1994)，协议允许我们翻译合同条款为可嵌入代码 (Szabo，1997)，从而最大限度地减少了外部的参与和风险。

除了分散化之外，基于区块链的系统的优势还包括缺乏 (潜在) 失效的中心点，以及提供完整、透明且本质上有效的历史事务日志。这些特征促进了具有成本效益的微交易 (Beck 等，2016)，降低了撰写合同的复杂性 (Davidson 等，2016) 并实现了柠檬市场中的信息共享 (Notheisen，2017)。在这个范围内，区块链允许通过提供过去的、公开的且不可伪造的交易记录来解决冲突，因此，区块链技术变得越来越重要 (Hao，2016)。

尽管有这些优点，区块链也带来了各种限制和问题。首先，分散共识的产生建立在历史数据的公开可用性和相关交易方的假名披露的基础上。由于这种开放的概念，隐私保护成为一项特殊的挑战。其次，在智能合约的背景下，他们不能触发自己，而是需要明确的干预 (Glaser，2017)，特定时间点的自我执行或特定事件的后续行动需要由另一个非人或人工用户发起。最后，作为自治事务数据库系统，区块链仅依赖于预定义规则的正确性，因此确保它们安全、可靠和准确至关重要 (Ahangama 和 Poo，2016)。由于块和链的不可变特性，更改这些规则需要部署新的区块链软件或智能合约。总而言之，区块链技术仍处于起步阶段，因此会遇到各种技术问题，例如可扩展性、延迟、查询问题 (Beck 等，2016；Glaser，2017)，以及协商一致算法所导致的开销成本增加的问题 (O'Dwyer 和 Malone，2014)。从非技术角度来看，理解区块链协议的实现并评估它们对潜在用户的适用性仍然对研究人员、从业者和用户有一定的挑战 (Glaserand Bezzenberger，2015)。

区块链目前在各个领域都有应用，例如，在健康领域，区块链在解决当前健康护理系统中存在的互操作性问题方面具有巨大的潜力它可以作为利益交换的标准，即医疗保健实体，医学研究员等以安全的方式分享电子健康记录 (EHR)。

食品行业的研究考虑了食品安全的重要性，并提出利用 RFID 和区块链技术开发农业食品供应链可追溯性的质量检测系统，区块链采用的是可靠有效的方法确保信息的共享和发布。此外，术语"智能制造"工业 4.0 时代也在被广泛讨论。关于供应链管理，预计工业 4.0 将实现权力下放和自我监管的环境。迄今为止，所谓的云计算的扩展——雾计算或边缘计算，已被利用来开发基于比特币的公平支付系统。多雾路段计算系统可以被视为一种大规模、无处不在的分散的系统，可以处理任何计算任务。

在金融领域，区块链已被广泛应用于金融交易，这就是所谓的加密货币。如今，加密货币已经出现了为其定做的软件系统，第一个块或起源块包含第一笔交易。第一个块的散列被转发给使用的节点并为第二个块生成一个哈希值。以类似的方式，第三个块创建一个包含前两个的哈希值用于跟踪区块链中的所有块回到起源区。加密货币有自己的货币 (代币)，增加节点是将新块引入区块链的过程，每个节点使用区块链来验证硬币是否合法或是否还没有用完。在交易记录之前讲入区块链中的参与者如果数量较多则达成协议增加节点的过程是一种资源密集型任务，因此使攻击者难以验证无效交易。

考虑到现有中国金融行业信用体系的尚不健全，场外交易不能按照设定好的模式发展，场外交易参与者逐渐放弃设定的模式，各式各样的模式在行业内出现，包括 C2C、场内加场外等交易模式，导致交易风险高，问题交易事件频发，对场外交易机构参与人的声誉造成了严重的破坏，直接交易和间接交易的模式差异主要取决于是否有信用中介。2016 年之后，行业的规范随着互联网金融协会的成立，金融监管的结构改革，以及行业规范性政策的出台逐渐形成了一个统一、正规的模式，场外交易逐渐向直接交易模式回归，但政策法律风险、信用风险、交易风险、流动性风险和监管风险仍然存在。

目前基于区块链的研究方向主要是提高交易的匿名性"201"，随着我行场外交易市场自我管理机制的不断突破，市场经历反复清理整顿、关停交易甚至市场取缔，与美国资本市场的自我演化似乎有惊人的历史巧合，或许有相同的报告和非报告公司、纵向分块等行业发展趋势。按照区块链的业界主流观点，区块链技术至少有三个阶段：场外交易 (1.0)、合约 (2.0) 和社会治理 (3.0)。区块链技术的引入可以协助建立与场外交易市场特点相适应的信息披露机制，对前述问题的解决提供了应用层面的技术支撑，因此研究设计基于区块链的场外交易模型和系统来实现可信任的场外交易具有较为实际的意义。

二、区块链定义及特征

区块链（Blockchain）是一种基于密码学的技术，它是由多方共同维护的，使用加密技术来确保传输和访问的安全性，从而可以实现一致的数据存储，其具备难以篡改性，并能防止拒绝的特点。它也被称为分布式存储技术（Distributed Ledger Technology）。

在一个典型的区块链系统中，每个参与者共享信息并且同意区块链是根据预先约定的规则的一组受信任的分布式数据库。它通过不需要信任积累的分散信用建立范例，并共同维护一个可靠的数据库，以形成几乎不可能改变的分布式共享分类账户。

区块链有五个主要特征：去中心化、去信任、时间戳、非对称加密和智能合约。

1. 去中心化（权力下放）：由于区块链依赖于系统的维护和每个节点信息传输的

真实性，基于分布式存储数据，数据传输不再依赖于某个中心节点，而是 P2P 的直接传输。该技术允许参与系统的任意数量的节点计算并记录系统中交换的所有信息一段时间，通过加密算法到块，并生成块的指纹用于连（链）接下一个数据块和校验。在网络整体中，基于共识的开源协议，每一个节点之间都可以自由安全地进行数据传输。对于网络整体而言事务记录都是公共的，并且每个节点都可以得到备份。

2. 去信任：在传统的互联网模型中，信息匹配和信任积累是通过可信中心节点进行的，因此无法实现价值传递的分散化。权力下放必须没有信用认可。从信任的角度来看，区块链基本上通过数学方法解决了信任问题。所有规则都以算法程序的形式预先表达。参与者只需要信任通用算法即可建立相互信任、创造信誉、建立信任并达成共识。

3. 时间戳：通过打包在特定时间段内生成的所有信息（包括数据和代码）生成块。每个下一个块的顶部包含前一个块的索引信息，该信息是端到端连接的——形成链。因此，块（完整历史）和链完整验证添加时间戳（可以追溯到完整历史），其将所有历史数据存储在系统中，并为每个数据提供检索和搜索功能。并且可以使用区块链结构来跟踪源并逐个验证它。

4. 非对称加密：区块链是通过数学共识机制的非对称加密算法，即在加密和解密过程中使用"密钥对"，"密钥对"中的两个密钥具有不对称特征。一个是在使用其中一个密钥加密后，只能解锁另一个密钥。其次，在发布其中一个密钥之后，另一个密钥不能基于公钥计算另一个密钥。非对称加密使任何参与者更容易达成共识，最大限度地减少价值交换中的摩擦边界，并在透明数据保护个人隐私后实现匿名。

5. 智能合约：因为区块链可以实现点对点的价值转移，可编程性的引入将使相应的编程脚本能够嵌入双方，通过这个智能合约来处理一些不可预见的交易模式，确保该技术在连续使用中继续有效。基于区块链的任何价值交换活动都可以通过智能编程，即使用方向和各种约束来进行硬控制，从而消除法律或合同中软约束条款的成本。

三、区块链产业化发展的发令枪

区块链是一种由多方共同维护，使用密码学技术保障传输和访问安全，能够实现数据一致存储、难以篡改、防止抵赖的分布式记账技术。20 世纪 70 年代以来，随着密码学技术、分布式网络、共识算法以及硬件存储计算能力的飞速发展，通过技术手段实现多主体间建立共识的条件日趋成熟，为解决多主体环境下的中介机构信任风险、降低交易成本、提升协同效率提供了全新的解决思路。

（一）对经济社会发展的全面推动

结合未来中国的经济发展方向，区块链将在多方面发挥巨大的作用。

1. 推动产业模式升级

区块链技术与其他前沿科技一道，结合政、产、学、研、投等各方面的资源协同攻关核心技术，在虚拟技术与实体经济深度融合中打造出信息共享、公平公正的新营商生态环境。新环境将实现各行业之间的有效信息沟通，促进生产要素的高效流转，加快新旧动能的转变，推动供给侧有效改革。

2. 推动产业绿色发展

在进入经济新常态的今天，科学和绿色的经济发展模式将成为主流，环境与生态保护将成为关键指标。在产业发展的过程中应用区块链技术，让国家的政策导向和精准帮扶能够高效有力，提升治理水平；让企业的发展方向符合国家产业政策的导向，满足监管政策的要求；让生产过程透明可追溯，构建更有效的产业链协同和生态共建；让绿色生态环境和绿色食品成为社会的事实标准，从而在根本上让人民群众享受经济发展的成果，让大家的生活有更多的获得感。

3. 推动技术创新协同

区块链技术的发展将推动信息互联向价值互联快速进化，实现信息流、业务流、人才流、物流、资金流的全面融合。近年来，大数据、物联网、人工智能、云计算、量子通信、最新移动通信、虚拟现实等新技术都有了快速的突破。如何形成可持续的技术发展闭环让这些新技术能够互相协同，形成有效的商业模式，区块链技术当仁不让地成为其中的关键环节。

4. 推动社会治理改革

区块链技术可以广泛应用于民生、经济、社会治理等多个领域。应用区块链技术，可以提高政府办事效率，减少人民群众碰到的"办事难、办事慢"的情况；可以实现政务公开，让老百姓能够深入参与到政府的决策当中；可以与金融结合，提高金融服务效率，减少金融风险；可以充分发挥其难以篡改、分布式存储的特点，推动司法内容存证、社会信用建设、知识产权保护等方面的发展。

因此，加快区块链技术创新，深化区块链技术与实体产业融合，对于产业模式升级、社会治理水平的提高都有十分重要的意义。

（二）全球格局与中国区块链定位

随着全球第四次产业革命的不断推进，对区块链技术产业化的需求日趋明显。回溯近现代历史，18世纪的第一次产业革命推动人类社会进入了蒸汽时代，19世纪的第二次产业革命使人类社会跨入了电气时代，20世纪中后期的第三次产业革命使全球进入信息时代，实现信息互联。

如今世界正处在第四次产业革命当中，其标志为通过融合大数据、物联网、人工智能、云计算、量子通信、最新移动通信、虚拟现实和区块链等关键技术，构建实体与虚拟网络互联互通的新一代产业体系。历史早已证明，每一次新的产业革命都会带来国际政治格局的重新洗牌。

由于历史原因，我国在前几次产业革命中没有跟上世界的步伐。但是，自改革开放以来，我国的综合国力不断增强。特别是在21世纪的今天，由于多个产业方向的关键技术已在全球范围内达到了前沿水平，我国已经具备了未来加速发展区块链技术、全面推动产业互联的可能。

（三）中国区块链发展前景广阔

随着区块链技术的不断成熟与发展，全球区块链市场已经初具规模。综合分析上述国际顶尖企业的区块链技术观点，并进一步参照多方数据进行研判，我们可以进一步明确目前中国区块链的实际基础及其在全球的相对优势。

据《中国电子报》2019年11月的报道，2018年的全球区块链市场规模已达

122.6 亿元，其中规模最大的是美国 (36%)。虽然目前中国的市场规模与美国有一定差距，但保持着十分强劲的增长势头。

从区块链投资规模来看，中美之间的差距已显著缩小。根据 CB Insights 公司 2019 年 7 月的研究报告，2014—2019 年，全球区块链投资额的 30% 在美国，排名第一；其次为中国，占总额的 15%。而在全球区块链专利数量方面，中国已经反超美国。截至 2018 年，在已提交的区块链相关专利中，41% 来自中国，排名第一；其次是美国，占 32%。总体来说，在全球区块链竞赛中，中国市场有非常大的成长空间，中国自主的区块链技术与相关行业企业也在迅猛发展。

（四）新时代企业家的历史机遇

区块链作为核心技术自主创新的重要突破口，必然要和各行各业深度融合、协同发展，成为政府、企业家、民众共同关注和参与的新方向。

新时代的企业家需要直面历史大趋势，迎接挑战，实现转型升级。区块技术链技术以其独特的优势，不但为企业家带来了难得的发展机遇，更为他们提供了很好的抓手和突破利器。在过去的 20 多年中，互联网全面融入社会生产、生活和经济发展，引领世界发生了巨大变革，充分显示了新技术对传统产业带来的颠覆性影响，以及伴随出现的猛烈的跨界打击和降维打击。新兴区块链技术的迅猛发展获得了大量社会资源的支持，是否会像当年互联网创新一样给传统产业带来改变和颠覆，这是每一位企业家都需要深思的问题。

由于技术的历史局限，互联网世界的公平性、价值性、安全性等基础问题，长期以来都未得到圆满解决，甚至由此派生出许多危害公共治安、社会、伦理、国家安全的问题，造成了很大的社会影响。因此，在互联网世界内部也需要一场深刻的技术变革，这比过去任何时候都显得更加必要和迫切。

区块链的技术特性恰好能顺应这种需求。从本质上讲，区块链就是新一代的高效治理架构，其核心是基于多种技术组合而建立的激励约束机制。它通过集成分布式数据存储、点对点传输、共识机制、加密算法等技术，对计算模式进行颠覆式创新，大幅提高了"作恶"门槛。此外，区块链的价值发掘机制推动"信息互联网"向"价值互联网""信任互联网"变迁,从而充分挖掘各产业内部的积极力量,进而实现更加良性的治理架构,有效赋能国家治理体系和治理能力现代化建设。因此,区块链技术有可能引起一场全球性的技术革新和产业变革。

与其他技术一样,区块链同样有其自身发展的客观规律。受内外因素的综合影响,区块链技术也需要不断更新迭代,使性能更成熟、稳定。区块链技术需要在与其他技术逐渐融合、与上层建筑反复磨合之后,才能实现广泛应用。此外,发展区块链也将面临监管上的挑战。从近些年对各种炒作行为的打击到对各种安全合规性的要求,有效地实施监管必定是前沿技术走向大规模应用所必然面临的过程。

全球科技创新正处于空前密集活跃的时期,目前世界主要国家都把信息技术作为谋求竞争新优势的战略方向。围绕信息技术制高点的国际竞争已日趋复杂化、白热化,甚至与贸易争端、外交博弈、军事角力相交织。区块链等前沿信息技术的发展情况与未来的国际竞争格局密切相关,如果不能快速发展区块链技术,就有可能陷入长期落后的危险。

显然,我国将会走在全球区块链发展的前列,新时代的企业家也将会直面产业区块链的到来。产业区块链应用即将在国家大力扶持、社会普遍关注的情况下,在各行各业逐步深度融合并开始大面积落地,我国企业家们应当抓住区块链技术发展的重要机遇,勇立潮头,锐意进取,把握先机,真正占据自身产业发展的领先地位,并更上一层楼!

(五)权益和服务的价值流转

权益和服务也是非常典型的区块链应用场景。一方面,权益和服务这样的虚拟产品急需有效的背书及内容铺定,其价值的高低很大程度上和一系列的前置约束条件紧密相关,而这些条件都需要真实可信的定义和适用范围。另一方面,权益和服务对应的都是高流通的场景,必须依赖 系列的市场交易和确认行为来维持价值。价值崩塌带来的很可能是市场的萎缩和消失。

因此,依托区块链技术构建的垂直行业的虚拟产品、权益、服务交易市场,未来将会有很大的发展空间。

第四节　数字经济创造价值

一、数字孪生

知识经济时代，整个社会的价值创造体系都需要进行彻底重塑。工业革命以来的两百年，人类价值创造的主题可以归结为"生产力革命"，其核心就是忽略个体的个性化需求，定义符合大众群体的标准化需求，然后对供给侧的价值创造过程拆分为一个个细分环节，再对每个环节进行标准化，从而实现整体效率不断提升。随着生产力发展到今天的水平，这种被定义出来的标准化需求已经处于严重供过于求的状态。

用户通过互联网结成了用户网络，变得越发主动和强势，以往 B 端与 C 端的强弱关系逆转，而用户需求则如同在大海中游弋，越发地碎片化、多元化和多维化。对于企业而言，需要物联网、大数据、云计算人工智能成为企业的眼睛和大脑，产业互联网成为企业的神经网络，区块链成为企业的循环系统，公司的界限趋于模糊，内外结合生态化发展，通过生态化实现经济的升维加速进化，实现网络化分工协同，网络化要素流动和网络化价值创造。这就意味着，工业时代的刚性供应链变成柔性的供应网络，整个供应网络将围绕用户的需求进行快速调整和迭代，形成面向用户需求的柔性定制。

在工业时代的刚性供应链中，价值创造的主体是公司，每个公司独立安排生产，不同公司之间基于货币交换形成价值链上下游的松散协作关系。在未来的柔性供应网络中，价值创造将是以数字智能为驱动，个人、公司、平台在社会化协作中完成的。所有的生产资料和工作流程都将数字化后上云，形成与物理世界对应的数字孪生世界。

在数字孪生世界中，通过数字智能和网络协同的方式实时生成价值链，在该价值链中完成供给的创造，然后再通过数字化手段反作用于物理世界，将其实际生产出来并配送到用户手中。基于工业时代价值创造的基本特征，以资本为核心，个体利益最大化为实现手段的资本主义生产方式具有其合理性，能够最大限度地推动生产力的发展。到了信息时代，资本主义的核心逻辑与价值创造的特点出现了严重抵触，以人为核心，以社会化协作为实现手段的社会主义生产方式必将取代资本主义。物权数字化，正是实现社会主义生产方式的重要手段。

二、物权数字化优势

如上所述，物权数字化，能够带来经济活动的一系列深刻变革。这里简单列举两条，供抛砖引玉。在未来高效透明交易的数字化价值创造过程中，传统的物权概念，无论在时间和空间上都显得过于粗糙，必须对其进行革命性变革，时间和空间上要变得更为精细和灵活，与数字化的价值创造过程相适应。以房产交易为例，现有的房屋产权是登记制，房屋交易需要开具工作收入、银行流水、社保、缴税等一系列证明文件，平均用时 182 天。实现物权数字化之后，很多流程都可以通过数字化和自动化实现合约智能化：房地产服务、金融服务变成了秒级别的服务，人们可以像如今线上购物一样买卖房屋。

物权数字化之后，如今围绕物权的各种欺诈和博弈行为将不复存在，现在的谈判型世界将会转变成预估型世界，前者中会有尔虞我诈，也会夹杂个人偏见，但后者中只有真实透明、言必行行必果。经济脱虚向实，前文提到，工业时代实现物权流转，是通过资本货币化实现的。将物权转换为一定数额的货币，通过货币的调配，来实现有形物与劳动的有机组合，从而创造出价值。

在价值创造和利益分配的循环中，货币成为量化一切价值的手段，货币资本的增值于是成为价值创造不断提升的标志，成为人们追逐的核心目标。但是这一初级的物权数字化具有重大缺陷：当物权被量化为一定的货币之后，货币运动就与实际价值创造过程相分离，货币完全可以通过独立的运动过程实现增值，而脱离实际的价值创造，这就是我们所说的虚拟经济与实体经济相分离。由于货币运动比实体经济循环更加简便、迅速，在虚拟经济活动中，资本增值效率要更加高效，在以资本增值为核心这一指挥棒的导向之下，必然整个经济活动都会呈现脱实向虚的趋势。

但是，货币归根结底只是价值符号，是不可能独立存在的，必须依附于实际的价值才能起作用，经济脱实向虚导致整个经济体系走向衰败，最终成为企业衰败和国家衰落的罪魁祸首。而我们所称的物权数字化，是基于物联网和区块链技术，将物实体与其数字产权建立实时动态的对应关系，物权价值的增值，不可能脱离实际的价值创造而独立存在，因此它就成为助推实体经济高效发展，抑制经济脱实向虚的有力保障。

更进一步，物权数字化也将会成为解决当今世界货币通胀与通缩交替出现这一顽疾的有力手段之一。理论上说，货币供应总量应当与经济活动中所需的货币通量相适应，才能更好地促进经济发展。但是从实际操作上看，由于实际经济活动是无法事先量化的，因此中央银行只能通过一些就业率和CPI等间接指标来调整货币供应，于是不可避免出现上述顽疾。当物权数字化全面铺开之后，可以实时统计经济活动中涉及的价值总量，于是也就可以对所需的货币进行精确调整。由于货币本身也实现了数字化，因此可以对货币进行实时赋权，比如特定数量的货币在特定时间段内只能用于特定的生产经营活动，从而避免了货币供应无节制地涌向特定领域（比如房地产），造成经济的剧烈波动。

海南经济特区物权数字化网络科技公司创建的物权数字化交易平台是国内第一个将"物权"进行"数字化"，并以"数字经济"属性进行"物权"交易的创新型平台。依据《中华人民共和国物权法》《中华人民共和国民法典·物权编》，结合"数字产业化，产业数字化"大时代背景，推出"物权数字化交易平台"。

"物权数字化交易平台"非金融属性，突出中介经纪属性。将打破几千年来"整买整卖"和"整租整赁"的传统思维定式，将改变"生活、商业、交易"等传统格局和传统模式，跨越时空限制，化繁为简。

"物权数字化交易平台"将"物权、数字化、智能合约"进行了跨界组合。形成了新的"交易逻辑"和"交换方式"，是康养地产、旅游地产、地权、林权、草权、湖权等不动产交易的一场革命。

三、物权数字化实施路径

物权数字化，则主要指实体物理世界有体物的物权进行数字化处理，使其在虚拟的数字世界中具有对应物，从而实现方便快捷的处置和交易。

物权数字化意义重大，不仅关系到国计民生，而且与每个人的切身利益息息相关。

物权数字化，使得目标物的流动变得更加方便和频繁，适应日趋复杂的价值创造过程。

物权数字化优势：

1. 产权明晰，区块链证书管理。

2. 手续办理简便，无须频繁房产过户。

3. 交易方便，双方确认即可，有区块链证书验证。

4. 可划分为多个单元，交易金额小额化。

5. 可及时享受物权收益。

传统销售一套房，需要几百万的资金，通过物权数字化销售只需要几万元就可以达到区块链管理数字化共同持有。

通过区块链数字化持有房屋的份额，达到购房人共享收益。需要转让时，转让持有房屋公司的股权份额即可。转让时根据股权转让时所交的所得税，就可以达到完税受益的兑现。

对房产投资来说，把房产区块数字化，成为现代房产投资最优方式，是现代社会的投资首选。

资产的数字化的载体是 Token，Token 实现了物理世界向数字世界的映射，呈现形式上，一方面将传统的资产进行数字化，我们可以看到各种各样的资产在很直接地进行加密。另一方面是之前我们还没有实现价值的数据要素，可以在 Token 的世界进行确权和定价。

物权 Token 与传统法币的区别：

第一，可以分成无限小的颗粒，形成一个数字化的衡量。

第二，Token 的持有者，只要掌握私钥，就可以随意进行价值的自由转移，这方便了价值在网络世界的流动。

第三，作为一个循环使用的价值载体，可以优化整个线上的激励，刺激整个生态生长、转化。

物权 Token 升值空间：

第一，物权标的物的丰厚利润支撑。

第二，类比互联网来估算比特币的网络价值，主要依据是梅特卡夫提出的，网络价值与网络用户数的平方成正比的关系。以比特币的用户数、链上交易数量、链上交易价值等指标作为变量，来构建统计模型。

第三，达维多定律：第一个项目自动占有类似生态 50% 以上的自由市场。

目前数字经济蓬勃发展，中国正在全力推行以 5G、大数据、人工智能、区块链、物联网等数字科技相融合的新基建发展，我们相信在不远的将来，伴随着《民法典》的实施，物权数字化将走进我们每个人的生活。

第四章

5G时代赋能物权数字化

客路青山外，行舟绿水前；

湖平两岸阔，风正一帆悬。

———（唐） 王湾

物权数字化，实体物权通过法定评估变成被公众认可、有价值、能交换的数据，用算法把这组数据生成计算机语言电子数字，在互联网上传输、查阅、交换、交易、使用的过程。

物权是指权利人依法对特定物享有直接支配和排他的权利。包括所有权、用益物权和担保物权。物权数字化是建立在物权的基础上，利用计算机和互联网等手段，高效推动生产力发展，归属于数字经济范畴。

物权数字化的过程是，进行识别、选择、过滤、认定、存蓄、使用。引导、实现物权资源的快速优化配置与交易，直接或间接利用数据引导物权资源发挥作用。

物权数字化是基于"数字经济"的新概念、新思维、新业态、新动能。物权数字化是对物权、数字化、智能合约进行跨界组合，打破"整买整卖、整租整赁"传统思维定式，颠覆"生产、生活、交易、投资"的传统思维逻辑，"激活企业优质物权、盘活企业流动资金"；"多元民间投资渠道，降低大众投资门槛"……总之，物权数字化将带来产权历史上一次具有里程碑意义的变革。

第一节　物权数字化基石——大数据

物权数字化源于需求，得益于信息技术革命。

首先，物权由原始意义的物权信息进行界定、描述、估价、交易、交割、拥有，演变成可以非直接接触、网上信息交易的商品，它离不开计算机语言——数据。

打开百度：对数字化的释义是"数字化（Digital），即是将许多复杂多变的信息转变为可以度量的数字、数据，再以这些数字、数据建立起适当的数字化模型，把它们转变为一系列二进制代码，引入计算机内部，进行统一处理，这就是数字化的基本过程"。

数字时代是电子信息时代的代名词。电子信息的所有机器语言都是用数字代表的，人们将其称为数字时代，所有的一切都建立在电子信息的基础上。信息的数字化起源于20世纪40年代，香农证明了采样定理，即在一定条件下，用离散的序列可以完全代表一个连续函数。采样定理为数字化技术奠定了重要基础。

一、数字化、网络化、大数据

数字化是数字计算机的基础，数字计算机的一切运算和功能都是用数字来完成的，没有数字化技术，就没有当今的计算机。数字化是信息社会的技术基础。有人把信息社会的经济说成数字经济，可见，数字化对社会的影响重大。

数字化是多媒体技术的基础。数字、文字、图像、语音，包括虚拟现实，及可视世界的各种信息等，数字化以后都是 0 和 1，就是这种最基本、最简单的表示，让计算机计算、发声、出图、放录像、看电影，这就是因为 0 和 1 可以表示这种多媒体的形象。用 0 和 1 还可以产生虚拟的房子、机器，模拟各种景物，因此用数字媒体就可以代表各种媒体，可以描述千差万别的现实世界。

数字化、网络化、大数据、人工智能等快速发展和广泛应用，孕育了"数字社会"这一特定的技术与社会建构及社会文化形态。数字技术进步和数字社会发展，成为当代人类社会变迁发展的一大重要特征，这一过程的展开是不可逆转的。助推"数字社会"快速发展的数字化、网络化、智能化等诸多动力因素使它显现出不同于既往实体社会的架构和运行状态。

数字化是软件技术的基础，是智能技术的基础。软件中的系统软件、工具软件、应用软件等，信号处理技术中的数字滤波、编码、加密、解压缩等都是基于数字化实现的。例如图像的数据量很大，数字化后可以将数据成百倍压缩；图像受到干扰变得模糊，可以用滤波技术使其变得清晰。这些都是经过数字化处理后所得到的结果。

数字化技术正在引发一场范围广泛的产品革命，各种家用电器设备，信息处理设备都将向数字化方向变化。如数字电视、数字广播、数字电影、DVD、通信网络等，都在向着数字化方向发展。

二、数字经济与物权数字化

数字经济：当数字技术广泛应用到整个经济环境和经济活动中，对经济活动产生巨大变化和根本影响时，人们称之为数字经济。

数字经济具有快捷、高效、低成本、高渗透、可持续性、产业融合性，使它很快膨胀为一个经济系统，继而发展为一个社会政治系统。企业、消费者和政府之间通过网络进行经济活动。

物权数字化是使得物权变成计算机可以识别的一串串数字，与实体物权一样，进行一连串的社会活动。

由于物权的种类繁多，物权数字化的转化方式依据物权实体的法律规定和计算机识读语言进行。物权的流通则依据市场法则和物权数字化的相关新规进行。

人们越来越意识到，数据除了最初被使用时的价值，更具有丰富的剩余价值，随着数据存储成本的降低，移动互联网的普及，大数据技术已经被用于各个行业、领域、大事件中，并日益成为普通人、企业甚至行业发展的制胜法宝。

利用数字化智能，人们的一切活动都可以转化为数据，客观的实时数据持续不断地被传输到网络上，大量的数据正等待着被收集、分析、挖掘，越来越多的人意识到了大数据带来的机遇和挑战。在数字化智能时代，消费者的形象被勾勒得更加清晰。品牌公关策略可据此分析消费者的兴趣与需求，这样就提升了品牌形象推广的精准性。

"数字社会"最为突出的一个特点就是它在数字化转换的前提下，依托互联网，从最具有基础性意义的技术保障和运作机制层面，解决人们在社会生活中所必须要面对的一系列基本问题，得益于数字化、网络化和智能化的助推，建构起了活动平台和通行路径。其本质特征如下：

1. 跨域连接与全时共在。跨域连接首先解决的是普遍连接的问题。既包括人与人之间的数字化连接，也包括智能设备与智能设备等物与物之间的数字化连接，还包括依托数字化而实现的人、物、智能设备相互之间的连接和贯通。与此同时，跨域连接进一步在普遍连接的基础上，依托数字化所带来的虚拟化的独有便利，革命性地解决了跨越地域空间限制而实现有效连接的问题，从而真正实现了全球网络一体化的互联互通目标。在跨域连接而成的网络世界里，任何一个具体的人、物或电脑、智能设备、服务器等，都作为数字化网络上的"连接点"而存在。有了普遍连接和跨域连接这样的基础条件和技术支持作为保障，虚拟形态的网络空间也就自然演变为一个行为空间，人们随时随地可以登录网络空间，介入网络生活。

2. 行动自主与深入互动。数字社会、网络时代，客观上为作为社会生活之行为主体的人的行为活动自由，提供了极为便利的基础条件。人们在网下的实体社会之外，有了网络空间这一可以无限延展的行为活动场所。与此相应，数字化、网络化和智能化的便利，不仅实现了人类网络行为活动的虚拟呈现，而且也能够让这些网络行为活动在网络空间里持续展开，人们彼此之间可以进行更为深入的交往互动。人们可以在网络空间里聚集起来，围绕共同关注或感兴趣的社会议题、公共话题或具体事项，展开深入持久的交流讨论和沟通互动，并且可以随时加入或退出。

3. 数据共享与资源整合。网络世界贯通的是一个个的人、一台台的电脑和移动终端设备以及一个个的大型服务器和数据库。在某种意义上讲，网络空间，其实就是一个信息数据不断生成、存储、流转和分享的特定空间。信息数据的流通和共享，是其独有的优势所在。这样的优势，在整个人类文明进步的历史上前所未有。而一旦网络空间实现了人、电脑、服务器、智能设备、信息数据资源库的连接和贯通，这也就意味着它把各类资源要素都吸纳和集中在这个特定的平台之中了，人们也就能够最大限度地对各类资源要素进行整合利用，使其发挥出最大的效用。网络空间的资源整合，可以跨越现实的地域空间界限来实现，可以方便快捷地完成资源要素的对接和组合，提升资源整合利用的有效性和时效性。

4. 智能操控与高效协作。机械化、自动化和智能化的实现，是科学技术进步带给人类社会生活的"福利"。从根本上来讲，人工智能就是基于数字化发展的时代背景，将数据信息获取、数据运算处理和数据挖掘运用紧密结合起来，再依托特定设备而得以实现的"类人脑"运算处理和功能呈现过程。通过运用数字技术等当代信息技术手段，人们使用自身体力来直接操作生产工具的劳动方式，逐渐被使用自身脑力来间接操作生产工具的劳动方式所代替。一系列智能设备和自动控制设备，都能为人们提供便捷高效的服务。除了智能操控以外，数字时代的人们也可以享有高效协作的便利。因为，网络世界既实现物的连接，也实现人的连接。技术或工具意义上的互联网背后，隐含着的其实是社会与文化意义上的关联状态与关系网络。与网络空间里的资源整合相一致，人们依托于网络空间这一平台和场域，能够在各个不同的工作与生活领域，达成彼此合作的目的。在数字社会和网络生活的条件下，不仅人们彼此之间相互联通的方式变了，整个社会生活当中的经济运行、生产管理、价值创造、贸易往来、服务提供、教育培训、文化创新、政治参与、社会交往、休闲娱乐等方面的生活内容、呈现方式和运作机制，也都发生了深刻的变化。

三、大数据时代场景

大数据在就业、医疗、法律、餐饮、服务等的典型案例，可以帮助我们更清晰地理解大数据时代的到来。

1. 百货实时定价：百货业根据需求和库存的情况，公司基于 SAS 的系统对多达 7300 万种货品进行实时调价。依据预测忠诚度的模型，基于历史交易数据，用 115 个变量来进行分析预测，识别客户。

2. 博彩业营销：博彩业构建的下注和预测平台。该公司用软件来分析数十亿的交易以及客户的特性，然后通过预测模型对特定用户进行动态的营销活动。

3. 零售业在线购物：零售业寡头设计了最新的搜索引擎，利用语义数据进行文本分析、机器学习和同义词挖掘等。使在线购物的完成率提升了 10%—15%。

4. 快餐业应用：公司通过视频分析等候队列的长度，然后自动变化电子菜单显示的内容。如果队列较长，则显示可以快速供给的食物；如果队列较短，显示那些利润高、准备时间相对长的食品。

5. 地震预测：基于地震预测算法的变体和犯罪数据来预测犯罪发生的概率，可以精确到 500 平方英尺的范围内。

6. 仓库应用：收集了 700 万台冰箱的数据。通过对这些数据的分析，进行更全面的监控并进行主动的维修以降低整体能耗。

第二节 物权数字化通道——5G 互联网

随着大数据时代的来临，数据成了一种独立的客观存在。在大数据时代，数据的所有权、知情权、采集权、保存权、使用权以及隐私权等，构成了每个公民在大数据时代的新权益。

数字经济时代来临、企业物权融资需求、民间多元化投资需求，促使"数字化物权"成为商品，"物权 + 数字化 + 智能合约"形成了新的业态。

物权数字化的目的：加速物权的流动、交易、变现、成为生产要素。物权数字化海量数据要实现实时交换，对互联网的承载、应对、交割能力提出更高的要求。

一、第五代移动通信技术的总称——5G

5G 是新一代移动通信技术的总称，它进一步提升了用户的网络体验，为移动终端带来更快传输速度的同时，还将满足未来万物互联的应用需求，赋予万物在线连接的能力，是新一代信息基础设施的重要组成部分。

5G 定义了三大应用场景提供高速率（10Gbit/ 秒）、低时延（1ms）、大连接服务（一百万 / 平方公里）服务。

5G 的基本特点：覆盖率增大，传输速率提升，延迟减少，传输带宽增加，传输成本降低。

5G，以用户为中心，为更多的应用场景提供更快的上传、下载速度，覆盖更广，连接更多，信号更稳定，成本更低的服务。

正所谓：4G 改变生活，5G 改变社会。

4G 和 5G 的基本区别：5G 的传输模式不再依赖于时分和频分，5G 使用 BDMA（Beam Division Multiple Access-5G）作为网络接口，以提高网络的传输速度和带宽。从带宽的角度来看，其带宽也会提升到 4G 的 100 倍左右，其实带宽提高的主要方法在于密集的组网：5G 网络将进一步使现有的小区结构微型化、分布化。目前，工信部已经为国内四大运营商颁发了 5G 牌照，频率分配确定。

随着计算机和网络技术的进步，PC 正向移动终端转型，海量数据增加，不仅仅是视频、音乐流媒体的日益普及并增加，工业互联网、物联网的兴起，从手机到设备传感器，从摄像机到智能路灯，更是增加了几何级数级别的数据。频段越来越拥挤，同时在线甚至拥塞。为了消除拥堵，更加畅通，5G 有了"更高网速、低延时高可靠、低功率海量连接"的特点，应用场景十分优异。

以视频、游戏为例：超高速率，5G 速率最高可以达到 4G 的 100 倍，实现 10Gb/ 秒的峰值速率，能够用手机很流畅地看 4K、8K 高清视频，急速畅玩 360 度全景 VR 游戏，等等。

以自动驾驶为例：超低时延，5G 的空口时延可以低到 1 毫秒，相当于 4G 的几十分之一，远高于人体的应激反应，可以广泛地应用于自动控制领域。

以物联网为例：超大连接，5G 每平方公里可以有 100 万的连接数，可以广泛地应用于物联网。5G 还具有"低功率海量连接"以及"低延时高可靠"的特点。为用户提供极高的数据传输速率，满足极高的流量密度需求。

"低功耗海量连接"，传感和数据采集为目标的应用场景：如智慧城市、环境监测等。具有小数据包、低功耗、海量连接等特点。不仅具备超千亿连接的支持能力，满足 100 万 / 平方公里的连接数密度指标，还可以保证终端的超低功耗和超低成本，为万物互联提供了技术支撑。

"低延时高可靠"：车联网、工业互联网对时延和可靠性具有极高的指标要求，需要毫秒级的端到端时延和 100% 的业务可靠性。缩短自动驾驶的反应时间：5G 可以达到 10 毫秒以内的延迟，制动时差产生的误差从 40 多厘米缩短到 0.5 厘米，这也意味着自动控制刹车几乎等同于人的刹车反应时间。因为 5G 是在基站边缘进行计算，自动驾驶数据可在最接近汽车的网络上处理，而不用上传到相对更远的机房。它是通过 BBU 端功能拆分，核心网部分下沉"切片"手段，对网络资源进行了拆分、细化，实现灵活应对。5G 将物理网络按逻辑划分为 N 个逻辑网络，而不同的逻辑网络，则服务于不同场景。

5G 的流量资费将会更低。当下，电信服务的消费市场已经饱和，用户普及率达到109%，ARPU（每用户每月平均收入）2018 年上半年就下降了51%，远远超过国家给运营商的全年下降50%的指标。近几年，各大互联网OTT风光无量，运营商只能充当"管道"这样的背景墙角色。5G 来临，运营商将在增强品牌效应、提升用户"黏性"上下功夫，5G的每GB流量单价将比4G大幅下降。当然，这也为物权数字化提供了经济支撑。

万物互联，正在路上……人工智能底层是以"计算"和"数据"为基石。不管是云端计算还是边缘侧计算，都需要对大数据进行吞吐交互，这是 5G 的根。

人工智能的发展，往往会出现突破性，将要跳过 5G，拥抱 6G！5G 刚刚起步，6G 概念袭来；按照英特尔曾经提出的"Tick-Tock"钟摆战略，1、3、5 成为开创代，2、4、6 成为腾飞代。

二、5G 技术：发展中的行业生态

5G 发展重在行业生态的优化整合。任何基础技术的突破，都终将传导至商业。4G 更多是技术创新、商务模式创新。5G 是生态构建，把一个生态构建起来，赋能各行各业。

5G 已经成为国家战略的重要组成部分，成为实现产业升级、发展新经济的基础性平台，对人民生活产生变革性影响。5G 将促进智能制造、汽车、医疗、教育、旅游、大健康、智慧城市、智慧体育、新媒体、法律服务等行业的颠覆性发展。

5G 的低延时、高可靠将会完美解决无人驾驶难题。万物智联意味着"车路协同"的可行性大幅提高，汽车接入网联和智能设备，路面、围栏、交通标志、信号灯，都可以向车辆发送信号，传输信息，随时把控每辆车的状况和应急需求，为车辆传达远处的路况，成为无人车的另一双眼睛。从而保证车与环境之间的安全行驶关系。城市智能、造车、传感硬件、网络传输，每个领域都有自己的产业问题与行业壁垒，前进的路上依然面临不少挑战。

新的产业环境催生新的产业萌芽，进而演绎出新的应用、新的商业模式。5G 技术的应用在万物智联，产业潜能巨大甚至无限，将对整个生态进行升级。看起来像是产业的技术革新,其内在逻辑却是整个生态的"整合"。生态优势和技术优势的企业、底层标准制定者和平台提供者、政府机构等等都承担着责任。

物权数字化场景:将直接利用 5G 技术创新产业业态。通过对物权的识别、选择、认定、过滤、存蓄、使用;引导、实现物权资源的快速优化配置与交易,直接或间接利用数据引导物权资源发挥作用。

5G 技术的三大应用场景与增长趋势

(1) eMBB,直译为"增强移动宽带",就是以人为中心的应用场景,集中表现为超高的传输数据速率,广覆盖下的移动性保证等。未来几年,用户数据流量将持续呈现增长(年均增长率 47%),而业务形态也以视频为主(78%),在 5G 的支持下,用户可以轻松享受在线 2k/4k 视频以及 VR/AR 视频,用户体验速率可提升至 1Gbps(4G 最高实现 10Mbps),峰值速度甚至达到 10Gbps。

(2) URLLC,"高可靠低时延连接"。在此场景下,连接时延要达到 1ms 级别,而且要支持高速移动(500 公里 / 小时)情况下的高可靠性(99.999%)连接。这一场景更多面向车联网、工业控制、远程医疗等特殊应用,其中车联网市场潜力巨大,5G 时代这块蛋糕将达到 6000 亿美元。

(3) mMTC,"海量物联",5G 强大的连接能力可以快速促进各垂直行业(智慧城市、智能家居、环境监测等)的深度融合。人们的生活方式也将发生颠覆性变化,连接覆盖生活的方方面面,终端成本更低,电池寿命更长且可靠性更高。

(一)5G 与工业互联网

到 2020 年 10 月,我国已建设 5G 基站近 70 万个,终端连接数突破 1.8 亿,应用于工业互联网的 5G 基站总数超过 3.2 万个。全国 5G+ 工业互联网项目已经超过 1100 个,在航空、机械、汽车、钢铁、矿业、港口、能源等行业实现率先发展。5G 技术增强了工业企业内的全生产要素的连接,让工厂内的连接从有线走向无线,从固定走向移动,从有边界的网络走向泛在的网络。汽车 5G 智能工厂、基于 5G+ 云 +AI 的纺织面料智能质检、钢铁、水泥、化工、电力、港口、矿山等多个行业领域,都在通向智能制造的路上,利用 5G 技术改造内网的步伐,挖掘更多应用场景。

（二）5G 与物联网

5G 为物联网的信息高速传递提供了保障。物联网 IoT：本质是通过互联网络接入，把适时感知的信息进行几乎无时差传递，实现物与物、物与人的连接，即是物联网。物联网的要求很高：低功耗，广覆盖，大连接等，2G、4G 无法达到，5G 具备条件和优势。5G 定义的三大应用场景中 mMTC（大规模机器通信），就是针对大规模物联网业务的应用，5G 在广覆盖、大连接和安全性能上有着明显的优势。

物联网分为感知层、网络层、平台层和应用层。5G 是物联网网络层接入。目前已经在电力、燃气自动抄表，智能城市路灯，环境监控应用场景上普遍应用。其中智能家居、智能抄表等属于物联网的应用层服务。从第一代互联网，即 PC 的互联网到第二代互联网，即移动互联网，上网的设备数量增加了半个数量级，即 3 倍左右，从 10 亿增加到今天的 30 亿。物联网时代，联网设备百倍增长，物联网 IoT 正是利用 5G 移动通信的成果而生的。

中国国际进口博览会由上海电力提供保障。他们以打造标准化、机制化、精细化、智慧化的"世界会客厅"为目标；保电工作进入升级版体系：将 5G、人工智能、物联网等尖端技术充分应用于保电工作中，推动进博会电力保障朝更加智能化、云端化的方向发展。借助 5G 和融合指挥平台技术，现场保电团队工作人员只需手持移动设备，就可与后台指挥系统无缝连接，相当于建立了一个个可移动的"指挥部"；运维人员头部佩戴的 AR 眼镜，能帮助实时查看设备运行状况，自动显示设备参数，并进行故障信息的上报；而针对防疫要求特别开发的智能手环，则可以定时检测作业人员的身体状态并形成健康轨迹报告。

5G 应用广泛，涉及垂直行业包括政务与公用事业、工业、农业、医疗、交通运输、金融、旅游、教育、电力、文体娱乐十大行业。

远程设备操控：操作人员利用 5G 的大带宽和低时延能力，结合人工智能、边缘计算、云计算和大数据，在人工或机器感知识别远方环境后，对远端的设备进行操作和控制。该类业务可用于危险环境中的设备操作、提升设备操控效率、解决专家资源不足的问题，例如工业中的远程操控，农业中的农机操控，医疗中的远程诊断与远程手术，交通中的远程驾驶、龙门吊操控、无人叉车操控等。

目标与环境识别：利用 5G 的大带宽和低时延能力，将传感设备（固定安装，或安装于无人机、机器人的摄像头，人员佩戴的 AR 眼镜，以及激光雷达等其他传感设备）感知的环境或目标物信息，传送到云或边缘计算平台，利用人工智能以及大数据能力，识别环境或目标物。该类业务可用于公共场所（城市、小区、园区、景区、博物馆、影院和校园）和交通工具内（公交车、城轨、火车）的智能安防（目标人员识别、车辆识别、危险品识别等），公共基础设施（桥梁、涵洞、道路、铁路）和工业设施（工业生产设备、电力设备与线路等）的形变与质量监测，环境（河流、湖泊、森林等）监测，工业制造产品的质量检验，医疗中的诊断与手术识别等。

超高清与 XR 播放：利用 5G 的大带宽和低时延能力，将存储于云平台和边缘计算的超高清视频、VR/AR 内容，通过超高清显示屏、VR 头盔、AR 眼镜呈现给用户。该类业务可广泛应用于政务大厅、银行、景区、酒店、博物馆、电影院等公共场所，教育、体育、展会演出、云游戏等服务行业。

信息采集与服务：利用 5G 的大连接能力，将传感器感知的环境信息和设备状态信息，交易过程中收集的用户行为信息与工作流程信息，在云计算平台汇聚和共享，通过大数据处理，对环境、设备、交易、行为、流程等进行洞察、决策与优化，并将结果呈现在终端设备上。该类业务广泛应用于政务、工业、农业、交通、金融、旅游、电力等行业的用户服务、经营决策、流程优化与监控管理。

我们选取目前国内外已实施的典型应用案例：把"超高清视频、视频监控、VR/AR、无人机和机器人"五个行业共性能力，总结出"远程设备操控、目标与环境识别、超高清与 XR（包含 VR/AR 等）播放、信息采集与服务"四类 5G 共性业务进行展示。

5G+AR 跨国远程协作：华菱湘钢新建棒材厂的轧钢生产线计划在 2020 年 5 月投产，目前该生产线进口外国设备需要安装调试，由于受到全球新冠疫情的严重影响，外国专家无法前来湘钢现场进行指导安装，三方迅速搭建了这套 5G+AR 的远程协作装配解决方案。这样，湘钢现场工程师可以将现场环境视频和第一视角画面通过 5G 网络实时推送给位于国外的专家工程师，后者依托 AR 的实时标注、冻屏标注、音视频通信、桌面共享等技术，远程指导湘钢现场工程师进行生产线装配工作。这是 5G+AR 跨国远程协作在国内首次用于钢铁行业，有力支撑企业高效复产复工。

天车远程操控场景：三方通过植入 5G 工业模组改造 5G 天车，利用 5G 超低的时延，超级上行高达 200Mbps 的上传速率，让操作人员足不出户在操控间实时精准操控炼钢区的天车，实现废钢跨天车卸车、调运装槽等作业，将生产效率提升了 16%，员工流失率降低了 15%。

无人天车：三方通过给天车安装 3D 扫描仪、测距仪和集成 5G 模组的高清摄像头打造无人天车，利用 5G 网络实时将数据传输至 MEC 边缘服务器端进行 3D 建模，计算出动作指令集下发给天车执行，实现了天车无人化自动装载运输，带来了 33% 的生产效率提升。

一键加渣机械臂：机械臂和控制系统则通过 5G 远程一键启动机械臂自动运行，替代工人在高温钢水旁现场加渣，降低高危环境作业风险的同时大幅提升了钢铁生产质量。此外，针对钢铁厂区高温对安全性提出的苛刻要求，三方搭建了 5G 超大带宽支撑下的高清视频监控系统，多路并行视频流实现了管理人员对厂区的实时监控。

在上海洋山港码头，运输集装箱的轮胎吊高度达到 10 余米，以往的工业 Wi-Fi 技术稳定性不高，需要工人坐在高高的操控室内操作起重机。"海边的高处风很大、非常冷，而且连上厕所都不方便。"现在，洋山港的物流园区实现了 5G 网络覆盖，在轮胎吊上安装四路 5G 网络摄像头后，工作人员就能在室内看着监控操控轮胎吊，工作效率提升了，工作环境也更加人性化。

医疗领域：疫情期间 5G 为医疗做的实际案例——远程诊断、远程操控、医院智能消毒机器。随着 5G 技术的普及，以及与云计算、大数据、人工智能的广泛结合，必将担当起促进医疗行业数字化转型、推动医疗产业创新的重任。

教育领域：在北京邮电大学采用 5G 网络与全息直播技术，实现两个校区同上一堂课，打造苏州星洲学校 5G MR 智慧教学应用，通过 5G 远程教育、VR 教学等模式打破教育不平衡局面。

文化领域：湖北省博物馆共同打造全国首家"5G 智慧博物馆"，联合湖州市文旅局发布"湖州 5G+ 智慧文旅平台"。目前湖北省博物馆已实现了 5G 网络全覆盖，"5G 智慧博物馆"让每一位观众都能够享受到更高速的网络服务和高清视频内容，瞬间获取文物知识链接和服务设施等信息，同时通过 5G，AR/VR 等"黑科技"沉浸式感受古老文明的精华。为让游客足不出户畅游湖北省博物馆，湖北移动联合中移在线服务公司为其量身定制了"5G 智慧博物馆 APP"。该 APP 改变了传统的文字、图片博物文化传播方式，通过视频、语音讲解、3D 文物影像、AR、5G 技术，为观众呈现了一场丰富的多媒体文物掌上展播。

金融领域：与中国建设银行签约《5G 联合创新中心合作备忘录》，依托 5G 网络推动银行骨干网技术演进等深度合作；联合浦发银行在上海推出 5G+ 智慧银行网点。

总之，实践表明，5G 已从关键技术、生态系统、工业标准、商业模式四个维度全面适配工业场景，带来真正的商业成功。随着标杆效应凸显，以及这四个维度的不断完善，千行百业都将加快拥抱 5G；从 0—1，从量变到质变；加速释放"5G 改变社会"的价值。

三、5G 改变社会：物权数字化场景

5G 技术将可以把人类社会彻底带入网络社会，从而实现人与人、物与物、人与物之间的通信。

比如移动支付和移动身份。每个人通过手机进行操作已经成为现实。通过指纹打卡验证身份，通过刷脸签到乘车、登机、进入特定区间等也陆续展开。

人体与个人基本信息，比如人的各种自然信息、教育、学历、能力、职务、职称、工作信息；家庭成员、婚姻关系、经济状况、社会关系、不动产信息、家庭信息等被采集、汇总，机器识别、鉴别成为常态，再也不需要来回开证明，像李克强总理批评的一些"奇葩"证明（证明"你妈是你妈""你是你父亲的孩子"）也不会再发生。

四、5G 与物权数字化

物权数字化，在 5G 背景下诞生、交易、使用，是由两者的特性决定的。

5G 通信技术提供了超高速、低时延、大容量、低功耗、低成本的连接，使得瞬间海量信息传递、交换、利用成为现实。

物权数字化，具有信息量巨大，使用人群众多，查询、使用、交换、交易频繁，精准要求高，经济影响大等特性。据初步估算：地球人、机构的物权信息数以万万亿，在每天的经济和社会活动中，需要使用的频次在千百亿量级甚至更多。

5G 智能合约的诞生。物权数字化后，通过互联网交易，传递、认定、交易"数字化的物权"，使物权流动起来产生流动资金。

物权数字化应用，交易量可能成为天量。以目前的交易量估算：全国市民服务中心地级以上城市 700 多个，县级单位 3000 多个，县级以下的乡镇 3 万个，村级服务点 30 万个，每天在为 14 亿人服务。哪怕是只有 5‰ 的人使用，就是 700 万人同时在线，浏览、查询、咨询、交易，若是 1%、2%，就是 1400 万—2800 万人。这对互联网提出了很高的技术要求。推广到国际市场，将是上亿人的浏览、查询、咨询、交易量，对技术的要求将会更高。

以电商平台"双十一"为例：从初创时期的每秒几百人、几千笔到 2020 年每秒 58.3 万笔交易，5G 的能力充分显现。

据悉：2020 年 11 月 11 日零点零分 26 秒，以天猫为例，"双十一"订单峰值达到 58.3 万笔 / 秒，创建了新峰值，这是 2009 年第一次"双十一"的 1457 倍。零点 30 分，实时交易额突破 3723 亿元，超过 8 亿消费者、25 万品牌、500 万商家共同参与。

第三节　物权数字化保障——区块链技术

物权数字化应用的关键：交易的质量保证，交易的可靠性、安全性，都需要诚信为保障。区块链应运而生，用技术保障诚信！

区块链技术 BT(Blockchain Technology)，是一种互联网数据库技术。以数学理论、计算机强大运算能力、超大存储能力为支撑，利用互联网高速、强大的传输能力，把分布的数据相互接入，通过安全验证，实现相互认可；以时间为顺序，生成一个个（链式结构）分布式（块状形态）不可篡改的"账本"。区块链技术特点：去中心化、公开透明，安全保密，每个人均可参与数据库记录，被称为分布式账本技术。

一、区块链是基于新一代计算机、互联网发展技术而成就的应用技术

1. 近 200 年，三次工业科技革命带来世界加速发展。

① 以蒸汽机为代表的技术进步带来的工业革命；

② 以内燃机与电力为代表的技术进步带来的工业革命；

③ 以计算机、互联网、原子能、空间技术、生物技术为代表的技术进步带来的工业革命。

2. 计算机的运算速率、强大存储能力为区块链奠定了大数据基础。

3. 互联网的传输功能提升开辟了信息共享的高速路，为区块链的实现奠定了通联保障。

二、区块链从技术上为构建诚信、共享诚信提供支撑和保障

区块链技术是利用块链式数据结构来验证与存储数据、利用分布式节点共识算法来生成和更新数据、利用密码学的方式保证数据传输和访问的安全、利用由自动化脚本代码组成的智能合约来编程和操作数据的一种全新的分布式基础架构与计算方式。

特色：

1. 互联网分布式"账本"；

2. 开放、保密、链式、块状；

3. 认可证书、数据接入、互联运行、数据导出。

用技术保障诚信!

优势:

1.信息共享,减少壁垒,降低沟通成本;

2.分布验证,高度透明,加密技术,不便改动;

3.多点分布认证,实现多中心化。

4.数据庞大,存储久远。技术保障诚信。

弱点:

效率、成本、标准、管理还不尽如人意,需要提升和改进。

三、区块链应用范围广泛,需要共同探讨、开发、实现

目前,可运用的领域十分广泛,世界各国正在积极探索中。

1.习近平在中国科学院第十九次院士大会、中国工程院第十四次院士大会上的讲话中指出:进入 21 世纪以来,全球科技创新进入空前密集活跃的时期,新一轮科技革命和产业变革正在重构全球创新版图、重塑全球经济结构。以人工智能、量子信息、移动通信、物联网、区块链为代表的新一代信息技术加速突破应用。

2.首届中国国际进口博览会 2018 年 11 月 5 日至 10 日在上海国家会展中心举行,展览总面积达 30 万平方米,172 个国家、地区和国际组织参会,3600 多家企业参展,80 多万人到会洽谈采购,累计意向成交 578.3 亿美元。国家主席习近平出席开幕式,发表了题为《共建创新包容的开放型世界经济》的主旨演讲,习近平指出:"各国都应该积极推动开放合作,实现共同发展,开创人类更加美好的未来。""各国要共同推动科技创新、培育新的增长点,共享创新成果;应该把握新一轮科技革命和产业变革带来的机遇,共同打造新技术、新产业、新业态、新模式。"

3.第五届世界互联网大会上,会议的主题是:"创造互信共治的数字世界——携手共建网络空间命运共同体。"习近平主席向大会致贺信中指出:"当今世界,正在经历一场更大范围、更深层次的科技革命和产业变革。互联网、大数据、人工智能等现代信息技术不断取得突破,数字经济蓬勃发展,各国利益更加紧密相连。

为世界经济发展增添新动能，迫切需要我们加快数字经济发展，推动全球互联网治理体系向着更加公正合理的方向迈进。"

4.习近平在中共中央政治局第九次集体学习时强调：人工智能是新一轮科技革命和产业变革的重要驱动力量，加快发展新一代人工智能是事关我国能否抓住新一轮科技革命和产业变革机遇的战略问题。加强人工智能在教育、医疗卫生、体育、住房、交通、助残养老、家政服务等领域的深度应用，创新智能服务体系。

世界各国积极探索区块链应用场景，目前的运用场景主要有：银行业、各种质量保障（溯源）、各种人事（档案中的年龄、学历、履历、论文、职称）、文化版权（考古、演出、专利、演员、体育赛事）、空间技术、军事领域，等等。

四、区块链技术与物权数字化

从进出口博览会、互联网大会我们感受到：国际信用建设、征信体系建设，互信共治的数字世界，搭上区块链这列科技快车，必将事半功倍！

物权数字化的诚信建设需要搭上区块链这列科技快车。

1.物权数字化的初始转换需要真实可靠。在物权数字化的初始阶段，实物物权转化成数字物权，需要物权主体方、认证方、社会第三方操作、监督，这个过程的真实可信，才能为以后的环节铺平道路。假如稍有虚假，失去物权的真实性，那就没有了可信性，后面的查询、交易、质押、转换就失去了意义和价值。

2.物权数字化使得交易形态改变，打破了物权"整买整卖、整租整赁"的传统思维定式，颠覆了"生产、生活、交易、投资"的传统思维逻辑。那么，在"拆分整体，化整为零"的交易、质押中容不得任何虚假。

3.物权数字化的交易方式是把实物变成了数字，从有形转变成无形，从面对面交易变成网络远程非实物交易。真实可信的监督、监管变得更加困难，需要新的技术来保障。

区块链应运而生，从技术上为构建诚信、共享诚信提供技术支撑和保障。

区块链3.0时代是价值服务时代，超出金融领域，为各种行业提供多中心化解决方案。区块链的应用领域扩展到除金融行业之外，覆盖人类社会生活的方方面面，在各类社会活动中实现信息的自证明，不再依靠某个第三人或机构获得信任或建立信用，实现信息的共享，包括在司法、医疗、物流等各个领域，区块链技术可以解决信任问题，提高整个系统的运转效率。

在金融、保险、医疗、房地产、物联网等多个领域，区块链将逐步扩展到社会生活的方方面面。随着区块链技术的演进，越来越多的机构开始重视并参与到区块链技术的探索中来。从最初的以比特币、以太坊等公有链项目开源社区，到各种类型的区块链创业公司、风险投资基金、金融机构、IT 企业及监管机构，区块链的发展生态也在逐渐得到发展与丰富。

五、区块链应用案例

电子数据存证，是指为证明电子数据产生的行为主体及相应行为的真实性，在行为发生时，通过技术手段对电子数据及产生电子数据的主体信息、环境信息、过程信息等进行收集、固定、存储并保障电子数据完整性的过程。

目前，存证行业的痛点有几个方面：一是电子数据目前在法院系统中还未形成成熟的认证手段和采信标准；二是电子数据很容易被篡改，难以形成可信的证据和证据链，而区块链的特性则非常适合用来解决电子存证的最大痛点。

众链是由电子商务交易技术国家工程实验室联合北京众签、厦门美亚柏科、中国广州仲裁委员会、北京瑞宏科技有限公司、普华永道、中国物品编码中心等单位发起成立的中国区块链基础保障联盟，共同搭建的一条致力于司法落地的联盟链，通过整合仲裁，司法鉴定，CA 机构，审计机构和清华大学作为权威可信节点，众链可以一站式实现司法落地问题，并且确保了不可篡改性。当储存在众链中的数据需要进行出证的时候，直接可以在相关节点出具司法鉴定报告，法院取信度更高、速度更快。

单方存证：某一方为了证明自己对数字化文件（文本、图像、音频、视频）等的拥有者，可以将相关文件一次性存入到公开、分布式存储的区块链系统中。

存证数据交易：在存证以后，可以通过点对点数据加密互换的方式进行数据交易。该类交易保证数据只有买方和卖方可以解密。

多方合约缔结：为有限的多方通过某个流程（即先后顺序）缔结数字化合约的过程服务。非对称加密算法提供的签名和验证功能辅助多方利用智能合约缔结可信合同。合同过程以合同签约流程定义的最后一方的签名并且得到共识节点的共识加入区块链中而结束。如果合同过程不符合智能合约中约定的流程，则诚实的共识节点会拒绝将其写入区块链中。

交易：理论上为无限的多方对数字化的数量进行可拆分的流转过程。流转过程中总量守恒，并且通过智能合约约定数量转移的条件。不满足转移条件的交易不会被共识节点验证通过，也不会被写入区块链中。

区块链电子合同：电子合同是电子存证中一个重要的场景，可以为企业和社会节约大量的资源。合同作为一种法律契约需要永久保存证据，以往纸质合同"白纸黑字"无法赖账，转变为电子合同后，电子合同文件及签署过程中的身份认证信息、数字证书信息、签署授权信息等证据链保存在第三方电子合同服务商，一旦产生纠纷，需要由平台运营方向司法鉴定中心提交相关证据，司法鉴定中心对相关证据进行鉴定分析后出具司法鉴定报告，取证流程复杂、效率低下。

区块链解决思路：借助区块链不可篡改的特点，把电子合同及其形成过程中产生的各类证据保全在由司法鉴定、审计、仲裁、公证以至法院等权威机构联合构建的联盟区块链上，实现相关证据的去中心化存证。

电子合同平台提供符合国家《电子签名法》和相关法规的身份认证，然后提供由 CA 机构颁发数字证书，最后根据客户需求提供多种合同签署方式，包括公有云、API、私有云等方式完成线上签署，签署后使用单向加密算法提取出签署合同的数字指纹（哈希值），每一份合同有唯一的哈希值，将哈希值存储到众链上，众链上的七个权威节点会同步存储，同时，众链提供相应的合同查验接口，如果合同被篡改，将无法通过原来的加密算法得到存储在众链上的哈希值，这就保证了合同的无法篡改。

应用情况：目前，众链存证区块链，已经为电子合同、版权、交易凭证等多个领域提供服务，其中电子合同已经为近千家企业用户、1000多万个人用户提供全流程服务，签署总量突破1亿，日签署量峰值达到100多万，按1份纸质合同的签约和管理成本50元（包括快递、打印、存储等）计算，众签区块链电子合同已为用户节约合同签约和管理成本累计超过40多亿元。

用区块链更好地保护版权和内容分发：版权主要存在保护难、举证难、维权难的问题，特别是大量的UGC的内容，存量及增量大、频次高，现有的版权认证保护机制成本过高，周期过长，大量的作品无法得到保护，同时大量的存量作品难以释放最大的价值。区块链为版权保护提供了一个非常合适的解决方案，还能利用区块链技术进行方便的版权交易。

使用案例：原创作者将自己的作品上传到原本的平台上，平台会为作品生成一个不可改变的、准确的原创证明"一个全网唯一的数字DNA（加密算法产生的哈希值）"，证明其归属和完整性，并同时记录到原本链上，任何人都可以通过关键字或DNA找到该内容的原创作者，无论怎样转载都可以找到它们的版权信息。可以以非常低的成本完成登记认证，同时基于认证确权，版权资产的流通性和价值可以在此基础上得到极大的释放。

六、区块链解决路径案例

1. 原本链：采用联盟链的架构，为整个系统提供公信力的保障。通过内容数据和区块链数据的互锁，通过改进的基于BFT的共识算法，极大地降低了共识的时间复杂度，使得原本链在理论上可以支持百万级别的交易处理速度，作为联盟链，原本链的节点选择具有高度公信力的企业和政府机构参与，例如大型媒体报社、公证处和大型企业集团等，保证链上数据的无法被篡改。

2. 全网转载监控系统：对于已经在原本链进行注册的内容作品，原本通过"鹰眼"全网转载监控系统进行定期全网扫描，寻找该作品在全网的传播。目前鹰眼系统已经可以实现全平台的内容传播监控，包括但不限于微信公众号、个人博客、知乎、微博等。通过自然语言处理（NLP）以及机器学习的技术，鹰眼系统可以识别出内容传播过程中的篡改，包括调整段落顺序、添加删除部分内容、调整部分语序等。通过 DNA 识别出该转载是否得到授权，并将结果反馈给作者。

3. 电子取证系统：电子取证系统可以一键完成对于侵权内容的取证工作，取证过程符合国家电子证据法的要求，保留了侵权内容截图以及整个取证过程的全部状态数据。并将所有数据写入区块链进行存证，同时使用国家数字证书中心提供的可信时间戳 (TSA) 服务进行认证。保证取证结果作为证据的法律效力。

4. 内容推送及交易服务：对于在原本链注册的作品，注册时会要求作者选择授权协议，包括免费转载授权和付费转载授权两个类型。在内容传播过程中，点击附加在内容尾部的"原本 DNA"标签，可以溯源回到内容的原始信息页，一键完成转载的购买和授权。通过这种方式实现作者内容的长尾流量变现，另外，原本对接了来自各行各业的内容方，对于内容分类有各自不同的偏好。通过个性化推荐系统，根据需求方的身份、浏览及购买记录等信息，实现对内容需求方的个性化内容推荐，以满足不同内容需求方的内容要求，增加其购买数量和满意度，同时帮助作者获得更多的合法内容传播和收益。

5. 原本开放平台：在原本链的基础上，原本开发了原本开放平台，以 API 的形式将原本的全部功能开放给客户。极大降低了企业客户使用区块链系统的技术难度。企业客户只需通过传统的 API 完成简单的系统对接，就可以让自身的系统立即具备原本的全部保护和交易功能，享受区块链技术带来的便利。（参考《2018 中国区块链报告》）

区块链技术，用技术保障诚信！

物权数字化的痛点正是区块链的优势！区块链架构在各个环节须经过多方认可的信息、永久分布式保留、任何单方无法修改的模式，解决了本书上面章节谈到的物权数字化过程中可能出现的"猫腻"和"瑕疵"，从技术上为构建诚信、共享诚信提供支撑和保障。

第五章

《民法典》赋能物权数字化

解释法律系法律学之开端，并为其基础，系一项科学性工作，但又为一种艺术。

——［德国］　萨维尼

　　编纂《民法典》是党的十八届四中全会提出的重大立法任务，是以习近平同志为核心的党中央做出的重大法治建设部署。《民法典》的编纂采取"两步走"的工作思路进行：第一步，制定民法总则，作为《民法典》的总则编；第二步，编纂《民法典》各分编。基于我国现实和社会背景，"以人民为中心，切实回应人民法制需求"，《民法典》各分编分别对产权保护、公平交易、人格权保护、婚姻家庭和继承、侵权救济等制度进行了全面补充完善，"与民法总则编一并形成了具有中国特色、体现时代特点、反映人民意愿，体例科学、结构严谨、规范合理、内容协调一致的《民法典》"①。

　　《民法典·物权编》调整因物的归属和利用产生的民事关系。它秉持物尽其用的观念，全面规定了所有权、用益物权、担保物权及占有制度，"通过明确物的归属秩序、丰富物的利用方式、达到维护交易安全，促进财富流转的目标"②。

　　相较于《物权法》，《民法典·物权编》有不变的方面，也有变化的方面。一方面，《民法典·物权编》的编纂是基于较为完备的民事法律规范体系展开的。《民法典·物权编》以《物权法》和《民法通则》的规定为基础，同时吸纳了《农村土地承包法》《城市房地产管理法》《担保法》《城镇国有土地使用权出让和转让暂行条例》《不动产登记暂行条例》等法律、行政法规和《最高人民法院关于审理建筑物区分所有权纠纷案件具体应用法律若干问题的解释》《最高人民法院关于审理物业服务纠纷案件具体应用法律若干问题的解释》《最高人民法院关于适用〈中华人民共和国物权法〉若干问题的解释（一）》等司法解释的经验。③另一方面，《民法典·物权编》的规定充分考量了我国现实和社会背景，体现了"中国之问、时代之问、共识之变"④。相较于《物权法》，《民法典·物权编》增设、修改并完善了部分制度，其中亮点颇多。

---

① 张鸣起：《民法典分编的编纂》，《中国法学》2020年第3期。

② 高圣平：《民法典物权编的发展与展望》，《中国人民大学学报》2020年第4期。

③ 朱广新：《民法典物权编编纂的历史与体系思考》，《吉林大学社会科学学报》2019年第1期。

④ 王轶：《民法典之"变"》，《东方法学》2020年第4期。

第一节 《民法典·物权编》亮点

《民法典·物权编》亮点颇多，笔者将其归纳为以下九个方面。

第一，修改物权变动与物权保护的规则。其一，删除了受遗赠物权变动的生效时间是继承开始时这一规定。《民法典·物权编》第二百三十条规定了因继承取得遗产物权的时间，即"因继承取得物权的，自继承开始时发生效力"。对比《物权法》第二十九条"因继承或者受遗赠取得物权的，自继承或者受遗赠开始时发生效力"的规定，《民法典·物权编》删除了因受遗赠，物权发生变动时间的内容。《民法典》第一千一百二十四条第二款规定："受遗赠人应当在知道受遗赠后六十日内，作出接受或者放弃受遗赠的表示；到期没有表示的，视为放弃受遗赠。"继承开始时，受遗赠人并不立刻取得物权，在其作出接受或者放弃受遗赠的表示之前，受遗赠人只对遗赠享有债权；在其作出接受遗赠的表示之后，才取得物权。其二，《民法典·物权编》第二百三十七条规定"权利人可以依法请……恢复原状"，第二百三十八条规定"权利人可以依法请求损害赔偿"，与《物权法》第三十六条、第三十七条相比，均增加了"依法"二字。恢复原状和损害赔偿作为侵权责任请求权，虽然分别被规定于《民法典·物权编》中，但是这两种请求权的法律依据并非来源于物权编。[①]

第二，修改所有权的一般规则。其一，完善不动产的征收规则。与《物权法》相比，《民法典·物权编》第二百四十三条对不动产征收的规定更为完善。（1）在征收集体所有的土地的情况下，增加了"及时"支付土地补偿费的规定，以避免长期拖欠土地补偿费的情况发生。（2）将"农村村民住宅"的补偿费用纳入征收集体所有的土地的补偿范围内，更全面地保护民众权益。其二，将"疫情防控需要"纳入依法征用组织、个人不动产或者动产的紧急需要的情形中，这结合了防控新冠疫情实践所总结的经验，也满足了长期疫情防控的需要。其三，增加了"无居民海岛

---

① 杨立新、李怡雯：《民法典物权编对物权规则的修改与具体适用》，《法律适用》2020年第11期。

属于国家所有，国务院代表国家行使无居民海岛所有权"的规定。其四，增加了"集体成员有权查阅、复制"集体成员对集体财产的相关资料。其五，增加了"不动产权利人不得违反国家规定弃置固体废物，排放大气污染物、水污染物、土壤污染物、噪声、光辐射、电磁辐射等有害物质"的规定，这是绿色原则在相邻关系中的体现。其六，增加了添附作为所有权取得方式的规定。[①]

第三，修改建筑物区分所有权规则。在日常生活中，由于小区面积较大、业主众多，且《物权法》设定的共同决定事项的通过规则门槛过高，导致业主常常面临召集业主开会难、通过决议难的困境。[②]因此，《民法典·物权编》对建筑物区分所有权的规定做出大量修改，以保护业主权益，笔者认为，最关键的有以下四点。其一，降低了共同决定事项的门槛。"业主共同决定事项，应当由专有部分面积占比三分之二以上的业主且人数占比三分之二以上的业主参与表决"，重大事项"应当经参与表决专有部分面积四分之三以上的业主且参与表决人数四分之三以上的业主同意"，一般事项"应当经参与表决专有部分面积过半数的业主且参与表决人数过半数的业主同意"。其二，强调业主将住宅改变为经营性用房时，应当经有利害关系的业主一致同意。其三，增加了"利用业主的共有部分产生的收入，在扣除合理成本之后，属于业主共有"的规定，一方面鼓励充分利用共有部分，另一方面保护业主的权益。其四，规定物业服务企业或者其他管理人应当"及时答复业主对物业服务情况提出的询问"且"应当执行政府依法实施的应急处置措施和其他管理措施，积极配合开展相关工作"，明确了物业服务企业或者其他管理人服务业主、配合政府的义务。

第四，修改共有规则。本章第三节将详细论述《民法典·物权编》中有关共有的规则。

第五，修改用益物权的一般规则。"用益物权"是指权利人享有的对他人所有的不动产在一定的范围内加以使用、收益的定限物权。《民法典》规定的用益物权

① 杨立新、李怡雯：《民法典物权编对物权规则的修改与具体适用》，《法律适用》2020年第11期。
② 尹飞：《物尽其用：〈民法典〉物权编亮点解析》，《人民论坛》2020年第18期。

包括土地承包经营权、建设用地使用权、宅基地使用权、居住权和地役权；此外，在特别法上，我国亦规定了海域使用权、探矿权、采矿权、取水权、养殖权和捕捞权，而在特别法上规定的用益物权处于公私法交界的地带，与行政管理有关，在此不作过多阐述。用益物权具有以下特征：其一，用益物权属于他物权。他物权是与所有权相对应的概念，即所有人以外的其他人享有的物权、对他人之物享有的物权。用益物权和担保物权同属他物权，但二者存在许多不同之处。对于权利类型而言，用益物权包含土地承包经营权、建设用地使用权、宅基地使用权、居住权和地役权等，担保物权包含抵押权、质权、留置权等；对于权利内容而言，用益物权指向物的实体权，担保物权指向物的价值权；对于权利客体而言，用益物权的客体仅有不动产，担保物权的客体包含不动产、动产和权利；对于法律属性而言，用益物权以独立性为原则，以从属性为例外，担保物权具有从属性；对于权利实现而言，用益物权经设立即实现，担保物权的设立与权利实现相分离。其二，用益物权是以占有、使用、收益、处分为内容的定限物权。定限物权是与完全物权相对应的概念，即它不似完全物权一般包含占有、使用、收益、处分的全部权利，而只能包含其中一部分权利。用益物权是针对物的使用价值的支配权，因此它包含占有、使用、收益的权利，而不包含处分的权利。其三，用益物权是以不动产为客体的物权。因为我国对土地等自然资源实行公有制，私人无法取得它们的所有权，所以有必要在不动产上设定用益物权。

用益物权牵涉"三农"问题、住房问题等有关国计民生的事项，因此，《民法典》亦对其特别关注，并进行了一系列修改。对于用益物权的一般规则而言，其一，明确了用益物权应遵守绿色原则，《民法典·物权编》第三百二十六条规定："用益物权人行使权利，应当遵守法律有关保护和合理开发利用资源、保护生态环境的规定。所有权人不得干涉用益物权人行使权利。"其与《物权法》第一百二十条相比，增加了"（用益物权人行使权利，应当遵守）保护生态环境的规定"，这是绿色原则在用益物权部分的体现。在用益物权部分，《民法典·物权编》不仅对用益物权的一般规则进行了修改，也对土地承包经营权、建设用地使用权的规则进行了修改，新增了居住权制度，这三项将在第六、七、八点详述，还对地役权进行了小范围的修改。对于地役权，《民法典·物权编》第三百七十八条规定："土地所有权人享有地役权或者负担地役权的，设立土地承包经营权、宅基地使用权等用益物权时，该用益物权人继续享有或者负担已经设立的地役权。"相较于《物权法》第一百六十二条，继续享有或负担已经设立的地役权的主体范围扩大，不仅包括土地承包经营权人和宅基地使用权人，还包括其他类型的用益物权人。《民法典·物权编》第三百七十九条明确了只有已设立用益物权的土地设立地役权才须经用益物权人同意，而非其他权利。此外，《民法典·物权编》对宅基地使用权并未做出修改。

第六，修改土地承包经营权的规则，体现和巩固了我国新一轮土地制度改革的成果。其一，基于"三权分置"的基本思想，将"以招标、拍卖、公开协商等方式取得的土地承包经营权"修改为"土地经营权"，且土地承包经营权人可以自主决定依法采取出租、入股或者其他方式向他人流转土地经营权。其二，删除禁止"耕地……集体所有的土地使用权"抵押的规定，允许土地承包经营权和土地经营权进入融资担保领域。"土地承包经营权抵押权的实现主要不采取变价的方式，而采取收益实行的方式，通过土地经营权的流转收益清偿债务，坚守了'无论承包地如何流转，都不能使农民失去承包地'的政策底线。"[1]对于土地经营权，"实现抵押权后，未经法定程序，不得改变土地所有权的性质和土地用途"[2]。其三，在"二轮"承包之后，承包农户仍可继续延包。

第七，修改建设用地使用权的规则，回应民众呼声，关切现实需求。虽然《物权法》第一百四十九条第一款规定了住宅建设用地使用权期间届满自动续期，但是没有明确自动续期之时是否续费这一问题。《民法典·物权编》第三百五十九条对此作出了回应，即："续期费用的缴纳或者减免，依照法律、行政法规的规定办理。"待未来法律、行政法规出台具体规定后，便可做好衔接。

① 高圣平：《〈民法典〉物权编的发展与展望》，《中国人民大学学报》2020年第4期。
② 高圣平：《〈民法典〉物权编的发展与展望》，《中国人民大学学报》2020年第4期。

第八，新增居住权制度。居住权是指居住权人按照合同约定，对他人的住宅享有占有、使用以满足生活居住的需要的用益物权。设立居住权，当事人应当采用书面形式订立居住权合同。《民法典》出台前，司法实践中已经存在居住权的案件，但是却无相应的法律规范，因此只能通过适用公序良俗条款、将居住权解释为所有权或共同共有权、将居住权解释为债权、将享有居住权作为执行异议的依据、将明知存在居住权仍购买房屋的买受人认定为恶意等方法保护居住权人。[1]《民法典·物权编》第三百六十六条至第三百七十一条规定了居住权，对现实有诸多裨益。首先，居住权与购房居住、租房居住共同满足社会对住宅的需求，使"居者有其屋"。其次，居住权作为物权，登记后得以对抗第三人，更加稳定、长久。

有关居住权的规定可以概括为以下四个方面。其一，居住权原则上应当无偿设立，但是当事人亦可另行约定。其二，居住权自登记时设立。其三，居住权不得转让、继承。设立居住权的住宅不得出租，但是当事人另有约定的除外。其四，居住权期限届满或者居住权人死亡的，居住权消灭。对于居住权是否得以转让、继承，设立居住权的住宅是否可以出租的问题，学界曾有争论，最终《民法典·物权编》对此采取否定态度。"住房保障旨在满足低收入群体的居住需求。经济适用房等制度之所以饱受争议，就在于其超出了保障居住需求这一意旨，为特定人员低价取得房屋所有权留下了通道，由此可能让其获得暴利，也为权力寻租提供了空间。"[2]居住权不能转让、继承，设立居住权的住宅不可出租，便杜绝了此种问题，未来或可作为社会福利的住房保障的制度基石。

第九，《民法典·物权编》对担保物权规则的完善与商事规范有诸多联系，有利于改善我国的营商环境。首先，《民法典·物权编》对担保物权的一般规则做出修改，新增担保物权统一的优先受偿顺序。根据《民法典·物权编》第四百一十四条第二款和第四百一十五条，担保物权应当按照以下顺序受偿：已经登记的担保物

---

[1] 曾大鹏：《居住权的司法困境、功能嬗变与立法重构》，《法学》2019年第12期。
[2] 尹飞：《物尽其用：〈民法典〉物权编亮点解析》，《人民论坛》2020年第18期。

权按照登记的时间先后确定清偿顺序，已经登记的担保物权先于未登记的受偿，未登记的担保物权按照债权比例清偿。其二，与《物权法》不同，《民法典·物权编》第四百零一条和第四百二十八条对流质条款的态度并非一概否定，而是规定担保物权人可以依法就担保财产优先受偿。其次，《民法典·物权编》对抵押权规则做出修改。其一，新增超级优先权的规定。《民法典·物权编》第四百一十六条规定："动产抵押担保的主债权是抵押物的价款，标的物交付后十日内办理抵押登记的，该抵押权人优先于抵押物买受人的其他担保物权人受偿，但是留置权人除外。"这有利于鼓励信用消费，优化动产担保体系。其二，修改了抵押物转让规则，与《物权法》不同，《民法典·物权编》第四百零六条承认抵押财产的自由转让，而不必经过抵押权人同意，也不必将转让所得的价款向抵押权人提前清偿债务或者提存。最后，《民法典·物权编》对质权规则做出修改。《民法典·物权编》第四百四十条将未来的应收账款纳入质押范围，这符合我国金融领域的实践。[①]

第二节　共有物权条款解读

一、共有物权条款的新变化

共有物权条款的立法沿革。

1987 年开始实施的《民法通则》第七十八条对共有做出了一般性的规定，具体而言，它确认了共有可以作为财产的所有形式，区分了按份共有和共同共有两种共有形式，规定了共有人的优先购买权。

2007 年开始实施的《物权法》第八章专章规定了共有，构建起了共有的规则体系。与《民法通则》相比，《物权法》完善了有关共有概念、共有形式、优先购买

---

① 彭诚信：《〈民法典〉物权编的进步、局限与未来》，《法制与社会发展》2020 年第 4 期。

权的规则，新增了有关共有物管理、共有物处分或者重大修缮、共有物管理费用负担、共有财产分割、因共有财产产生的债权债务关系、共有关系不明对共有关系性质推定、按份共有人份额不明的确定原则、用益物权和担保物权的准共有的规则。此后，为了正确审理有关共有的物权纠纷案件，2016 年开始实施的《最高人民法院关于适用〈中华人民共和国物权法〉若干问题的解释（一）》第九条至第十四条进一步细化了优先购买权的规则。

2020 年通过、2021 年即将施行的《民法典》，在物权编第八章专章规定了共有。从整体上看，它沿袭了《物权法》关于共有的规则体系，吸纳了《最高人民法院关于适用〈中华人民共和国物权法〉若干问题的解释（一）》的经验，同时进行了一定程度上的创新。虽然《民法典·物权编》的共有规则体系相较于《物权法》的共有规则体系，整体上并未发生巨大变动，但是具体规则存在以下三点有实质意义的修改。

第一，共有主体范围的扩大。《民法典》第二百九十七条规定了共有概念和共有形式，即"不动产或者动产可以由两个以上组织、个人共有。共有包括按份共有和共同共有"。它来源于《物权法》第九十三条，但是，《物权法》第九十三条对共有的定义为："不动产或者动产可以由两个以上单位、个人共有"，《民法典》将"单位"修改为"组织"，扩大了共有主体的范围，体现了《民法典》对保护物权平等保护。

第二，纳入了共有物变更性质或者用途时的规则。《民法典》第三百零一条规定："处分共有的不动产或者动产以及对共有的不动产或者动产作重大修缮、变更性质或者用途的，应当经占份额三分之二以上的按份共有人或者全体共同共有人同意，但是共有人之间另有约定的除外。"它来源于《物权法》第九十七条，而后者仅规定了共有物的处分和重大修缮时的规则，未涉及《民法典》第三百零一条纳入的共有物变更性质或者用途时的规则。

第三，新增优先购买权的具体形式规则。《民法典》第三百零六条规定了优先购买权的具体行使规则："按份共有人转让其享有的共有的不动产或者动产份额的，应当将转让条件及时通知其他共有人。其他共有人应当在合理期限内行使优先购买权。两个以上其他共有人主张行使优先购买权的，协商确定各自的购买比例；协商不成的，按照转让时各自的共有份额比例行使优先购买权。"《物权法》仅规定了优先购买权，但并未规定优先购买权的行使规则。《最高人民法院关于适用〈中华人民共和国物权法〉若干问题的解释（一）》的规定在一定程度上填补了这一空白，但是仍有一些问题在理论上与实务中产生了很大的争议。《民法典》第三百零六条结合近年来理论与实务所凝结的共识，明确了优先购买权的具体行使规则。

除上述三点外，《民法典》对其他有关共有的规则中的部分条文进行了语言文字上的修改。

二、共有物权的规则体系

以所有权主体为单数或复数为标准，财产的所有形式可以分为单独所有和共有两种。单独所有是指一个主体单独享有对某项财产的所有权，共有是指两个或两个以上的主体共同享有某项财产的所有权。共有是社会经济生活中大量存在的财产形式，例如，夫妻共同财产便可能涉及共有法律关系。

《民法典》第二百九十七条至第三百一十条规定了共有。其中，我国确认了按份共有和共同共有两种共有形式，二者有相同之处，可以适用关于共有的一般性规范，也有不同之处，需要遵循各自的具体化规则。在按份共有和共同共有的二分体系上，我国《民法典》确立了有关共有人的权利与义务、共有的所有权、共有物管理、共有物分割、因共有物产生的债权债务等规则。这些规则共同构成了《民法典》关于共有的规范群。

三、共有的含义

《民法典》第二百九十七条规定了共有概念和共有形式："不动产或者动产可以由两个以上组织、个人共有。共有包括按份共有和共同共有。"共有是指两个以上民事主体对同一个物享有所有权。基于所有权的排他性，共有关系中只能存在一个由多人共同享有的所有权，而非存在多个所有权。

根据《民法典》第二百九十七条的规定，可以将共有的含义总结为以下三方面。第一，在主体方面，同一不动产或动产可由两个以上权利主体共同所有。权利主体可包括"组织"和"个人"。第二，在内容方面，共有人对共有物享有权利、承担义务。但是，享有权利的范围、承担义务的限度根据共有类型的不同、共有人之间的约定而不同。每个共有人都对共有物享有物权，这就意味着每个共有人占有、使用、收益、处分共有物的权利不受他人干涉。但是共有人的物权也受到共有关系本身的限制，在行使权利时，必须由全体共有人协商处理。第三，在客体方面，共有的客体是特定的。不论是按份共有，还是共同共有，每个共有人的权利都及于整个共有财产。

《民法典》第二百九十七条至第三百一十条所规定的共有适用于物权。除共有物权外，亦存在债权共有、知识产权共有、股权共有等，但这些共有关系应当根据相关法律研究。

四、按份共有

1. 按份共有的含义

《民法典》第二百九十八条规定了按份共有的含义："按份共有人对共有的不动产或者动产按照其份额享有所有权。"根据《民法典》第二百九十八条，按份共有是指两个或两个以上的共有人按照各自的份额对共有财产享有权利和承担义务的一种共有关系。按份共有除了满足上述关于共有的含义外，最关键的便在于按份共有人按照份额享有所有权。份额不同，按份共有人所享有的权利和承担的义务也不同，换言之，按份共有人所享有的权利根据其份额确定，承担的义务也根据份额确定。

但是，按照份额享有所有权不能狭隘地理解为分别所有，即每个按份共有人的权利只局限于其份额所对应的某一部分财产上。因为按照份额享有所有权的"份额"是抽象意义上的份额，而不是在实在意义上对物分割产生的份额，所以不能与共有物的各个部分一一对应。只有当共有人根据《民法典》第三百零三条和第三百零四条的规定分割共有物后，才会转化为实在意义上的份额。

2. 按份共有份额的确定方式

《民法典》第三百零九条规定了按份共有确定份额的方式："按份共有人对共有的不动产或者动产享有的份额，没有约定或者约定不明确的，按照出资额确定；不能确定出资额的，视为等额享有。"确定按份共有的份额时，应当有顺序地适用以下三种方法：第一，若按份共有人曾就各自对共有物即享有的份额做出约定，则其可以按照约定享有相应份额；第二，若按份共有人未就各自对共有物即享有的份额做出约定，或约定不明确，则应当按照出资额确定其享有的份额；第三，若不能确定出资额，则视为各个按份共有人等额享有。

关于出资额是仅仅包括共有关系成立时的原始出资额还是也包括共有关系成立后的后续出资额这一问题，《民法典》第三百零九条并未明确规定，但是既然其没有排除后续出资额，应当被理解为在共有关系存续期间内的一切出资额，即包括原始出资额和后续出资额。

3. 按份共有人的权利与义务

第一，按份共有人对共有财产享有占有、使用、收益的权利。按份共有人享有共有财产的所有权，即对共有财产占有、使用、收益、处分的权利。一方面，按份共有人应当按照其份额对共有财产享有权利。以收益的权利为例，按份共有人享有的份额越多，其享有的收益权利便越大，最终分得的收益占比越大。另一方面，与收益的权利不同，占有和使用的权利很难量化，因此，按份共有人应当对如何利用共有财产进行协商，按份共有人应当根据协商的结果占有和使用共有财产，不应超出自身权利范围。否则，便可能侵犯其他按份共有人的权利，最终承担不当得利返还、损害赔偿等后果。

第二，按份共有人有权按照约定管理或共同管理共有财产的权利。《民法典》第三百条对共有人管理共有物做出规定："共有人按照约定管理共有的不动产或者

---

① 最高人民法院民法典贯彻实施工作领导小组主编：《中华人民共和国民法典理解与适用》，人民法院出版社 2020 年版。

动产；没有约定或者约定不明确的，各共有人都有管理的权利和义务。"本条所规定的管理，是指"对共有物的保存、适用、简单改良与修缮等行为"[1]，而处分、重大修缮、改变性质或者用途不属于管理。按份共有人对共有物的管理方式分为两种，即协议管理和共同管理，协议管理应当优先于共同管理。相应地，按份共有人亦应当承担按照协议管理或共同管理共有财产的义务。管理共有财产作为一种义务，包含多项内容。例如，共有人有义务为了全体共有人的利益应当对共有物进行简单修缮，共有人应当在使用时应尽注意义务以避免共有物的损毁。

《民法典》第三百零二条对共有物的管理费用以及其他负担做出规定："共有人对共有物的管理费用以及其他负担，有约定的，按照其约定；没有约定或者约定不明确的，按份共有人按照其份额负担，共同共有人共同负担。"共有物的管理费用，是指"因共有物的保存、改良或利用行为所产生的费用"[1]。其他负担，是指"税费、保险费、共有物致害他人所应支付的损害赔偿金等各类公法上或私法上的负担"。按份共有人负担共有物的管理费用以及其他负担，应当有顺序地适用以下两种方法：第一，按份共有人对此有约定的，按照约定负担；第二，按份共有人对此没有约定或约定不明确的，按照其份额负担。对于按份共有人负担共有物的管理费用以及其他负担超出其按约定或按份额应当负担的范围时，应当根据《民法典》第三百零七条向其他按份共有人进行追偿。

第三，按份共有人享有物权请求权。按份共有人对共有物享有所有权，因此可以适用物权请求权。当其物权受到侵害时，可以适用《民法典》第二百三十五条规定的返还原物请求权或第二百三十六条规定的排除妨害请求权和消除危险请求权对其物权进行保护。

第四，按份共有人有权处分其共有份额。当按份共有人处分其共有份额时，其他按份共有人享有优先购买权。《民法典》第三百零五条规定："按份共有人可以转让其享有的共有的不动产或者动产份额。其他共有人在同等条件下享有优先购买

---

① 最高人民法院民法典贯彻实施工作领导小组主编：《中华人民共和国民法典理解与适用》，人民法院出版社 2020 年版。

的权利。"

第五，全体共有人有权处分共有财产，可以对共有物进行重大修缮、变更用途或性质。

《民法典》第三百零一条对共有物的处分、重大修缮、变更性质或用途做出规定："处分共有的不动产或者动产以及对共有的不动产或者动产作重大修缮、变更性质或者用途的，应当经占份额三分之二以上的按份共有人或者全体共同共有人同意，但是共有人之间另有约定的除外。"对于共有物的处分、重大修缮、变更性质或用途，应首先遵循共有人的约定，若共有人之间没有约定，则应当经占份额三分之二以上的按份共有人同意。同一共有物的处分、重大修缮、变更性质或用途与共有人存在重大利害关系，例如，共有物的处分可能导致物权的移转或在共有物上设置他物权，共有物的重大修缮可能需要共有人承担数额较大的修缮费用、可能会导致改变共有物的结构、可能对共有人利用共有物造成不便，变更性质或用途可能会增加或降低共有物的效益、可能改变共有物的利用方式等。因此《民法典》对此采取了审慎的态度，按份共有中采多数决，共同共有中采一致同意决。[①]之所以在按份共有中采多数决而非一致同意决，这是基于对按份共有和共同共有的区别和共有财产效益发挥的考量。

4. 共有类型的推定

《民法典》第三百零八条规定了共有类型的推定："共有人对共有的不动产或者动产没有约定为按份共有或者共同共有，或者约定不明确的，除共有人具有家庭关系等外，视为按份共有。"确定共有类型应当有顺序地适用以下三种方法：第一，共有人对共有类型做出约定的，按照其约定。第二，共有人没有约定或约定不明确，但共有人具有家庭关系的，应当推定为共同共有。第三，共有人没有约定或约定不明确，且不具有家庭关系的，应当推定为按份共有。换言之，根据本条规定，应当将按份共有作为一般类型，而将共同共有作为特殊类型。这主要基于三点原因：第一，按份共有对共有物的利用更加有效、对共有物的分割更加方便、对共有物的管理更

[①] 最高人民法院民法典贯彻实施工作领导小组主编：《中华人民共和国民法典理解与适用》，人民法院出版社 2020 年版。

加灵活、对共有物的处分更加便利，因此，推定为按份共有能更大限度地使共有物发挥效益。第二，共同共有对其成立的基础关系要求较高，例如，共同共有关系往往基于家庭关系。第三，共同共有承担的责任更重，例如，按份共有人按照其份额负担共有物的管理费用和其他负担，而共同共有人应当共同负担，因此应当限缩认定为共同共有的情况。

五、共同共有

1. 共同共有的含义

《民法典》第二百九十九条规定了共同共有："共同共有人对共有的不动产或者动产共同享有所有权。"根据《民法典》第二百九十九条，共同共有是指两个以上的民事主体根据某种共同关系而对某项财产不分份额地共同享有权利并承担义务。共同共有与按份共有最大的区别有以下两点：第一，共同共有是根据某种共同关系而产生的，以共同关系的存在为前提。最常见的产生共同共有的共同关系是夫妻关系、家庭关系、共同继承的关系。虽然在社会经济生活中，夫妻关系、家庭关系为最常见的共同关系，但并不意味着共同共有不能因约定而产生。一旦这种共同关系丧失，共同共有的前提便不复存在，共同共有人便可以主张对共有物的分割。第二，共同共有不分份额，所有共同共有人平等地享有权利、承担义务。需要注意的是，虽然共同共有不分份额，但是当共同共有关系结束时亦可确定各共同共有人的份额。

2. 共同共有人的权利与义务

与按份共有人相似，共同共有人也对共有财产享有占有、使用、收益的权利，享有按照约定管理或共同管理共有财产的权利，享有物权请求权，享有全体共有人处分共有财产、对共有物进行重大修缮、变更用途或性质的权利。但是，共同共有也与按份共有存在不同之处。第一，由于共同共有人并不按照份额享有权利、承担义务，而是共同享有权利、承担义务，因此《民法典》没有规定共同共有人处分其共有份额的权利和优先购买权。第二，共有人对共有物进行处分、重大修缮、变更用途或性质，且对此没有约定时，需经全体共同共有人同意方能做出最后决定，这考虑到了共同共有关系的特殊性,有利于维护共同共有关系、保护共同共有人的权益。

相应地,共同共有人也共同对共有财产承担义务。根据《民法典》第三百零二条的规定,没有约定或约定不明确时,共同共有人共同负担共有物的管理费用以及其他负担,所谓"共同负担"是指不按照份额的负担。

六、共有法律关系的内外部效力

《民法典》第三百零七条对因共有物产生的债权债务如何享有和负担这一问题做出规定:"因共有的不动产或者动产产生的债权债务,在对外关系上,共有人享有连带债权、承担连带债务,但是法律另有规定或者第三人知道共有人不具有连带债权债务关系的除外;在共有人内部关系上,除共有人另有约定外,按份共有人按照份额享有债权、承担债务,共同共有人共同享有债权、承担债务。偿还债务超过自己应当承担份额的按份共有人,有权向其他共有人追偿。"因共有物产生的债权债务包含合同之债、不当得利之债、无因管理之债和侵权之债,其中合同之债和侵权之债更为常见。由于共有关系存在于共有人之间,属于内部的关系,而共有人之外的第三人很有可能并不知悉共有人之间的内部关系,因此,因共有物产生的债权债务应分为内外两个方面分别处理、区别对待。

1. 外部效力

在对外关系上,共有人享有连带债权、承担连带债务,但是法律另有规定或者第三人知道共有人不具有连带债权债务关系的除外。对外关系指共有人与第三人之间的关系。在对外关系中,不论是按份共有还是共同共有,因共有物产生的债均属于连带之债。

《民法典》第五百一十八条对连带之债做出规定:"债权人为二人以上,部分或者全部债权人均可以请求债务人履行债务的,为连带债权;债务人为二人以上,债权人可以请求部分或者全部债务人履行全部债务的,为连带债务。连带债权或者连带债务,由法律规定或者当事人约定。"将因共有物产生的债定性为连带之债便意味着,部分或者全部债权人均可以请求债务人履行债务,或债权人可以请求部分或者全部债务人履行全部债务。以连带债务为例，其法律效果可以作以下四方面的理解：第一，各个债务人都负有履行全部债务的义务。第二，只履行自己部分的债务、其他债务人仅清偿一部分、自己已经破产等，不能成为拒绝负担全部给付义务的理由。第三，债权人可以选择同时或先后向数个债务人提出请求，选择向部分或全部债务人提出请求，选择请求债务人履行部分或全部债务。第四，任何一个连带债务人全部清偿，都将导致债的消灭。

与其他共有相关规定不同的是，本条未规定共有人可以意思自治，这是因为法律规定的连带之债不允许当事人约定排除，以此给债权人更周延的保障。但是，共有人对外享有连带债权或承担连带债务亦有例外，即法律另有规定或者第三人知道共有人不具有连带债权债务关系的情况。对于"法律另有规定的"，应当理解为：法律对因共有物产生的债作了不同于本条的规定，即规定它并非连带之债。对于"第三人知道共有人不具有连带债权债务关系的"，应当理解为：在债发生之前，第三人已经知道了共有人之间的责任分担情况。在这两种情况下，在对外关系上，因共有物产生的债不认定为连带之债。

2. 内部效力

在共有人内部关系上，首先应当考量共有人之间的约定。若无约定，则按份共有人按照份额享有债权、承担债务，共同共有人共同享有债权、承担债务。

偿还债务超过自己应当承担份额的按份共有人，有权向其他共有人追偿。按份共有关系中，其外部效力和内部效力均与连带之债相同。《民法典》第五百一十九条第二款、第三款规定了连带债务的追偿权："实际承担债务超过自己份额的连带债务人，有权就超出部分在其他连带债务人未履行的份额范围内向其追偿，并相应地享有债权人的权利，但是不得损害债权人的利益。其他连带债务人对债权人的抗辩，可以向该债务人主张。被追偿的连带债务人不能履行其应分担份额的，其他连带债务人应当在相应范围内按比例分担。"但是，由于《民法典》第三百零七条仅规定了偿还债务超过自己应当承担份额的按份共有人享有追偿权，却没有如《民法典》第五百一十九条第二款一样规定"在其他连带债务人未履行的份额范围内向其追偿""（实际承担债务超过自己份额的连带债务人）相应地享有债权人的权利""（追偿）不得损害债权人的利益"和"其他连带债务人对债权人的抗辩，可以向该债务人主张"，也没有如《民法典》第五百一十九条第三款规定"被追偿的连带债务人不能履行其应分担份额的，其他连带债务人应当在相应范围内按比例分担"。所以，在适用法律时不免疑问：按份共有人的追偿权能否参照适用《民法典》第五百一十九条第二款、第三款？笔者认为，按份共有人的追偿权可以参照适用《民法典》第五百一十九条第二款、第三款。因共有物产生的债属于法律所规定的连带之债，《民法典》第三百零七条是对因共有物产生的债的特别规定，《民法典》第五百一十八条和第五百一十九条是对连带之债的一般规定。当《民法典》第三百零七条没有对连带债务人追偿权的具体行使规则做出规定时，便应当适用《民法典》第五百一十九条第二款、第三款的一般规定。

结合《民法典》第三百零七条和第五百一十九条第二款、第三款，可以对按份共有人追偿权的具体适用规则作以下四点理解。第一，"实际承担债务超过自己份额的按份共有人"明确了追偿权的范围，只有当实际承担债务超出自己份额时，才能向其他按份共有人追偿，否则只是在履行根据自己的份额应当承担的债务。第二，当按份共有人实际承担的债务超过自己份额后，该按份共有人便享有债权人的权利。换言之，该按份共有人不仅享有主债权的权利，也享有从权利，如保证。因此，该按份共有人不但可以向其他按份共有人追偿，也可以向保证人主张权利。与享有债权人的权利相对应，其他按份共有人对债权人的抗辩，可以向该按份共有人主张。第三，按份共有人行使追偿权不得损害债权人的利益。这主要涉及债的部分履行的情况，当该按份共有人和债权人同时向其他按份共有人或保证人主张权利时，该按份共有人的追偿权应当劣后于债权人，换言之，若其他按份共有人的财产不足以同时完全履行该按份共有人向其追偿的债务和债权人向其主张的债务时，其他按份共有人应当先尽可能地履行债权人向其主张的债务。第四，被追偿的其他按份共有人不能履行其应分担份额的，其他按份共有人应当在相应范围内按比例分担。这有助于保障实际履行的连带债务人的权利，避免其独自承担被追偿的连带债务人不能履行的债务份额。

所以，偿还债务超过自己应当承担份额的按份共有人，有权就超出部分在其他共有人未履行的份额范围内向其追偿，并相应地享有债权人的权利，但是不得损害债权人的利益。其他共有人对债权人的抗辩，可以向该共有人主张。被追偿的共有人不能履行其应分担份额的，其他共有人应当在相应范围内按比例分担。

至于共同共有人之间是否存在追偿权，笔者认为，根据文义解释，共同共有人共同享有债权、承担债务，意味着共同共有人在内部关系上不分份额。如此，便不存在超出自己应当承担的份额的追偿问题。此外，由于共同共有关系常常基于共有人之间的共同关系，这种关系往往更加紧密，如夫妻关系、家庭关系等。因此，若共有人希望享有追偿权则可通过约定来实现此安排，否则应推定为无须追偿。

七、共有物的分割

1. 共有物分割请求权

《民法典》第三百零三条规定了共有物的分割请求权："共有人约定不得分割共有的不动产或者动产，以维持共有关系的，应当按照约定，但是共有人有重大理由需要分割的，可以请求分割；没有约定或者约定不明确的，按份共有人可以随时请求分割，共同共有人在共有的基础丧失或者有重大理由需要分割时可以请求分割。因分割造成其他共有人损害的，应当给予赔偿。"根据本条规定，共有物的分割必须依据当事人的请求，法院不能在当事人未请求分割共有物时做出相反的判决。同时，共有物分割请求权应当结合以下三点理解。

首先，应当尊重共有人的意思自治，当共有人约定不得分割或可以分割共有物时，应当按照约定。在约定不得分割的情况下，有重大理由需要分割的，仍然可以请求分割。此处的"重大理由"通常指继续维持共有关系会严重损害共有人的利益，例如，共有财产出现重大亏损、若共有财产不分别管理可能会产生重大损害、共有关系难

---

① 最高人民法院民法典贯彻实施工作领导小组主编：《中华人民共和国民法典理解与适用》，人民法院出版社 2020 年版。

以维系等原因。

其次，在共有人没有约定或者约定不明确的情况下，按份共有人可以随时请求分割，共同共有人在共有的基础丧失或者有重大理由需要分割时可以请求分割。因为按份共有与共同共有相比，共有人之间的联系不具有紧密性和人身性[1]，所以可以随时请求分割。而共同共有人分割请求权的条件更高。"共有的基础丧失"是指共有关系的丧失，例如，当夫妻离婚时，夫妻丧失了共同财产的共有基础，故可以请求分割共有物。此处的"重大理由"与《民法典》第三百零三条第一款前半句的"重大利益"不完全相同。前者主要是指"维持生活支出、医疗、教育等费用支出的事由"[1]，关注点在于请求分割的共有人自身；后者关注点在于共有财物本身的状况和维持共有关系对共有人经济利益的影响。

最后，因分割造成其他共有人损害的，应当给予赔偿。在部分情况下，分割共有财产可能会使财产价值降低、功能削弱甚至丧失，这便会给其他共有人造成损害，此时应当由行使分割请求权的共有人进行赔偿。

2. 共有物的分割方法

《民法典》第三百零四条第一款规定了共有物的分割方法："共有人可以协商确定分割方式。达不成协议，共有的不动产或者动产可以分割且不会因分割减损价值的，应当对实物予以分割；难以分割或者因分割会减损价值的，应当对折价或者拍卖、变卖取得的价款予以分割。"根据《民法典》第三百零四条第一款的规定，首先，应当尊重当事人的意思自治，协商确定分割方式。虽然法律明确规定了共有物的几种分割方法，但是，共有物的分割方法不以法律规定为限，只要当事人之间能够就某一方法达成一致，便可使用该方法分割。其次，若达不成协议，应当适用法定的分割方式。具体而言，分割方法主要有以下三种。第一，实物分割。能进行实物分割的一般是可分物，所以其可以分割且不会因分割减损价值。第二，变价分割，

---

[1] 最高法民终 502 号案。

即对折价或者拍卖、变卖取得的价款予以分割。当共有物难以分割或者因分割会减损价值，且没有共有人愿意接受共有物时，应当将共有物变价，共有人分割价金。第三，作价补偿。当共有物难以分割或者因分割会减损价值，但有共有人愿意接受共有物时，可以由该共有人取得共有物，但是该共有人应对其他共有人作价补偿。

3. 共有物的分割效力

共有物分割之后，共有关系消灭。但是，原共有人仍有义务承担原共有物的瑕疵担保责任。《民法典》第三百零四条第二款规定："共有人分割所得的不动产或者动产有瑕疵的，其他共有人应当分担损失。"本款所规定的"瑕疵"指瑕疵担保责任，包括物的瑕疵担保责任和权利瑕疵担保责任。承担瑕疵担保责任的方法通常为赔偿或降价。

八、优先购买权

1. 优先购买权相关规定

《民法典》第三百零五条规定："按份共有人可以转让其享有的共有的不动产或者动产份额。其他共有人在同等条件下享有优先购买的权利。"第三百零六条规定："按份共有人转让其享有的共有的不动产或者动产份额的，应当将转让条件及时通知其他共有人。其他共有人应当在合理期限内行使优先购买权。两个以上其他共有人主张行使优先购买权的，协商确定各自的购买比例；协商不成的，按照转让时各自的共有份额比例行使优先购买权。"两个条款共同构成了按份共有关系中优先购买权的规则体系。其中，《民法典》新增的第三百零六条规范了优先购买权的具体行使规则，解答了理论与实务中的困惑。

2. 行使条件

优先购买权的行使条件为按份共有人转让其共有份额，这种转让应当具备以下几个特点：其一，适合同意义上的转让；其二，转让应为有偿，以共有份额抵债亦可视为有偿转让；其三，非共有人之间的转让。

同时，其他按份共有人行使优先购买权，应当在同等条件下行使。至于如何理解同等条件，应当主要考量以下三个因素：转让的价款、付款的方式和付款的期限。此外，转让共有份额的合同应当是合法有效的合同，转让人与第三人不应当恶意串通。

3. 通知义务

按份共有人转让其份额应当将转让条件及时通知其他按份共有人。对于通知，应当把握以下四点：其一，通知义务在转让人与第三人订立合同时产生；其二，通知的内容应当包含转让条件；其三，通知的时间应当是订立合同后的合理期限之内，即一个理性之人可合理期待的期限之内，以满足及时通知的要求；其四，若转让人未通知，则产生优先购买权的行使期间不开始计算、转让人对其他按份共有人承担赔偿责任。

4. 行使期间

其他按份共有人应当在合理期限内行使优先购买权。但是，若转让人未通知其他按份共有人，则应当区分情况判断。第一，若其他按份共有人知道转让人与第三人签订合同转让其份额，则其他按份共有人应当在合理期限内行使优先购买权。第二，若其他按份共有人不知道转让人与第三人签订合同转让其份额，则不受合理期限的限制，但是为了维护交易安全，仍不能超过一个最长期限。《民法典》第三百零六条对"合理期限"和行使优先购买权的最长期限的具体时间并无规定，故应当适用《最高人民法院关于适用〈中华人民共和国物权法〉若干问题的解释（一）》第十一条的规定，即"优先购买权的行使期间，按份共有人之间有约定的，按照约定处理；没有约定或者约定不明的，按照下列情形确定：（一）转让人向其他按份共有人发出的包含同等条件内容的通知中载明行使期间的，以该期间为准；（二）通知中未载明行使期间，或者载明的期间短于通知送达之日起十五日的，为十五日；（三）转让人未通知的，为其他按份共有人知道或者应当知道最终确定的同等条件之日起十五日；（四）转让人未通知，且无法确定其他按份共有人知道或者应当知道最终确定的同等条件的，为共有份额权属转移之日起六个月"。

5. 行使方式与行使效果

优先购买权的行使方式分为非诉讼方式和诉讼方式两种。通过非诉讼方式行使优先购买权时，有关行使优先购买权的意思表示到达相对人即可；通过诉讼方式行使优先购买权时，则需要起诉状副本送达相对人。优先购买权作为形成权，当意思表示到达相对人或起诉状副本送达相对人后，转让人与第三人的合同即转让给转让人与优先购买权人。

但是，当多个共有人的优先购买权发生竞合，即两个以上其他共有人主张行使优先购买权时，首先应当协商确定各自的购买比例；若协商不成，则按照转让时各自的共有份额比例行使优先购买权。

实践中，转让共有份额的方式多种多样，除签订普通的买卖合同之外，可能还存在通过拍卖等方式转让共有份额的情形。在此类情形下，则不应当适用《民法典》第三百零五条和第三百零六条，而应当运用其他规则，但是其他共有人仍然享有优先购买权。

九、准共有

《民法典》第三百一十条规定了准共有："两个以上组织、个人共同享有用益物权、担保物权的，参照适用本章的有关规定。"准共有，又称他物权的共有。因为共有原则上应当指所有权的共有，但他物权也可能出现共有的情形，因此，《民法典》第三百一十条规定用益物权、担保物权的共有可以参照适用共有的相关规定。但是，若他物权的共有存在特别规定，则应当适用该特别规定；只有当规范他物权的法律对于其共有情形没有规定时，才能参照适用共有的相关规定。

第三节　物权数字化交易法理依据

物权数字化是建立在物权的基础上，将物权实体数据模型化，进行识别、选择、过滤、存蓄、使用。引导、实现物权资源的快速优化配置与交易，直接或间接利用数据引导物权资源发挥作用，推动生产力发展，归属于数字经济范畴。

除去技术手段，物权数字化的性质应属按份共有，这是因为物权数字化符合按份共有的概念。《民法典》第二百九十八条规定："按份共有人对共有的不动产或者动产按照其份额享有所有权。"其一，物权数字化模式下，同一不动产或动产可以为两个以上的主体共同所有，满足按份共有的主体要件。虽然物权数字化对权力配置和交易手段进行了创新，为有使用、交易或投资意愿的用户提供便利的平台，但是它本质上仍然是多个实在的主体形成按份共有关系。其二，物权数字化模式下，共有人对共有物按照份额享有权利、承担义务，满足按份共有的内容要件。各个用户的使用、交易或投资需求各有不同，购买的份额也有所不同，据此，各按份共有人对共有物所享有的份额决定了其权利的大小和义务的大小。例如，若三位共有人共有一套房屋，他们所享有的份额分别是 50%、30%、20%，三位按份共有人将房屋出租，除另有约定外，则三位共有人各分得租金的 50%、30%、20%。其三，在客体方面，物权数字化模式下，共有的客体是特定的，满足按份共有的客体要件。例如，三位共有人共有一套房屋，那么这套房屋即是特定的共有的客体。

第四节　依法依据创新物权数字化

一、物权数字化的优势与可能的风险

1. 物权数字化的优势

第一，物权数字化模式有稳定的利用机制。物权数字化的性质属于按份共有，其本质是物权。相较于债权，物权的优势在于它更加稳定。具体到物权数字化的模式中来，按份共有人可以稳定地利用共有物。

从物权的特征来看，物权数字化的模式下，按份共有人可以拥有稳定的利用机制。其一，物权具有对世性。按份共有人对共有物享有占有、使用、收益、处分的权利，任何人不得侵犯。其二，物权具有支配性，按份共有人可以共同协商支配共有物。其三，物权的客体具有特定性，按份共有人共有某一特定物。其四，物权具有绝对性，在按份共有人取得物权的所有权后，不需要义务人的协助，即可自己实现物权。其五，

物权具有排他性，一物一权，不受侵犯。

我国法律体系保护物权数字化模式下用户的权益。首先，按份共有适用物权的一般规定和所有权的规定。例如，当物权受到他人侵犯时可以适用有关物权保护的规定，请求相对人承担返还原物、排除妨害、消除危险、修理、重作、更换、恢复原状或损害赔偿等民事责任。再如，一旦按份共有人进行不动产登记，则其权利可以对抗第三人，无处分权人将不动产转让给受让人的，所有权人有权追回。其次，按份共有相关的规则亦可以保障按份共有人稳定地利用共有物，《民法典·物权编》共有一章对按份共有的概念、按份共有人的权利义务、共有法律关系的内外部效力、共有物的分割等做出明确规定，基本上覆盖了按份共有关系中可能发生的一切法律问题。最后，《民法典》体系和整个法律体系周延地保护按份共有人的权利。除《民法典·物权编》外，按份共有人的权利亦受《民法典》其他各编乃至整个法律体系的保护。例如，若他人侵害按份共有人的权利，其法律关系便可能由《民法典·侵权责任编》调整。再如，《刑法》亦保护公民的合法财产。

物权数字化并不会影响到用户对物的占有和使用。用户作为按份共有人，可以根据按份共有合同的约定利用物；若合同未约定，则各共有人根据其份额，在合理范围内占有和使用共有物即可。物权数字化模式下，按份共有人按照份额享有物的所有权，并不意味着对物权的克减，其享有的仍是所有权，因而并不存在因为多主体共有导致按份共有人无法占有和使用共有物的情形。

第二，物权数字化模式有可观的收益机制。物权数字化模式为民众提供了新的投资方式。按份共有人对共有物享有收益的权利。物权数字化模式为用户利用共有物进行收益提供了多种便捷、安全的渠道，满足了用户的投资需求。一方面，物权数字化模式下，用户可以与平台签订合同，约定物的利用方式以获取收益。例如，用户可以委托平台将各按份共有人所享有的份额整合，或统一经营以获取利润，或进行租赁以获取租金。另一方面，物权数字化模式下，用户通过投资可达到保值、增值的目的。当用户希望出卖自己所享有的共有份额获取收益时，平台亦可以提供高效、便捷的渠道，帮助该用户转让其共有份额。

第三，物权数字化模式有合理的退出机制。物权数字化模式不会限制用户退出共有关系。物权数字化性质为按份共有，因此，当用户希望退出共有关系时，可以适用《民法典》第三百零五条规定，即"按份共有人可以转让其享有的共有的不动产或者动产份额。其他共有人在同等条件下享有优先购买的权利"。因此，按份共有人可以自由地转让其享有的份额。同时，其他共有人对物的共有也不会因为部分共有人的退出而受到影响。一方面，若某一按份共有人将其享有的份额转让给第三人，则该第三人便可加入按份共有的关系，按份共有关系依然稳定，按份共有人依然可以如同此前一般利用共有物，获取收益。另一方面，若其他按份共有人不希望第三人加入共有关系，则其他按份共有人可以行使优先购买权。因此，合理的退出机制既不会使希望退出共有关系的用户受损，也不会使其他用户受损。

总体而言，物权数字化在稳定的利用机制、可观的收益机制和合理的退出机制下，有利于物的功能的发挥，符合《民法典·物权编》所倡导的物尽其用精神，为民众提供更多元的投资渠道，为企业提供更多样的融资方式。

2.物权数字化可能的风险

物权数字化作为一种新兴的交易模式，在发挥其优势的同时，也有可能存在一定的风险。

第一，法律法规不健全，政府监管不到位。由于物权数字化模式方兴未艾，故并无专门立法对其进行规范、无专门部门对其进行监管。但是，笔者认为，现行法律体系已经足以规范物权数字化的交易模式，因为物权数字化模式重在手段创新，而其内核仍然属于传统法律关系，即平台与用户之间的关系为居间合同关系，部分用户之间形成按份共有关系。因此，对于法律规范和政府监管问题不必过分担忧。

第二，平台自身可能存在一定问题。其一，由于平台与用户之间信息不对称，若平台方披露的信息不真实，一方面，可能会误导消费者投资，最终损害消费者利益；另一方面，可能会产生"劣币驱逐良币"的后果，扭曲整个物权数字化的市场。其二，部分平台与用户之间的权利义务关系模糊。例如，部分平台与用户之间未合理分配尽职调查的义务，根据平台提供的格式合同应当由用户承担尽职调查义务，而用户的理解则相反，最终双方均未对标的物进行详细的调查，导致用户权益受损。其三，部分平台可能以"物权数字化"之名，行非法集资和金融诈骗之实。

二、物权数字化的方法创新有利于规避风险

为了充分发挥物权数字化的优势、规避物权数字化可能的风险，应当依法依据创新物权数字化。

第一，物权数字化模式使用智能合约作为可靠的交易方式进行交易。相较于传统交易模式，物权数字化的交易模式更加便捷、高效、安全。物权数字化模式下，智能合约的广泛应用使天南海北的用户均可以通过平台缔结合同；同时，智能合约基于大量可信的、不可篡改的数据，可以自动化地执行一些预先定义好的规则和条款，比如彼此间定期、定息、定额的借贷行为，因此其安全性极高。

第二，通过可靠的平台进行交易。其一，物权数字化平台应当充分、准确地披露信息，使用户能够较为全面地了解平台与平台所提供的项目。其二，物权数字化平台应当维持良好的信用，根据诚实信用原则进行交易。其三，物权数字化平台应当组建专业的团队，注重平台经营业务所涉及的标的物的质量，并在金融、法律等方面控制风险。

第三，应当公平分配平台与用户之间的权利与义务。一方面，平台所提供的格式条款应当严格遵守法律规范，尽到提示用户注意与用户有重大利害关系的条款的义务、尽到对用户有疑问的条款进行说明的义务，避免写入不合理地免除或者减轻平台责任、加重用户责任、限制用户主要权利、排除用户主要权利的条款。另一方面，应当尽可能公平地分配平台和用户之间的权利义务，并尽可能合理地安排用户之间的权利义务关系。

用户在选择物权数字化平台时，也应当考虑上述三点，即判断平台是否以可靠的交易方式进行交易，平台是否充分准确地披露信息、是否信用良好、是否有专业的团队，以及平台与用户之间的权利义务关系是否合理、明确，如此更有可能在便捷、高效、安全的交易中获得稳定、可观的收益，保护自身权益不受侵犯。

主编涂鸦

栉风沐雨五十三，

村娃帝都叹流年；

虽负当年凌云志，

五更披衣著物权；

潮起潮落三亚湾，

志士同仁数证缘；

躬逢碳金大时代，

赋民赋企赋家园。

后　记

　　笔者自 2019 年研究物权数字化理论、数证经济理论和碳金经济理论，先后出版了专著《物权数字化——中国经济第四极》《物权数字化——与数证经济》《物权数字化——与碳金时代》。

　　综合在"企业实操研修班"的实践和企业提出的问题，及线上讲座过程中的思考和改进，决定出版《第三次商业大变革》专著，一方面结合三年来世界经济大变局及中国经济发展瓶颈等问题的再度思考，另一方面对以上三本专著进行修订，将最重要的章节进行了重组。

　　物权数字化理论、数证经济理论和碳金经济理论偏重于学术思考、时代思考和超前思考，不利于大众快速传播。基于此，与本书配套了 146 集《第三次商业大变革系列专题讲座》，同时在微信视频号"姚海涛 666"和抖音视频号"姚海涛 666"进行短视频讲座，讲座联动国内外商业领域事件进行讲解。规划配套出版《第三次商业大变革别册》，侧重三个理论体系实战应用案例解读，以期实现：学习新概念、形成新思维、借鉴成功案例、构建专属模型。

　　亲爱的读者朋友，当你看到后记时，这本书估计你已经读完了，本书核心内核还是阐述全新的平台经济和生态系统，未来平台经济就是企业业务战略的核心，单独个体要么设立平台要么依托平台，独立于世的可能性几乎为零。

　　任何一个产业、任何一个行业、任何一个行业产业细化分支，都可以建立基于本书三个生态系统的平台，另立赛道，制定规则，打破传统思维定式，走向深蓝。

　　笔者微信号：13391840481，欢迎读者朋友奉送宝贵意见和建议。